U0530484

- 本书获得福建省社会科学研究基地"闽东特色乡村振兴之路研究中心"、福建省高校特色新型智库"精准扶贫与反返贫研究中心"资助。

- 本书为宁德师范学院科研发展资金项目"电商直播消费者参与行为研究"（项目编号：2021FZ15）、宁德师范学院引进人才科研启动项目"区域经济高质量发展研究"（项目编号：2024Y06）成果。

数字经济
研究丛书

电商直播
顾客参与行为研究

Research on Customer Engagement Behavior
in E-commerce Live Streaming

周俪 ● 著

厦门大学出版社 国家一级出版社
XIAMEN UNIVERSITY PRESS 全国百佳图书出版单位

图书在版编目(CIP)数据

电商直播顾客参与行为研究 / 周俪著. -- 厦门：厦门大学出版社，2024.9. --（数字经济研究丛书）. ISBN 978-7-5615-9450-6

Ⅰ. F713.365.2

中国国家版本馆 CIP 数据核字第 20242PC173 号

责任编辑　李瑞晶
美术编辑　张雨秋
技术编辑　朱　楷

出版发行　厦门大学出版社
社　　址　厦门市软件园二期望海路 39 号
邮政编码　361008
总　　机　0592-2181111　0592-2181406(传真)
营销中心　0592-2184458　0592-2181365
网　　址　http://www.xmupress.com
邮　　箱　xmup@xmupress.com
印　　刷　厦门市竞成印刷有限公司

开本　720 mm×1 000 mm　1/16
印张　19.5
插页　2
字数　290 千字
版次　2024 年 9 月第 1 版
印次　2024 年 9 月第 1 次印刷
定价　68.00 元

本书如有印装质量问题请直接寄承印厂调换

前　言

电商直播作为数字经济发展催生出的营销新模式，已成为电子商务创新的重要组成部分和网络零售新业态的典型代表，备受品牌的追捧和社会各界的关注。近年来，巨大的市场流量涌入直播间，电商直播创造出了诸多销售"神话"，促使众多品牌商家纷纷抢抓时机开启直播业务，并试图通过这种方式获得流量，沉淀品牌的忠实顾客。然而，令人唏嘘的是，有些品牌商家在直播业务上的表现不尽如人意，直播间的转化率并不高。究其原因，除了受诸多外在因素的影响外，关键还是在于品牌商家并未掌握电商直播模式对顾客的影响路径。顾客作为与电商直播直接发生联系的群体，是利益相关者中最为重要的群体，其从需求侧对电商直播的发展起到了非常关键的作用，因此，洞察电商直播中的顾客行为就显得尤为重要。只有掌握了顾客行为的内在动因和外在影响因素，了解顾客对电商直播的关注点，才能准确地找到激励顾客参与直播的方法，提高顾客参与的积极性，从而增强顾客黏性，提升顾客忠诚度，甚至使顾客通过参与直播，与电商直播其他相关各方实现价值共创，促进电商直播的持续健康发展。

虽然电商直播的相关研究在学术界已逐渐得到重视，但关于电商直播中顾客参与行为的内在规律，以及由此形成的顾客忠诚等问题的研究仍处于探索阶段。因此,本书将电商直播顾客参与行为的影响因素,以及电商直播顾客参与行为与顾客忠诚间的关系作为研究的核心问题,通过明确顾客参与电商直播的行为表现及其结构维度,开发出相应的测量工具,并在此基础上,运用实证研究法分析电商直播顾客参与行为不同影响因素的影响机理,以及对顾客忠诚的作用机制,从而为电商直播平台以及借助直播开展营销活动的品牌商家吸引新顾客、保留老顾客、变潜在顾客为现实顾客提供具有可行性的策略和建议,也为促进品牌发展提供有价值的决策依据。

本书在系统述评相关研究成果的基础上,以参与过电商直播活动 3 次及以上的顾客作为调查对象,基于服务主导逻辑、SOR 模型、社会认知理论和顾客感知价值理论,采用文献研究法、访谈法、问卷调查法、实验法、实证分析法以及扎根理论研究法等方法,将定性研究和定量研究相结合,不仅从价值共创的视角出发分析了电商直播顾客参与行为的影响因素,还构建了电商直播顾客参与行为对顾客忠诚作用机制的概念模型。在此基础上,运用 AMOS 23.0 和 SPSS 26.0 软件对概念模型进行了实证分析。本书的主要内容概括如下。

(1)梳理现有文献。首先,对电商直播的内涵与特征、效应、心理与行为等方面的研究进行了梳理;其次,对顾客参与行为的内涵、维度、测量、前因和后果方面的研究进行了阐述;再次,对顾客忠诚的相关研究进行了系统回顾,分别就顾客忠诚的内涵和驱动因素进行了总结;复次,回顾了电商直播情境下顾客参与行为和顾客忠诚的相关研究成果;最后,对现有的相关研究进行了客观评价。

(2)运用服务主导逻辑和价值共创思想的相关观点,结合电商直播顾客访谈资料的文本分析,对电商直播顾客参与行为展开质性研究。具体包括采用扎根理论研究法对电商直播顾客参与行为的表现形式进行了提炼,形成了对电商直播顾客参与行为多维度的理论构思,并归纳了顾客参与电商直播的操作性资源,解读了顾客参与电商直播的行为过程,探讨了顾客参与电商直播产生的价值。

(3)为了深入理解电商直播顾客参与行为的内涵与结构,根据原始数据与扎根理论研究得出的结论,借鉴相关量表,编写出电商直播顾客参与行为的测量题项,并运用科学的量表开发方法,经过专家意见、量表提纯、信效度检验等环节,开发出电商直播顾客参与行为的量表,然后通过后续多阶段的实证研究来验证该量表。

(4)在电商直播研究中引入顾客参与行为这个概念,结合SOR模型、服务主导逻辑、社会认知理论等理论成果,构建电商直播顾客参与行为影响因素的概念模型,并通过问卷调查,使用结构方程模型验证了直播服务质量和顾客能力对电商直播顾客参与行为的影响以及顾客内在状态(社会临场感、自我效能感)的中介作用,从而找出改变和影响电商直播顾客参与行为的因素和路径。

(5)基于服务主导逻辑和顾客感知价值理论,构建电商直播顾客参与行为对顾客忠诚作用机制的概念模型。通过问卷调查和结构方程模型分析,实证检验了电商直播顾客的三种参与行为对顾客感知价值(实用价值、娱乐价值和社会价值)和顾客忠诚(平台忠诚、主播忠诚和品牌忠诚)的影响,揭示了电商直播顾客参与行为对顾客忠诚的内在作用路径,这一方面对电商直播顾客参与行为量表的预测效度进行了检验,另一方面为体现电商直播顾客参与行为对利益相关者的重要意义提供了支持。此外,还采用情境模拟实验法分析了电商直播顾客参与行为与产品类别这一外在因素对顾客感知价值的交互影响及其影响程度。

通过理论分析和实证检验,本书最终得出的主要结论如下。

(1)通过对电商直播顾客参与行为的质性研究,得出电商直播顾客参与行为是个多维概念,可以分为围观式参与、话语式参与和行动式参与三个维度。电商直播顾客参与行为是一种价值共创行为,在参与电商直播的过程中主要涉及电商直播平台和顾客这两方操作性资源的整合,其中,电商直播平台的操作性资源主要包括平台的稳定性、执行能力和服务效率等直播服务质量方面的因素,顾客的操作性资源主要包括顾客的知识、沟通能力和创新意识等顾客能力方面的因素。顾客参与电商直播所产生的直接价值表现为顾客感知价值,具体包括顾客对降低时间成本、有性价比、实现个性化购物体验等实用价值的感知,对参与过程中娱乐价值的感知,以及对社会价值的感知,等等,而电商直播平台、主播以及品牌商家在此基础上也获得了相应的间接价值,即顾客忠诚,具体可以分为平台忠诚、主播忠诚和品牌忠诚。

(2)经过多阶段的量表开发过程,本书得到了一个较为稳定的电商直播顾客参与行为的测量量表,该量表分为三个维度,包含17个题项。其中:维度一是围观式参与,包括3个题项,主要表现为顾客在进入电商直播间前后所采取的关注主播、直播间甚至其他顾客发的弹幕内容的行为;维度二是话语式参与,包含8个题项,主要表现为顾客在直播间与主播、其他顾客等进行的交流,并通过电商直播平台或其他社交平台将其体验、经验分享给其他顾客的行为;维度三是行动式参与,包含6个题项,主要表现为顾客在电商直播平台上积极配合主播,通过实际行动参与与主播、其他顾客的互动过程的行为。

(3)从电商直播平台和顾客两方操作性资源影响电商直播顾客

参与行为的实证检验结果可知：一方面，直播服务质量显著正向影响社会临场感，而社会临场感又显著正向影响电商直播顾客参与行为（围观式参与、话语式参与和行动式参与），并在直播服务质量与电商直播顾客参与行为之间发挥中介作用。同时，直播服务质量还可以通过社会临场感引发自我效能感，最终影响话语式参与。另一方面，顾客能力显著正向影响电商直播顾客的自我效能感和参与行为（围观式参与、话语式参与和行动式参与）；自我效能感还会进一步促进顾客的话语式参与，在顾客能力与话语式参与之间发挥中介作用。此外，不同年龄、受教育程度、月收入和观看频率的顾客在话语式参与上有显著差异。

(4)电商直播顾客参与行为对顾客忠诚作用机制的实证研究结果表明，电商直播顾客的话语式参与既显著正向影响平台忠诚，又显著负向影响品牌忠诚。在顾客参与电商直播的过程中，顾客感知价值受到其参与行为的影响。顾客通过参与电商直播，不仅能感知到更高的实用价值和娱乐价值，还可以感知到较大的社会价值。顾客在电商直播活动中所感知到的实用价值和社会价值均显著正向影响平台忠诚，但仅有社会价值对品牌忠诚有显著正向影响。而且，品牌忠诚还会积极影响主播忠诚。此外，人口统计特征（性别、年龄、受教育程度、月收入和观看频率）对顾客忠诚（平台忠诚、主播忠诚和品牌忠诚）有着不同程度的影响。面对不同类型的直播产品，顾客参与电商直播的方式不同，其对价值的感知也会有所不同。当顾客围观式参与电商直播活动时，其对搜索品在实用价值和娱乐价值上的感知与对体验品在这两方面价值上的感知无显著差异，但顾客对搜索品在社会价值上的感知要高于体验品；当顾客话语式参与电商直播活动时，其对体验品的实用价值、娱乐价值和社会价值的感知均高于搜索品；当顾客行动式参与电商直播活动时，顾客对搜索品的实用价值感知高于体验品，但顾客对搜索品在娱乐价值和社会价值上的感知与对体验品在这两方面价值上的感知无显著差异。

本书的主要创新之处体现在以下几个方面。

(1) 从价值共创的新视角研究电商直播顾客参与行为，分析了顾客在电商直播中可利用的操作性资源，并研究了顾客如何整合上述操作性资源，通过参与电商直播活动来实现价值共创。

(2) 立足于中国电商直播情境，开发并验证了电商直播顾客参与行为的三维度分类体系及其测量量表。

(3) 构建并验证了电商直播顾客参与行为的影响因素以及电商直播顾客参与行为对顾客忠诚的作用机制两个概念模型，深入探讨了不同参与行为影响机理的差异性，以及不同影响因素下各种行为的选择取向，总结出顾客参与电商直播的心理和行为规律，还开创性地分析了电商直播顾客参与行为各维度与顾客忠诚三个层面之间的关系，揭示了相应的影响路径和影响程度，展现了电商直播情境下顾客忠诚的形成过程，以及顾客面对不同类型产品在价值感知上的差别。

周俪

2023 年 6 月

目 录

第一章 电商直播顾客参与行为研究现实背景与总体设计 / 001 /
 第一节 研究背景 / 001 /
 第二节 研究目的和研究意义 / 004 /
 第三节 研究方法和技术路线 / 008 /
 第四节 研究内容框架 / 011 /
 第五节 研究的创新之处 / 013 /

第二章 电商直播顾客参与行为相关研究进展与理论基础 / 015 /
 第一节 相关研究进展 / 015 /
 第二节 理论基础 / 032 /

第三章 电商直播顾客参与行为质性分析 / 041 /
 第一节 研究设计 / 042 /
 第二节 电商直播顾客参与行为的表现形式 / 046 /
 第三节 电商直播顾客参与行为的操作性资源 / 055 /
 第四节 顾客参与电商直播的行为过程 / 059 /
 第五节 电商直播顾客参与行为的价值生成 / 065 /
 第六节 本章小结 / 072 /

第四章　电商直播顾客参与行为量表开发 / 074 /

第一节　量表开发流程 / 075 /
第二节　专家意见与量表修正 / 077 /
第三节　预调查与量表提纯 / 080 /
第四节　正式调查与数据分析 / 086 /
第五节　实证结果与讨论 / 096 /
第六节　本章小结 / 097 /

第五章　电商直播顾客参与行为影响因素 / 099 /

第一节　相关概念界定 / 101 /
第二节　电商直播顾客参与行为影响因素模型构建 / 106 /
第三节　研究假设 / 108 /
第四节　测量题项设计与预调查结果 / 116 /
第五节　正式调查数据分析 / 129 /
第六节　直播服务质量和顾客能力对顾客参与行为的影响 / 149 /
第七节　本章小结 / 151 /

第六章　电商直播顾客参与行为对顾客忠诚的作用机制 / 153 /

第一节　相关概念界定 / 153 /
第二节　电商直播顾客参与行为对顾客忠诚作用机制模型 / 157 /
第三节　研究假设 / 158 /
第四节　测量题项设计与预调查结果 / 171 /
第五节　正式调查数据分析 / 184 /
第六节　产品类型在电商直播顾客参与行为与顾客感知价值间的调节效应检验 / 205 /

第七节 "电商直播顾客参与行为—顾客感知价值—顾客忠诚"
　　　　　机制讨论　　　　　　　　　　　　　　　　/ 211 /
第八节　本章小结　　　　　　　　　　　　　　　　/ 216 /

第七章　研究结论与展望　　　　　　　　　　　　　　/ 218 /
　第一节　研究结论与管理建议　　　　　　　　　　　/ 218 /
　第二节　研究局限和未来展望　　　　　　　　　　　/ 230 /

参考文献　　　　　　　　　　　　　　　　　　　　　/ 232 /

附录1　电商直播顾客参与行为量表开发正式调查问卷　　/ 282 /

附录2　电商直播顾客参与行为的影响因素研究正式调查问卷　/ 285 /

附录3　电商直播顾客参与行为对顾客忠诚的作用机制研究
　　　　正式调查问卷　　　　　　　　　　　　　　　/ 291 /

附录4　实验情境设计　　　　　　　　　　　　　　　/ 296 /

第一章 电商直播顾客参与行为研究现实背景与总体设计

第一节 研究背景

当传统零售业的发展面临获客成本高、沉淀效果差以及产品变现难等诸多问题时，人工智能识别、大数据算法、精准推送等媒介技术的发展与普及，以及智能终端设备的进一步推广与应用，推动着数字经济逐渐向纵深发展，数字经济的新业态、新模式不断涌现，营销方式也发生了一定的改变。电商直播既是数字经济发展催生出的营销新模式，也是零售经济创新发展的新探索。

自2016年以来，已有众多的电商平台、品牌商家以及社会大众参与其中，淘宝、蘑菇街、京东、抖音、快手等直播购物平台呈现井喷式的增长，电商直播正渐渐成为电子商务的典型商业模式。再加上新冠疫情期间顾客线上消费习惯加速养成，使得电商直播成为电子商务创新的重要组成部分和网络零售新业态的典型代表，中国也成为电子商务中使用直播最早、普及率较高的国家之一。艾媒咨询的数据显示，中国电商直播市场2020年的规模达到了12012亿元，2023年很可能会超过49000亿元。[①] 现有的电商直播平台

---

① 数据来源：艾媒咨询发布的《2021年中国直播电商行业报告》。

不仅包括已开设直播板块的传统电商平台(如淘宝、京东、拼多多等),还包括已开展电商业务的娱乐性社交直播平台(如抖音、快手、虎牙、斗鱼等)。不可否认,在当下这个数字零售时代,电商直播已成为一种重要的营销模式(刘佳 等,2021)。

电商直播既转变了传统零售思维,又缩短了顾客的购买决策链路,有效突破了原有渠道的局限性,实现了品牌商家、顾客和其他顾客之间的在线实时互动,缓解了网络空间中品牌商家、顾客和产品之间的物理分离,改变了顾客的消费体验,构建了新的消费场景。于是,大量对同一企业或相同品牌的系列产品感兴趣的顾客会通过多种方式参与到直播活动中,与"品位"相同或相近的顾客及主播进行交流与互动,同时反馈产品或服务的改进建议。在电商直播活动中,活跃的成员能够自发、主动地参与互动并出谋划策、贡献自己的力量,成为帮助品牌提升质量与影响力的一种重要力量。相关数据显示,2021 年,中国电商直播的用户规模是 4.64 亿,占网民总数的 44.9%。[①]

伴随着直播平台的快速成长,电商直播市场的竞争也愈演愈烈,利润空间紧缩、同质化竞争严重,再加上各直播间、直播平台的转换成本低廉,导致顾客黏性较低。当前,各平台面临的最为棘手的问题就是如何提高顾客对平台的忠诚度,维持并扩大市场份额,避免因顾客频繁更换平台导致的顾客流失或平台顾客活跃度下降。双边平台理论认为,顾客规模对平台而言至关重要,一旦平台顾客的流失率达到一定的临界值,平台就会难以运转。除了顾客规模外,顾客的质量也是电商直播平台价值创造和价值增长的决定性因素。而且,平台企业的成长离不开顾客的深度参与,顾客可以通过分享、互动等行为参与到品牌的价值创造中(沈蕾、何佳婧,2018)。由此可见,争夺顾客资源以及提高现有顾客的忠诚度,不仅是平台企业竞争战略的重点以及生存和发展的关键,也是其进行价值管理的落脚点。站在品牌商家的角度来看,虽然电商直播为其打开了一扇直接通向顾客"购物车"的窗,在

---

① 数据来源:通过整理 CNNIC、中商产业研究院的数据而得。

短期内促进了顾客和销量的快速增长,转化率极高,但效果却难以持续,也不利于电商直播的持续健康发展。比如,在众多电商直播活动中,也会有大量的"潜水者"不被各种互动活动所吸引,或是长期"潜伏"在各直播间内却极少发声,抑或是偶尔受到朋友的影响或无意间进入某个直播间浏览一下便很快离开,这些大都是属于处于流失边缘的准顾客。此外,电商直播与微博、微信营销相比,顾客无法跳跃式地浏览,需要全程关注,投入时间较长,而相当一部分顾客的浏览模式却是碎片化的,很难花费整段的时间去关注电商直播间的活动,再加上直播即时性的特点,使得及时控制的操作难度增大。此时,倘若直播的商品或内容无法引起顾客的兴趣和情感共鸣,就很可能导致一大批顾客流失。再加上影响电商直播营销效果的因素较为复杂,直播对顾客的影响路径也不清晰,导致不少商家在商业实践中困难重重。因此,如何借助电商直播,快速、精准地吸引并引导网络空间中的顾客及准顾客群体积极参与到电商直播活动中来,并在这一过程中与具有不同消费偏好的顾客从产品、服务等方面进行深入、持续的互动,使顾客的感情得到长期维系,进而形成品牌忠诚,成为品牌商家不容小觑的问题。此外,对于电商直播的主播而言,其发展实质上更多的是依赖跨平台长期性顾客的培养,这是一个逐步聚合与激发的过程,对于主播在直播平台上的销售效果起着关键性作用。综上所述,尽管我国电商直播行业发展空间广阔,但也存在诸多问题,而这些问题势必会影响我国电商直播行业的稳定发展。

近年来,数字经济新商业模式的出现,预示着以动态互动的商业氛围为特征的新营销时代的到来,学术界和业界关于顾客参与的讨论也越来越占据主导地位(Gummerus et al.,2012;Kandampully et al.,2015)。顾客参与被视为一种战略实践,是企业维护顾客关系的核心营销策略之一(Hyun and Perdue,2017),企业寻求增强顾客忠诚度、承诺、信任和扩大现有顾客基础的最受欢迎的策略之一(So et al.,2016),也是影响顾客忠诚和未来购买意愿的决定性因素(Vivek et al.,2012;Hammedi et al.,2015;So et al.,2016)。由此可见,了解现有和潜在顾客的参与机制,研究如何在电商直播中激发顾客的参与度,促使现有顾客形成持续关注和购买意愿,增强其黏性和忠诚度,无论是对于电商直播平台,还是平台上的主播或者品牌商家来说,其重要性都毋庸置疑。但就目前电商直播市场的发展状况来看,发展电商直播仅凭平台运营方、主播或者品牌商家单方面的信息传递是完全不够的,还需要得到顾客的反馈,让其通过参与电商直播来创造价值,实现信息的双向流动。因此,平台运营方、主播以及品牌商家必须高度关注影响顾客参与电商直播的因素有哪些、影响程度如何,顾客参与行为与顾客忠诚之间的影响路径是怎样的,可以采取哪些手段或措施来维持甚至提升顾客的忠诚度。本书期望通过对上述问题进行探讨与解答,促进中国电商直播整体渗透率的提升,使该行业蓬勃发展。

第二节 研究目的和研究意义

一、研究目的

电商直播是"直播"与"电商"的结合,以直播为渠道、电商变现为目的,平台运营方、主播以及品牌商家采用直播的方式来展示和销售商品,顾客则通过观看、参与电商直播来选择和购买商品。电商直播的持续运营主要依靠物美价廉商品的供给和顾客的参与,两者相辅相成、缺一不可。原因在于,电商直播倘若不能提供物美价廉的商品,满足顾客的需求,那么顾客就有可能流失,而物美价廉的商品的供给又依赖顾客的参与,越多的顾客参与意味着直播活动的容量越大,所能供给的物美价廉的商品就越多,越能吸引更多的顾客参与。顾客的参与不仅能进一步提升顾客的感知价值,降低顾客流失的风险,还能提高顾客的忠诚度。因此,电商直播长远健康发展的关键就在于吸引顾客和留住顾客,让数量足够多的顾客能持续参与进来。基于此,本书以电商直播为研究场景,深入分析顾客参与电商直播的行为,旨在尝试回答下列问题:电商直播顾客参与行为的表现形式有哪些?其行为的维度和内涵如何？如何对这些行为进行测量？哪些因素会影响电商直播顾客参与行为？电商直播顾客参与行为又会对顾客忠诚产生什么样的影响？对应上述研究问题，本书所要达到的具体目的如下。

1. 分析电商直播顾客参与行为

基于服务主导逻辑和价值共创思想，结合顾客的访谈资料，采用扎根理论研究法，对电商直播顾客参与行为开展质性研究，分析电商直播顾客参与行为的表现形式、操作性资源、行为过程以及生成的价值。

2. 科学开发电商直播顾客参与行为的测量量表

鉴于本研究中的顾客参与行为特指电商直播这一情境下的参与行为，有别于顾客参与理论中个体的一般参与行为，因此，本研究需要专门针对研究的具体情境设计电商直播顾客参与行为的测量量表，并通过规范的程序进行电商直播顾客参与行为的量表开发。首先，在明确核心概念的基础上，对38名经常参与电商直播活动的顾客进行深度访谈。其次，整理和分析访谈所获得的一手资料，从中提取经典语句来构建初始题项库。再次，向专家和电商直播顾客征求意见，以进一步修改、删减或完善题项，形成初始量表。最后，通过分析收回的问卷数据，对量表进行提纯，进而得到具有较高信度和效度的电商直播顾客参与行为的测量量表。

3. 挖掘价值共创视角下影响电商直播顾客参与行为的因素

为了回答有哪些因素可以促进电商直播顾客参与行为，本研究将从电商直播平台和顾客两个层面入手，运用服务主导逻辑、价值共创思想、社会认知理论等相关理论，从价值共创的视角出发，探究电商直播平台的操作性资源（直播服务质量）和顾客的操作性资源（顾客能力），通过改变顾客内在状态对电商直播顾客参与行为起到的促进作用。

4. 探索电商直播顾客参与行为对顾客忠诚的作用机制

当前，尽管平台运营方、主播以及品牌商家正努力吸引顾客参与电商直播活动，但这一努力能否最终提高顾客转化率仍是未知数。因此，本研究将深入探讨电商直播顾客参与行为对顾客感知价值和顾客忠诚的作用机制及其影响程度。其中：顾客感知价值体现在顾客所感知到的价值上，具体表现为顾客对实用价值、娱乐价值和社会价值的感知；顾客忠诚体现在平台运营方、主播以及品牌商家所获得的价值上，具体表现为平台忠诚、主播忠诚和品牌忠诚。

二、研究意义

近年来，随着电商直播的兴起，已经有不少的学者对电商直播这一热门话题从多个方面展开研究，但目前对电商直播顾客参与行为的研究相对较少，而引导和保持顾客在电商直播活动中的参与行为对于促进电商直播的可持续发展又至关重要。鉴于此，本书主要关注了电商直播领域的顾客参与行为，并对其涉及的相关理论、结构维度、测量量表、影响因素以及对顾客忠诚的作用机制进行了探索性研究，不仅在理论层面扩展了电商直播、顾客参与行为领域的研究，而且对促进电商直播情境中顾客价值的感知以及顾客忠诚的提升有着重要的启示作用。

1.理论意义

首先，本书探讨了电商直播顾客参与行为的表现形式、操作性资源、行为过程以及生成的价值，有助于平台运营方、主播以及品牌商家把握电商直播顾客参与行为的内涵和本质。在此基础上开发的电商直播顾客参与行为量表，能够为后来者开展进一步的研究提供理论基础。

其次，本书基于价值共创的视角，从平台和顾客自身两个层面出发，试图在中国电商直播情境中探索具体有哪些因素（如直播服务质量、顾客能力）会吸引顾客参与直播，以及怎样影响顾客参与行为（如社会临场感、自我效能感的中介作用），以揭开电商直播顾客参与行为的"黑箱"，探索电商直播中顾客参与行为的内在规律，丰富网络营销的研究内容。

最后，鉴于顾客忠诚问题在当前竞争激烈的电商直播市场中的重要性，本书梳理和归纳了过往顾客忠诚的研究成果，从价值共创的视角出发，探究了顾客参与电商直播感知到的价值对顾客忠诚(平台忠诚、主播忠诚和品牌忠诚)的影响,明确了电商直播顾客参与行为对顾客忠诚的传导机制、影响机理及其内在作用路径和规律,证实了电商直播顾客参与行为对顾客忠诚的影响是顾客在感知电商直播价值的过程中,其态度和意愿发生变化进而产生的行为结果,丰富了价值共创理论和顾客资产的研究成果得。

2.现实意义

首先,帮助电商直播相关企业转变观念,从价值共创的视角重新审视顾客在生产消费中的作用以及扮演的重要角色。通过探索电商直播顾客参与行为的内涵和维度,帮助电商直播相关企业深刻把握顾客参与行为的本质。而且,电商直播相关企业还可以采用本研究开发的中国情境下电商直播顾客参与行为的量表,作为商业实践的诊断工具,用于检测顾客当前的参与程度,识别企业在促进顾客参与电商直播方面存在的缺陷,进一步改进并提升相关服务。

其次,为电商直播相关企业引导顾客参与直播活动提供了科学依据。电商直播相关企业可以根据本书从整合电商直播平台与顾客操作性资源的角度探究出的电商直播顾客参与行为的影响因素以及激发路径,制定直播策略,积极引导顾客参与电商直播来共创价值,促进电商直播的健康发展。

再次,对电商直播相关企业进行有效的价值管理有一定的启示。电商直播顾客参与行为对于电商直播发展有重要意义,电商直播相关企业应当充分认识到顾客感知价值是创新顾客忠诚培养机制的关键驱动因素,并借此检视企业在价值管理上存在的不足,有针对性地提升顾客的感知价值,进而形成具备相当规模且稳定、忠诚的顾客群体,从根本上保证电商直播走上健康发展的道路。

最后,本书挖掘了顾客能动性的重要意义,有助于引导电商直播相关企业和顾客以互动、合作的状态共同投入电商直播这一新兴营销实践。

第三节 研究方法和技术路线

一、研究方法

1. 文献研究法

文献研究法是通过搜集、梳理和分析相关文献,从而形成一定科学认识的方法。本书广泛查询和搜集了国内外的相关文献资料,对电商直播、顾客参与行为、顾客忠诚等方面的国内外研究现状与进展进行了梳理,为系统地构建电商直播顾客参与行为的影响因素模型和作用机制模型提供了理论依据。

2. 访谈法

访谈法是采用深度访谈的方式,搜集研究对象内心深处真实想法与感受的一种重要方法。本书在对文献和理论进行梳理的基础上,采用半结构式的访谈方法,根据受访者的实际情况和个人偏好,有机地结合面对面访谈、电话访谈和网络访谈等方式来收集资料。

3. 问卷调查法

问卷调查法是根据研究目的设计一系列相关问题形成问卷,请被调查者作答,并通过整理和分析回收的问卷来获得有关信息的一种研究方法。本书根据不同阶段不同的研究目标来设计调查问卷,并借助问卷星形成电子问卷,通过社交媒体平台进行发放,然后,采用科学的统计检验方法对回收的数据进行分析,在此基础上形成研究结论。此外,除电商直播顾客参与行为的量表为本书自行开发外,其他量表均采用成熟的量表。

4. 实验法

实验法是指在既定的实验环境下,通过实验现象的对比,分析现象中变量间的因果关系以及发展变化过程的一种调查方法。本书采用情境模拟实验法,分别实证检验了产品类型(搜索品、体验品)在电商直播顾客参与行为对顾客感知价值的影响中所起到的调节作用。该实验根据产品的不同类型分别设置了不同的实验情境。在实验过程中,要求被试先进入实验的模拟情境进行实验操控,接着填写调查问卷,然后笔者再根据问卷收集的数据分析调节变量的效应。

5.实证分析法

实证分析法是用统计计量方法对经济数据进行处理的分析方法。本研究在问卷调查的基础上,综合运用 SPSS 26.0 和 AMOS 23.0 对调查数据进行实证分析。首先,运用 AMOS 23.0 检验结构方程模型的整体适配度,计算各潜变量间的路径系数和显著性,以及潜变量与显变量间的载荷系数,据此判断假设检验成立与否。其次,基于路径分析,进一步研究电商直播顾客参与行为影响因素模型各潜变量之间,以及电商直播顾客参与行为对顾客忠诚作用机制模型各潜变量之间的作用关系和影响程度,比较分析其作用差异。最后,归纳实证分析的结果。

6.扎根理论研究法

扎根理论研究法是采用归纳总结的方式,对自下而上收集到的资料进行逐层深入分析,以此构建理论的一种研究方法。本书采用扎根理论研究法,对顾客深度访谈获取到的第一手资料进行三级编码分析,通过开放式编码、主轴编码与选择编码,深入探究电商直播顾客参与行为的表现形式,得出电商直播顾客参与行为的三个维度,并据此构建电商直播顾客参与行为的概念模型。

二、技术路线

本书的技术路线如图 1-1 所示。首先,本书在分析研究背景的基础上,提出研究问题;其次,通过文献回顾和评价对研究现状进行把握,并梳理和介绍相关理论;再次,基于电商直播顾客的访谈资料,从表现形式、操作性资源、行为过程和价值生成等方面对电商直播顾客参与行为展开质性分析;复次,开发出电商直播顾客参与行为的测量量表;又次,进一步构建电商直播顾客与行为影响因素和作用机制的概念模型,并运用实证方法对两个概念模型进行验证;最后,开展对策研究。

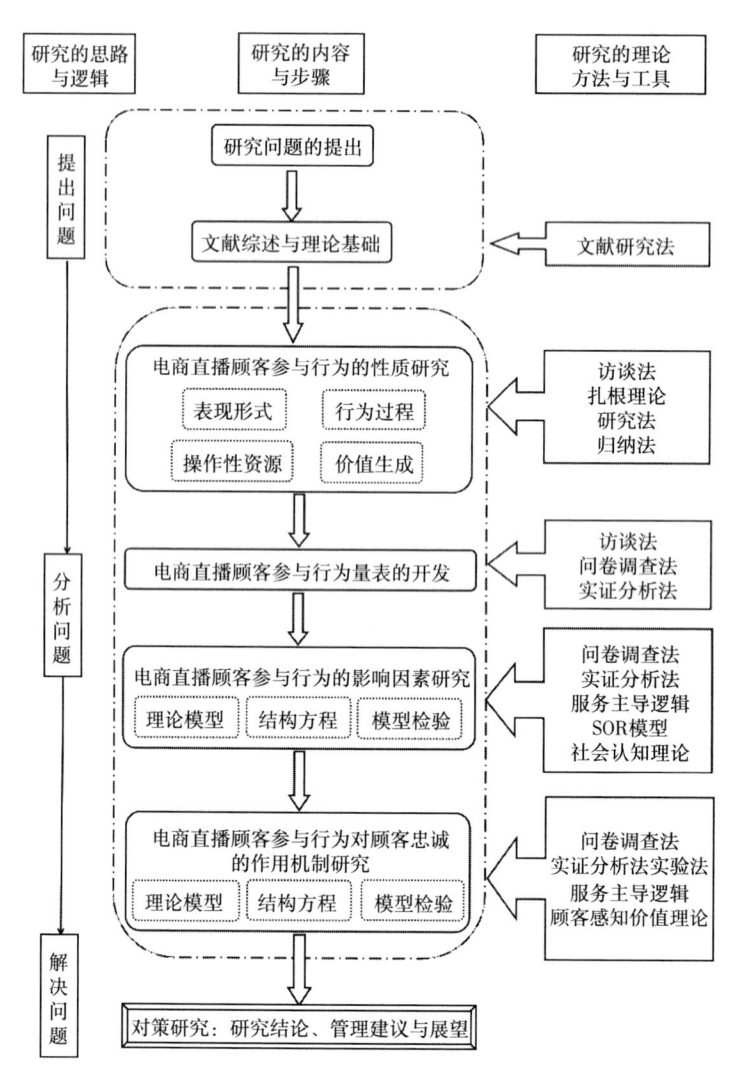

图 1-1 技术路线图

第四节 研究内容框架

本书每章的具体内容如下。

第一章为电商直播顾客参与行为研究现实背景与总体设计。本章首先在阐述研究背景的基础上,对研究目的与意义、研究方法和技术路线作出说明;其次,梳理本书的总体框架体系;最后,简要介绍创新之处。

第二章为电商直播顾客参与行为相关研究进展与理论基础。本章首先对电商直播、顾客参与行为、顾客忠诚,以及电商直播情境下顾客参与行为和顾客忠诚的相关研究进行了系统梳理,以期了解电商直播、顾客参与行为、顾客忠诚,以及电商直播情境下顾客参与行为和顾客忠诚的总体研究情况和研究基础。同时,回顾了服务主导逻辑、SOR 模型、社会认知理论和顾客感知价值理论等基础理论,为后续理论探讨和实证研究奠定了基础。

第三章为电商直播顾客参与行为质性分析。运用服务主导逻辑和价值共创思想的相关理论,结合电商直播顾客访谈资料的文本分析,对电商直播顾客参与行为展开质性分析。具体包括采用扎根理论研究法分析电商直播顾客参与行为的表现形式,并通过归纳法识别电商直播中可以利用的操作性资源,解读顾客参与电商直播的行为过程,探讨顾客参与电商直播生成的价值。

第四章为电商直播顾客参与行为量表开发。为了便于对电商直播平台顾客参与行为进行测量,本章在第三章顾客访谈的基础上,首先从访谈资料中提取经典题项,并根据专家意见修改量表,开发出电商直播顾客参与行为的前测量表。其次,通过小样本的调查,进行前测量表的提纯,并开展探索性因子分析,进而形成初始量表。再次,进行大样本的调查,通过共同方法偏差检验、信效度分析、电商直播顾客参与行为结构维度的假设检验和竞争模型比较分析等环节,确定测量电商直播顾客参与行为的正式量表。最后,总结和讨论该部分的实证研究结果。

第五章为电商直播顾客参与行为影响因素。为了回答什么因素会影响顾客参与电商直播这一问题，本章从价值共创视角出发，在问卷调查的基础上进行结构方程模型分析，具体对直播服务质量、社会临场感、自我效能感和顾客参与行为，以及顾客能力、自我效能感和顾客参与行为之间的影响关系进行实证检验。笔者首先界定了直播服务质量、顾客能力、电商直播顾客参与行为、社会临场感和自我效能感等相关概念，并基于服务主导逻辑、SOR 模型、社会认知理论等理论成果，构建电商直播顾客参与行为影响因素的概念模型，提出相应的研究假设。其次，利用本书开发的电商直播顾客参与行为量表，以及其他成熟量表，在小规模深度访谈对题项进行补充、完善的基础上，形成初始的调查问卷。再次，通过小样本调查开展探索性研究，经可靠性分析和探索性因子分析后确定正式的调查问卷。复次，对正式问卷调查回收的数据进行相应的数据分析，采用结构方程的路径分析来检验电商直播顾客参与行为影响因素概念模型中的假设关系，并通过 Bootstrap 方法验证社会临场感和自我效能感的中介效应，以及两者的双链式中介效应。此外，还分析了人口统计特征对电商直播顾客参与行为的影响。最后，总结和讨论了该部分的实证研究结果。

第六章为电商直播顾客参与行为对顾客忠诚的作用机制。为了回答电商直播顾客参与行为究竟能否创造价值这一问题，本章围绕电商直播顾客参与行为（围观式参与、话语式参与和行动式参与）对感知价值（实用价值、娱乐价值和社会价值）和顾客忠诚（平台忠诚、主播忠诚和品牌忠诚）的作用机制进行实证检验。笔者首先对顾客感知价值、顾客忠诚和产品类型等概念进行了界定，并基于服务主导逻辑、顾客感知价值理论等理论成果，构建出电商直播顾客参与行为对顾客忠诚作用机制的概念模型，提出研究假设。其次，利用本研究开发的电商直播顾客参与行为量表，以及其他成熟量表，基于小规模深度访谈对题项进行补充、完善，形成初始的调查问卷。再次，通过小样本调查开展探索性研究，经可靠性分析和探索性因子分析后确定正式的调查问卷。复次，对正式问卷调查回收的数据进行相应的数据分析，采用结构方程的路径分析来检验电商直播顾客参与行为对顾客忠诚作用机制概念模型中的假设关系，通过 Bootstrap 方法验证顾客感知价值的中介效应。此外，还分析了人口统计特征对顾客忠诚的影响。又次，采用情景实验法检验了电商直播顾客参与行为与产品类别这一外在因素对顾客感知价值的交互影响及其机制。最后，总结和讨论了这一章的实证研究结果。

第七章为研究结论与展望。本章主要是对本书的主要研究结论进行归纳、总结，并根据研究结论，为电商直播管理实践提出管理建议。此外，还分析了本书研究的局限性，对后续进一步研究进行展望。

第五节 研究的创新之处

一是从价值共创的新视角研究电商直播顾客参与行为。当前，电商直播顾客参与行为的研究主要是从顾客感知、动机等角度进行。与以往研究的不同之处在于，本书开创性地从价值共创的视角出发，分析了电商直播中可利用的操作性资源，如直播服务质量、顾客能力，并且研究了顾客如何整合上述操作性资源，通过参与电商直播活动，在自身获得感知价值（如实用价值、娱乐价值和社会价值）的同时，与电商直播的其他利益相关者实现价值共创。

二是立足于中国电商直播情境，开发并验证了电商直播顾客参与行为的三维度分类体系及其测量量表。鉴于现有对电商直播领域顾客行为的研究尚处于起步阶段，缺少相应的维度研究和量表开发，本书结合中国电商直播情境下的定性访谈和测试，开发出了包含围观式参与、话语式参与和行动式参与三个维度的电商直播顾客参与行为测量量表。

三是构建并验证了电商直播顾客参与行为的影响因素，以及电商直播顾客参与行为对顾客忠诚的作用机制这两个概念模型。目前，学者们主要致力于研究电商直播顾客购买意愿和购买行为的影响因素，对电商直播顾客参与行为影响因素的关注较少。本研究通过构建并验证直播服务质量、顾客能力与电商直播顾客参与行为之间的理论关系模型，深入探讨了不同参与行为影响机理的差异性，以及不同影响因素下各种行为的选择取向，总结出顾客在电商直播中心理和行为方面的规律。研究发现，直播服务质量是电商直播顾客参与行为（围观式参与、话语式参与和行动式参与）发生的基础和前提，在一定程度上会通过影响顾客的社会临场感进一步促进其参与行为，而且顾客的社会临场感还会在显著正向影响顾客自我效能感的基础上，对其话语式参与产生积极影响。顾客能力不仅对其参与行为有显著正向影响，还会通过影响顾客的自我效能感进一步促进其话语式参与。此外，以往学者主要关注的是 B2C 等电子商务领域的顾客忠诚问题，较少涉足电商直播领域顾客忠诚问题的研究。鉴于此，本书将电商直播的顾客忠诚划分成平台忠诚、主播忠诚和品牌忠诚三个层次，开创性地分析了电商直播顾客参与行为各维度与这三个层次的顾客忠诚之间的关系，揭示了相应的影响路径和影响程度，展现了电商直播情境下顾客忠诚的形成过程，以及顾客面对不同类型产品在价值感知上的差别。研究发现，电商直播顾客参与行为能够为顾客带来更高的实用价值和娱乐价值，但仅有顾客的话语式参与能为其带来社会价值。顾客感知到的实用价值和社会价值显著正向影响平台忠诚，但社会价值仅显著正向影响品牌忠诚，而品牌忠诚又显著正向影响主播忠诚。此外，当顾客面对不同类型的直播产品时，其参与电商直播的方式不同，对价值的感知也会有所不同。

第二章 电商直播顾客参与行为相关研究进展与理论基础

第一节 相关研究进展

当前,在网络技术飞速发展的同时,数字技术得以广泛应用,于是,电商直播的用户数量出现了井喷式的增长,电商直播所面临的新的理论和实践方面的问题也引起了学术界的广泛关注(Hu et al.,2017;Lu et al.,2018;龚潇潇 等,2019)。在我国,有的学者研究了电商直播的营销模式(顾钰炜,2020;王彪、高贵武,2020)和价值(谭跃龙,2021),有的学者探讨了电商直播的行业发展问题(顾钰炜,2020;钟涛,2020;沈宝钢,2020;姚林青、虞海侠,2020;郭文伟、王晶晶,2021;刘之越,2021)以及行业监管问题(宋林霖、黄雅卓,2020),还有学者从传播学的视角来分析电商直播的现象(傅晓杉,2017;喻国明、陈雪娇,2021)。而在国外,德国、日本和美国的学者则主要专注于Periscope、YouNow、Twitter、Twitch、YouTube Live、Facebook Live、AfreecaTV、YY.com、Flipkart、Qoo10、11th Street 和 Ustream 等直播平台的研究(Pires and Simon,2015;Vieira et al.,2013)。

一、电商直播研究

1.电商直播的内涵与特征

电商直播属于垂直类直播,涉及流量、内容和形式三大要素(陈虹,2018)。它是营销与多种媒体形式(如文本、图像和视频)相结合所形成的一种独特的社交媒体形式(Hu et al.,2017),嵌入了实时社交互动(Cai and Wohn,2019;Hamilton et al.,2014),属于典型的社交电商和社会化营销模式(黄敏学 等,2022)。该模式的本质是消费升级,迎合了当代顾客更加关注消费过程中的精神体验,以及希望获得更多知识性和专业性的信息内容作为购物决策参考的需求。与传统电商模式相比,电商直播有机融合了线上线下购物的特点,依托互联网、智能手机和电商平台,突破了时间和空间上的限制,内容和形式也更为丰富和多样,真实性、可视性以及互动的实时性、立体性和社交性等也更强(周文辉,2015;Hu and Chaudhry,2020;陈虹,2018;谢莹 等,2019),能给顾客带来更加真实、立体的购物体验。

基于已有文献,电商直播的特征可以归纳为以下五个方面。

一是真实性。与传统电商模式相比,电商直播可以让顾客真实地感受到商品的属性,了解商品的真实信息。主播可以通过直播演示,全方位、多角度地展示产品(Lu et al.,2018),从而实现产品的可视化。

二是实时交互性。电商直播所具有的"现场+同场+互动"的特点,使顾客可以在直播过程中,通过弹幕或共享聊天室与主播进行交流或发表评论(Hamilton et al.,2014;Hu et al.,2017),开展实时互动(Hilvert-Bruce et al.,2018),这样的互动方式远强于移动电商和社交电商,很大程度上提升了电商直播参与方之间的交互体验,也更容易增强顾客的信任感。这是电商直播最大的特点。

三是社群性。电商直播的情境同时链接了大量售卖的商品和参与直播的顾客,形成了社群,打破了线下零售中一对一的限制,开启了多对多的营销模式,具有显著的群体性特征(邵鹏、胡平,2016)。

四是沉浸性。电商直播根据商品特质、顾客喜好所构建的"人—商品—场景",增强了顾客的沉浸式体验(Yim et al.,2017;曾锵,2019)。

五是价廉性。商品通过电商直播平台进行近距离展示和体验式导购,绕过了传统中间渠道,使得价格低于线下实体店。

2.电商直播的效应

研究证实,电商直播在增加销售线索、提高顾客体验和建立顾客参与方面是有效的(Wongkitrungrueng and Assarut,2020)。一方面,顾客通过观看电商直播,在获得购买信息的同时,还能产生对主播的认同感,甚至结成商业友谊(姚曦、张梅,2021)。杨楠(2021)基于信任理论和参照群体理论提出,"网红"直播带货的专业性、匹配度和关系强度对顾客信任有积极影响,且专业性和匹配度又对品牌态度有显著正向影响。另一方面,电商直播在促进企业发展方面的长、短期效应显著。从短期来看,电商直播有助于大幅度提高企业的销售额(郭全中,2020)。徐焱军等(2022)的研究发现,店铺的经营收益和用户感知受主播活跃度的正向影响,且经营收益还受用户感知的正向影响。从长期来看,顾客在电商直播中所感知到的信息价值、社会价值和经济价值,促进了电商直播商业模式向纵深发展(成也、王锐,2017),有助于企业与用户建立连接,重构C2B这一商业模式,提高了数字营销的可信度,实现了数智化升级(郭全中,2020)。例如,抖音、快手、微博等以人为主导的流量平台依靠社交媒体平台拥有的流量基础,将用户的消费行为与娱乐属性和社交属性相融合,快速挖掘平台用户的消费潜力,进而在新的消费流量蓝海中实现消费升级(刘凤军 等,2020)的同时,给品牌带来较大的流量,使品牌信息更容易被传播出去(Lin et al.,2018),从而达到通过推广企业品牌影响顾客品牌态度的目的。

3.电商直播顾客的心理与行为

通过梳理有关电商直播顾客心理和行为的相关研究,可以发现,对于电商直播顾客心理和行为的研究主要可分为以下几类。

(1)着眼于顾客购买意愿和购买行为的研究

相关研究证实,电商直播能显著增强顾客的购买意愿(杨琨、杨伟,2017;Zhang et al.,2020)。例如,在电商直播情境下,顾客的购买意愿受到其感知服务质量和价值的积极影响(刘佳 等,2021)。与此同时,直播间的网络直播技术增强了顾客的临场感和沉浸感(Sun et al.,2019),进而通过影响顾客认同来提升其购买意愿(Sun et al.,2019;孟陆 等,2020)。李森和华迎(2021)基于社会认知理论认为,远程临场感和社会临场感属于环境因素,它们在显著正向影响顾客的替代经验学习、他人行为学习和同伴交流的同时,会对顾客购买意愿产生积极影响。此外,顾客、网站和卖方所形成的互动机制,促进了网络购物中空间临场感和社会临场感的形成,并对建立顾客信赖产生了积极影响(冯俊,2020)。在"网红"直播购物情境下,来源可信度、享乐主义态度和自我产品契合度会影响顾客的购买意愿(Park and Lin,2020)。朱东红和常亚平(2021)通过网络民族志方法对县长直播带货案例进行研究,发现县长所具有的感知亲民、感知为民等特征通过消费者的钦佩感正向影响其购买意愿。与此同时,还有相当部分学者探究了电商直播顾客的从众消费行为和冲动消费行为。在从众消费行为研究方面,谢莹等(2019)基于临场感理论和社会助长理论,分析了社会临场感对顾客线上从众消费行为的认知机制,以及顾客自我建构和顾客—主播关系强度的调节作用。谢莹等(2021)发现,网络直播情境下的从众消费行为受到共在临场感和社会临场感的显著正向影响。电商直播中的产品互动、媒介互动和人际互动将参与价值共创的各方更加紧密地连接在一起,更容易促成冲动性购买行为或其他促进价值共创绩效行为的产生(曾锵,2019)。黄思皓等(2021)基于精细加工可能性模型的研究发现,在中央(或边缘)路径下,顾客的沉浸体验和满意度受到直播平台特征或主播个人的积极影响,这些因素会激发顾客的冲动性购买意愿。Gong 等(2020)则基于自我决定理论,对平台外观设计、自我效能感、心理所有权影响冲动购买的直接效应进行了验证。此外,冲动消费意愿还会受到氛围线索的显著正向影响(龚潇潇 等,2019)。直播营销策略会通过减少消费者的心理距离和不确定性来刺激顾客的在线购买(Zhang,2019)。直播技术特性和平台信息呈现也是影响顾客购买意愿的因素(Chen et al.,2018;Su,2019)。此外,在直播营销情境中,社会临场感在增强顾客对主播信任的同时,也会增强顾客的心流体验,顾客的冲动性购买意愿也会因此变得更强(陈迎欣 等,2021)。

当前,电商直播借助信息媒介为顾客提供营销信息,显示出其与传统营销方式以及传统电商的不同,故学者们从直播的独特之处出发研究其对顾客心理与行为的影响。相关研究发现,信息质量和交互质量(Zhang et al.,2020)、感知体验示能性和感知实用示能性(朱永明、黄嘉鑫,2020)、网络礼品(Su et al.,2020)等因素均会增强顾客的购买意愿。根据技术可供性理论,视觉资料可供性、表达可供性以及导购可供性是通过顾客参与对顾客购买意愿产生影响的(Sun et al.,2019)。互动性、真实性和可视性等网络直播购物特征对顾客购买行为的影响需要通过愉悦和信任等中介来实现(刘洋等,2020)。直播视频的生动性、互动性和真实性通过影响顾客的即时性和信任感,增强顾客的购买意愿(Jinhua and Tong,2017)。还有些研究关注的是直播购物功能的影响,如礼品赠送功能(Yu et al.,2018)。陈义涛等(2021)通过研究发现,电商直播与顾客之间存在心理契约,且不同的心理契约会产生不同的顾客忠诚。

在电商直播情境下,顾客被置于同质空间中,主播在此空间中的营销作用就显得更为重要。因此,部分学者从主播的自身特质和营销表现出发,研究其对顾客心理与行为的影响。研究发现,直播"网红"主要通过自身的五大特性来吸引顾客,如可信性、专业性、技能性、互动性和吸引力,增强顾客对其推广的产品的关注,进而激发顾客的购买意愿(孟陆 等,2020)。在中国,主播的沟通风格比沟通内容更为重要(Lu et al.,2018)。电商主播特性、感知质量显著正向影响顾客购买意愿,感知风险显著负向影响购买意愿(赵大伟、冯家欣,2021)。吴娜等(2020)基于相似吸引理论和认知情感系统理论,通过实证研究发现,主播与顾客沟通风格的相似能够增强顾客对主播的准社会互动感知,使其产生沉浸体验,进而提升其购买意愿。黄敏学等(2022)基于社会影响理论提出,在直播购物中,主播类型与产品类型的交互作用会对顾客的购买意愿和行为产生影响。当名人主播推荐介绍享乐品（或实用品）时，触发的是顾客的认同机制（或内化机制），可以提高顾客购买意愿和产品销量。费鸿萍和周成臣（2021）基于来源可信度和准社会互动理论，提出主播的不同类型（传统明星和网络主播）对顾客的品牌态度和购买意愿会有影响，且主播与带货品牌的匹配类型（功能匹配和形象匹配）在其中起调节作用。刘凤军等（2020）提出，顾客感知购物价值在"网红"信息源特性对购买意愿的影响中发挥中介作用。顾客购买售卖产品的意愿受到"网红"属性以及直播内容与售卖商品匹配度的积极影响（Park and Lin，2020）。此外，越来越多的研究发现，顾客之所以被直播购物所吸引，是因为他们感知到了实用价值（实时沟通和信息）、享乐价值（享受）和社会价值（归属感），而这些价值又反过来增强了顾客对卖家（或产品）的体验和态度，甚至购买意愿（Ang et al.，2018；Wang and Wu，2019）。

（2）着眼于顾客在线行为、使用行为、价值共创行为等其他行为的研究

韩箫亦（2020）发现，顾客在线行为意向受到电商主播属性和顾客内在状态的直接影响。在电商直播中，无论是顾客的主动享乐行为，还是被动享乐行为，都受到共同体验的积极影响，但只有主动享乐行为受到感知效能的积极影响（Bründl et al.，2017）。在主播私人场景、购物临场场景和生产溯源场景等电商直播场景中，受众在信任中所获得的认同感与归属感，影响了其停留行为与消费行为（周丽、范建华，2021）。从互动视角来看，网络直播购物模式中，顾客与网站、顾客与买方、顾客与顾客之间的三方交互对信任度有积极影响（陈迎欣 等，2020）。熊雪等（2021）通过案例研究发现，农产品电商直播依托直播中介主体，通过信息交互交换机制、声誉效应机制和信号传递机制建立起"三位一体"的交易信任体系。Wu 和 Zhou（2017）基于技术接受模型理论，构建了持续使用淘宝直播平台的理论模型，研究结果表明，直播的界面特点、主播特质、平台特征等特性会积极影响顾客的态度和持续使用意愿，而顾客的感知有用性和易用性在其中起中介作用。

（3）着眼于顾客观看电商直播动机的研究

有一部分学者的相关研究关注顾客观看直播或购物的动机（Ang et al.，

2018；Cai and Wohn，2019；Ho and Rajadurai，2020；Leeraphong and Sukrat，2018），主要借鉴使用和满足理论（如享受、信息寻求、社会存在）和技术相关动机（如技术接受模型、IT 支持），发现顾客被吸引进行直播购物，有些是与产品信息相关，有些是因为顾客有互动、参与感、归属感等的需求。

二、顾客参与行为研究

自 20 世纪 70 年代末开始，顾客参与行为受到学术界和业界的广泛关注，尤其是顾客参与服务生产过程的必要性（Vargo and Lusch，2004）在服务主导逻辑中被提出后，更是成为服务营销领域的重要研究课题。相关研究已证实，顾客参与行为是全面开发顾客价值的重要渠道，是一种新的、重要的商业模式，不仅有助于企业促进销售、增强竞争优势、提升盈利能力（Kumar and Pansari，2016），还体现了当代商业环境的动态化和互动性。近些年，社交媒体中的顾客参与行为更是成为学者和从业者都十分感兴趣的话题（Desart et al.，2015；Gligor et al.，2019）。顾客参与行为的理论基础是价值共创，顾客参与行为本身也具有价值共创的含义（Brodie and Hollebeek，2011），是价值共创过程中的关键组成部分。顾客参与行为这一概念源自服务营销，源于服务的不可分性，是关系营销的重要组成部分（Chiu et al.，2005；Vivek et al.，2012）和理论延伸（Palmatier et al.，2017；Christy et al.，2011），在市场营销中已成为一个有影响力的概念（Barari et al.，2021），是现代广告和社交商务等营销研究领域使用最广泛的概念之一（Kim et al.，2017；Wongkitrungrueng and Assarut，2020），同时也是与社交媒体高度相关的概念（Barreto and Ramalho，2019；Gligor et al.，2019；Hinson et al.，2019；Payne et al.，2017；Bozkurt et al.，2020），是企业希望在社交媒体上获得的最重要的东西（Sash，2012），其作为企业营销活动效果的一种新的衡量指标，不同于其他衡量指标（Pansari and Kumar，2017）。

现有文献为顾客参与行为的概念化和测量（Brodie et al.，2011，2013；So et al.，2014；Van Doorn et al.，2010）、决定因素和结果（So et al.，2016；Zhang et al.,2015),以及顾客参与行为所面临的挑战(Kumar et al.,2010)等方面的研究提供了重要的见解。现有顾客参与行为的研究主要基于企业和顾客两个不同的层面。从企业层面来看,主要关注顾客参与行为如何影响企业生产效率,实现价值共创;从顾客层面来看,主要分析顾客参与行为对其自身会产生哪些方面的影响。具体来说,可以分为三类:第一类是关于顾客参与行为内涵、维度以及测量的研究;第二类是关于顾客参与行为前置因素研究;第三类是关于顾客参与行为影响效果的研究。下面作详细阐述。

1. 顾客参与行为的内涵

多年来,尽管学者们从不同角度界定顾客参与行为,但至今并未达成共识,其原因可能在于顾客参与行为是基于特定情境发生的,故对这一概念的解释会有所不同(Little B and Little P,2006)。有学者认为,顾客参与包括心理层面和行为层面的参与(Brodie et al.,2011)。也有学者提出,对于顾客参与的理解可以从认知、情感和行为三个层面出发(Hollebeek et al.,2014;Hinson et al.,2019;Dessart,2017;Dessart et al.,2015;Hollebeek,2013;Harrigan et al.,2017;Sim and Plewa,2017;So et al.,2014),以此作为衡量顾客参与的标准。从行为层面来看,顾客参与行为是指顾客的努力行为和投入行为,具体包括智力、实体和情感等方面的投入。Cermak 等(1994)、范秀成和张彤宇(2004)提出顾客参与是一个行为性的概念,主要指顾客努力和卷入的程度,涉及物质层面和精神层面。Van Doorn 等(2010)认为顾客参与行为是指顾客关注品牌或企业的行为表现。因此,参与行为不只包括与搜索、评价和购买相关的活动(Vivek et al.,2012),还包括顾客对企业所有的互动,以及顾客与顾客进行的品牌沟通(Gummerus et al.,2012)。在品牌社群中,顾客参与行为具有高度互动性和体验性,包括学习、分享、倡导、社交和共同发展(Lusch and Vargo,2006;Schau et al.,2009)。陈爱辉和鲁耀斌(2014)提出,顾客在虚拟社区中的参与行为具体表现为"点赞"、评论、转发、分享等互动和内容创造行为,并强调了顾客参与的价值创造作用。此外,还有相当一部分学者将顾客在社交媒体中的参与定义为"点赞"、评论和分享品牌内容的行为(Van Doorn et al.,2010;Gummerus et al.,2012;Kim et al.,2016;Oh and Syn,2015;Oviedo-García et al.,2014;Cvijikj and Michahelles,2011)。

2.顾客参与行为的维度

鉴于顾客参与行为的复杂性以及不同行业顾客涉入度的差异性,学界对顾客参与行为的维度划分尚未达成共识。目前学术界部分学者认为顾客参与行为是一个单维度概念(Brodie,2011;Sprott et al.,2009;Verhoef et al.,2010;Gligor et al.,2019),强调的是心理或行为层面,而更多的学者则认为顾客参与行为的含义是多维度的(Hollebeek et al.,2014;Kumar and Pansari,2016)。综上所述,顾客与行为的维度结构如表2-1所示。

表2-1 顾客参与行为的维度结构

维度结构	维度	学者(年份)
三维	信息分享、人际互动、责任行为	Ennew 和 Bink(1999)
	有意识的关注、热情的参与、社会联系	Wongsansukcharoen(2022)
	消费、创造、贡献	Wang 和 Lee(2020)、Simon 和 Tossan(2018)、Liu 等(2021)
	认知加工、情感、激活	Algharabat 等(2020)
四维	事前准备行为、建立关系行为、信息交换行为、干涉行为	Kellogg 等(1997)
五维	识别、热情、注意力、吸收、互动度	So 等(2014)
六维	识别、互动、吸收、热情、情感、关注度	Harrigan 等(2017);Samala 等(2019);Mkumbo 等(2020)

3.顾客参与行为的测量

Claycomb 等(2001)开发出一个包括出席、信息提供和合作生产3个维度、9个题项的顾客参与行为测量量表。Alison(2003)基于对香港电话银行业和旅游业的调查,形成了一个包括行为和信息2个维度、8个题项的顾客参与行为测量量表。So 等(2014)开发并验证了一个包含25个题项的顾客参与行为量表,该量表包括识别、热情、注意力、吸收和互动5个维度。

4.顾客参与行为的前置因素

通过梳理相关文献发现,已有相当一部分学者研究了影响顾客参与行为的前置因素。

从行为层面的因素来看,Vivek等(2012)认为现有或潜在顾客的参加和涉入是顾客参与行为的前因变量。顾客使用社交媒体的强度与他们对企业社交媒体活动的参与度正相关(Dijkmans et al.,2015)。

从心理层面的因素来看,驱动顾客参与行为的因素包括口碑活动、推荐、顾客间的互动、发布博客、写评论和其他类似的活动(Van Doorn et al.,2010;Verhoef et al.,2010;Gummerus et al.,2012;Vivek et al.,2012;Jaakkola and Alexander,2014)。Thurau等(2004)基于对在线环境中顾客参与度的研究,确定了顾客参与行为的5个主要动机类别,包括关注动机(关注其他顾客、帮助企业、社会利益和行使权利)、消费动机(购买后咨询)、认同动机(自我增强和经济奖励)、调节动机(便利和解决问题的支持)和稳态动机(表达积极情绪和发泄消极情绪)。Hilvert-Bruce等(2018)发现,观众参与直播的娱乐动机的社会和社区基础比较强。Hsieh和Chang(2016)认为品牌自我联系和顾客感知到的品牌共同创造任务的心理利益,有助于促进顾客参与品牌的共同创造。相关研究表明,对品牌互动的感知(France et al.,2016;Gligor et al.,2019)和品牌满意度(Pansari and Kumar,2017;Van Doorn et al.,2010)对顾客参与度有积极影响。Dolan等(2019)揭示了社交媒体的理性和情感诉求对用户社交媒体参与行为的显著影响,社交媒体中的理性诉求在促进社交媒体用户的主动和被动参与方面具有监督效应,而情感诉求则促进用户的被动而非高度主动的参与行为。

从综合层面的因素来看,积极参与、社区信任和社区承诺是顾客参与行为的先决条件(Vohra and Bhardwaj,2019)。品牌交互性、品牌承诺、产品参与和在线互动倾向等不同因素可以提高顾客的参与度(Dessart,2017;Gligor et al.,2019;Schivinski and Dabrowski,2015)。Hu和Chaudhry(2020)利用刺激—有机体—反应模型和关系营销理论对顾客参与行为进行研究的结果表明,社会纽带和结构纽带通过情感承诺对顾客参与行为产生影响,但财务纽带仅通过情感承诺间接影响顾客参与行为。Wu等(2019)通过探讨社交媒体环境中身份认同类型与顾客参与的关系发现,与信息内容相关的功能(传播信息、建立社区、促进行动)影响顾客的参与(喜欢和分享),其中,建立社区比传播信息更能吸引顾客,促进行动对顾客参与的影响最小。

5.顾客参与行为的后果

顾客参与行为能给企业带来好处,故可以将其理解为顾客的一种增值行为,具体体现在顾客不仅会为企业或其营销功能贡献自有资源(Harmeling et al.,2017;Hollebeek et al.,2019;Jaakkola and Alexander,2014;Kumar et al.,2010),也会对企业绩效作出贡献(Kumar et al.,2010;Harmeling et al.,2017),使其获得竞争优势(Kumar and Pansari,2016)。甚至有学者认为,顾客参与行为是企业成功的关键因素(Kumar et al.,2019)。因为对企业而言,顾客参与行为的潜在影响包括价值、信任、口碑、忠诚、情感承诺和品牌社区参与(Vivek et al.,2012),有参与行为的顾客比其他顾客更有利可图(Kumar et al.,2010;Kumar and Pansari,2016),会表现出更高的忠诚度、满意度,更容易与企业建立授权关系、联系、情感纽带、信任和承诺(Brodie et al.,2013),最为关键的是会有购买行为(Prentice et al.,2019),而且会与企业共同创造价值(Chan et al.,2010;Yim et al.,2012)。现有的一些研究还证实了数字和网络营销中顾客参与行为和购买意愿间的积极关系(Blasco-Arcas et al.,2014;Algharabat,2018;Husnain and Toor,2017),而且这种关系在社交商务中也存在(Prentice et al.,2019)。

此外,顾客参与行为还能使顾客进入一个对企业和顾客都有利的互动情境中。这种互动可以使顾客产生更高的热情,并与企业产生更大的接触(Bagozzi and Dholakia,2006),为营销人员、顾客和社会之间的互动创造机会。在网络购物平台上,顾客对网络购物平台的参与度越高,就越容易参与到网络购物平台的活动中,也越容易对网络购物平台进行口碑传播(Cheung and Zheng,2014)。Algesheimer 等(2005)发现,顾客的品牌社区参与影响其行为意向(顾客持续意向、社区推荐意向和社区参与意向)。顾客通过参与在线社区,可以更加了解供应商的产品,从而获得信息利益(Casaló et al.,2010)。顾客参与品牌共同创造则会强化顾客与品牌间的关系(Hsieh and Chang,2016)。"脸书"上,顾客的参与行为不仅会产生积极的用户生成内容,促进顾客的进一步参与(Hinson et al.,2019),还会给社会效益、娱乐效益和经济效益带来很大的影响(Gummerus et al.,2012)。Yu 等(2018)从韩国领先的视频直播平台 Afreeca TV 上收集到的数据的相关实证结果显示,观众的参与度与其赠送礼物的行为正相关,但影响程度取决于参与度的衡量方式,其中,观众的社会化动机与其赠送礼物的行为高度相关。

三、顾客忠诚研究

顾客忠诚作为关系营销的关键成果,是市场和企业长期以来追求的目标。伴随互联网技术的发展和高度渗透,在线环境的虚拟性使得企业对顾客的吸引和维持愈加困难。因此,网络顾客的忠诚行为受到企业界和学术界的关注,学者们纷纷开始探讨在线环境中的顾客忠诚问题(Anderson and Srinivasan,2003;Yoon et al.,2013)。

1. 顾客忠诚的内涵

自 20 世纪 50 年代以来,学者们从不同的角度对顾客忠诚进行研究,但尚未形成一致的认知。通过对现有文献的整理和归纳可知,目前学界对于顾客忠诚的内涵主要从行为、态度和二者综合视角来进行解读。

从行为视角来看,顾客忠诚是指顾客持续、经常地再购买某一产品或服务的行为(Neal,1999;Hennig-Thurau et al.,2001),强调的是重复购买行为,主要以顾客的重复购买次数、购买频率等作为指标来测量(Bowen and Shoemaker,2009;Ball et al.,2004;范秀成 等,2009;Liu and Yang,2009;

Santoso et al.,2015)。

从态度视角来看,顾客忠诚被描述为顾客喜爱与另一方延续关系或希望保持关系(Morgan and Hunt,1994),代表了顾客对某一产品的承诺和倾向,体现了顾客对产品和服务的依赖和偏好(Jones and Sasser,1995),着重强调的是顾客的情感支持,如重购(Noyan and Simsek,2014)和推荐意愿、口碑传播等。

从行为和态度的综合视角来看,顾客的忠诚在情感上体现为会偏爱某个产品或服务,在行动上则表现为对该产品或服务的多次购买(Assael,1984)。Oliver(1999)认为忠诚是顾客对其偏爱的企业或品牌的一种承诺,即无论在什么情况下,顾客未来都会不断地重复购买和消费同一品牌的产品。孙瑾等(2014)认为服务业中的顾客忠诚是指顾客对某服务提供商的重复消费程度,以及将该提供商作为未来在该项服务上的唯一选择。Wong-sansukcharoen(2022)将顾客忠诚定义为一种具有长期回购意向的行为反应,顾客会偏爱和推荐其品牌的产品或服务。此外,还有学者专门针对品牌提出顾客忠诚(即品牌忠诚)的概念,如Johnson等(2006)认为品牌忠诚包括情感承诺、行为购买忠诚和对他人的推荐,Jahn和Kunz(2012)、Johnson等(2006)和Buatama(2019)等提出品牌忠诚包括口碑、品牌承诺以及品牌购买。

当前,在网络营销领域,网络用户忠诚已成为广受关注的热门问题。Reichheld和Schefter(2000)最先界定了网络用户忠诚的概念,提出尽管消费情境发生了改变,但从本质上看,网络用户忠诚的意义和内涵并未有所改变,与传统的顾客忠诚并无实质上的区别,仅仅是用户忠诚在网络环境中的体现。李琪和薛君(2004)也肯定了上述观点。大多数学者认为已有的关于顾客忠诚的共识仍然适用平台情境,故可以采用传统的顾客忠诚理论来研究顾客的平台忠诚(李小鹿,2015)。Srinivasan等(2002)认为平台忠诚是指顾客偏爱平台,并长期在该平台上重复购买商品或服务的程度。Chen等(2009)认为顾客对电商平台的忠诚是指顾客拟在平台上进行更多的交易,并把平台推荐给其他人的意向。宋之杰和石晓林(2013)则提出忠诚度是指顾客未来继续使用团购网站的意愿。李琪等(2014)将平台忠诚定义为顾客在认可电子商务企业提供的优质产品和服务的基础上，从心理和情感上高度信任企业，从而产生反复访问企业网站、重复购买产品和服务、自觉传播企业良好口碑的行为。Anderson等(2003)则将在线平台情境下的顾客忠诚度定义为顾客对产品、网站或品牌的有利态度以及重复购买行为。汪纯孝等(2001)指出电商平台的忠诚度是网络顾客不受替代平台的各种营销诱惑，仍然持续使用原有平台，并给予好评或推荐。目前，对于主播忠诚的界定仍然沿用顾客忠诚的概念，例如，Funk和Pastore(2000)提出主播忠诚涉及顾客态度和行为方面的因素，并且涉及重复的惠顾行为。

2.顾客忠诚的驱动因素

目前，学术界关于顾客忠诚的研究主要聚焦于驱动因素上，相关的探讨也是众说纷纭，主要从企业层面和顾客层面出发，如企业声誉、品牌形象、服务质量、顾客感知价值、顾客满意度、转换成本等。从顾客层面来看，较有代表性的因素包括顾客满意（谢鸿飞、赵晓飞，2010；Leroi-Werelds et al.，2014）、顾客价值（Chen and Hu，2010；Koller et al.，2011；Leroi-Werelds et al.，2014）、顾客信任（Ryu et al.，2014；Eun，2017）、顾客期望（刘新燕 等，2003；Li and Hong，2013）、感知质量（Akir and Othman，2010）、关系质量（Han，2012；Palmer and Bejou，2015）、转换成本（Souitaris and Balabanis，2007；李东进 等，2007）、感知风险（Zhan and Dubinsky，2010；Yüksel A and Yüksel F，2007）、顾客参与（Youngdahl and Kellogg，1997；Ennew and Binks，1999；Yim et al.，2012；张德鹏、张凤华，2013）。

近年来，互联网的迅猛发展，特别是社交媒体的快速发展，引发了国内外学者对网络用户忠诚的广泛关注和研究。Flavián等(2006)的研究发现，用户感知有用性会通过用户的信任及其对网站的满意度，对其访问网站的忠诚度产生积极影响。在电子商务网站，用户界面质量、用户感知网站安全性会通过对用户满意度和转换成本的正向影响来影响用户对网站的忠诚度(Chang and Chen，2008)。网站声誉和满意度也会显著正向影响网站忠诚度;用户感知网站有用性除了会直接影响网站的忠诚度外,还会通过网站满意度间接影响网站忠诚度(Casaló et al.,2008)。此外,Caruana 和 Ewing(2010)的研究结果表明,网络用户忠诚度一方面受到企业声誉的直接正向影响,另一方面又受到用户感知质量和感知价值的间接正向影响。社交媒体品牌社区中,人格特质和顾客感知价值分别是顾客参与行为的前因和结果(Marbach et al.,2016)。

四、电商直播情境下顾客参与行为和顾客忠诚的研究

1.电商直播情境下的顾客参与行为

成也和王锐(2017)对淘宝手机移动直播的研究发现,自我参与社群建设会增加顾客的信任感和产品的曝光度,促进顾客参与直播。电商直播中顾客感知的符号价值会直接影响顾客参与行为,而顾客感知的工具价值和享乐价值需通过信任的中介作用来影响其参与行为(Wongkitrungrueng and Assarut,2020)。电商直播模式下,电商直播顾客参与行为受到信息交互的响应性、娱乐性和互助性的显著直接影响,并通过社会临场感和感知信任显著正向影响用户参与行为(魏华 等,2021)。直播间的弹幕信息特性(可视性、娱乐性、有用性等)可以促进顾客的互动融入(喻昕、许正良,2017)。Wang 和 Wu(2019)将顾客的参与机制(即产品交互性、交流即时性以及同伴行为线索)与直播平台相关联,并证实了上述三种用户参与机制能显著提高用户评价产品的能力,也对顾客在直播平台上购物的态度和意愿有积极影响。Addo 等(2021)的研究发现,顾客参与度与直播营销中的关注和购买意向密切相关。从顾客感知视角来看,电商直播中顾客的共同体验和自我效能感会影响顾客参与行为(Bründl et al.,2017)。顾客也会基于功能性目的和享乐性目的去参与电商直播(Cai et al.,2018)。在直播营销中,顾客参与行为是更大购买意愿的前兆(Papaqiannidis et al.,2017),且与顾客追随度之间存在正相关关系(Addo et al.,2020)。

2.电商直播情境下的顾客忠诚

在电商直播情境下,顾客的重复购买意愿(该意愿能够反映顾客忠诚)受到顾客感知娱乐性和相似性的显著正向影响,同时,还受到顾客感知产品质量、交互性和专业性通过顾客满意度所带来的间接性的正向影响(庞玉婷,2020)。顾客的意识社会临场感、情感社会临场等直接正向影响其持续购买意愿,而顾客的认知社会临场感又通过顾客信任对其持续购买意愿产生间接影响(雍巧云,2021)。

五、研究评价

通过对大量文献梳理的情况来看,尽管关于电商直播的研究已经取得了一定的成果,但由于电商直播的兴起时间较短,国内外对于电商直播的研究还相对较少,仍处于初级阶段,且研究的共性之处比较多,研究范围和内容比较有限,不够明朗。目前,在学术界,电商直播的相关研究主要是从微观层面和宏观层面进行初步的理论与实证分析。在微观层面上,相关研究主要包括电商直播的内涵与特征的理论分析、电商直播的效应以及电商直播顾客的心理与行为等方面的实证分析。在宏观层面上,主要是分析电商直播现象,关注电商直播行业发展。以往的研究根据电商直播的独特性,对其内涵进行了界定,并归纳了电商直播的特征。国内外学者关于电商直播顾客心理与行为的研究,大多数都是关于顾客购买意愿、购买行为的研究。关于该领域顾客购买意愿和行为的研究主要是从理性和非理性两个视角出发,考查顾客的主观态度、感知、行为等因素最终如何影响其购买意愿,且特别关注顾客的冲动性购买行为和从众购买行为。还有些研究分析了电商直播情境下顾客的在线行为、使用行为和价值共创行为等行为,讨论了顾客的动机,探究了电商直播对顾客心理和行为的影响及其作用机制。由此可见,电商直播的相关研究还有待进一步的深入和细化。

传统顾客参与行为的相关概念不能直接运用于互联网背景下顾客参与

行为的界定，其原因主要在于参与形式存在较大的差别。传统的顾客参与行为主要涉及制造业和线下商务领域，在这些领域，顾客是通过人与人直接接触的方式来进行参与的，而互联网背景下的顾客参与行为主要集中于电子商务，侧重于服务业，顾客通过网络与电商平台间接接触来完成参与活动，参与的形式也更加多样。

就目前的研究状况来看，关于顾客参与行为方面的研究主要集中于传统产业或虚拟品牌社区领域，涉及顾客参与行为的内涵、维度、测量、前因和后果等几个方面。关于社交媒体下顾客参与行为的研究大多都在品牌社区的背景下进行（Gummerus et al.，2012；Marbach et al.，2016；Lin et al.，2018；Simon and Tossan，2018；Wirtz et al.，2013；Maree and Heerden，2020），围绕顾客参与行为的定义、维度划分、影响因素和产生的结果来开展研究，较少有研究涉及电商直播背景下的顾客参与行为。随着网络技术和直播的快速发展，电商直播已被广泛运用于在线零售场景中，促进线上消费行为的升级。但目前关于电商直播情境下顾客参与行为产生过程的研究还较为薄弱，现有较少的电商直播顾客参与行为的研究都强调了顾客参与行为的作用（Lu et al.，2018；Zorah et al.，2018），并主要聚焦于电商直播情境中的社群建设和信息的特征、类型等因素对顾客参与行为的影响，以及顾客参与行为影响其购买意愿的作用机制，但未见有基于价值共创的视角，从电商直播平台和顾客自身两个不同层面出发来思考其对顾客参与行为的影响。由此可见，已有研究尚未扎根于数字技术情境，深入剖析电商直播这一新情境下顾客参与行为的独特内涵与维度，也未能精准识别电商直播情境下顾客参与行为的多维结构、影响因素与多层次效应。于是，深入电商直播情境，审视顾客参与行为及其内在关系机理就显得非常必要。

尽管在传统的产品与服务领域关于顾客忠诚的研究已经比较成熟，但这些研究主要集中于传统媒体背景下顾客忠诚的影响因素以及作用机理。随着网络的发展，部分学者开始研究网络忠诚和社交媒体方面的顾客忠诚，主要涉及顾客忠诚的内涵和驱动因素两个方面，关于电商直播顾客忠诚方面的研究却非常少，对电商直播情境下顾客忠诚的作用机制也鲜有研究，且未见有研究深入挖掘电商直播情境下顾客参与行为与顾客忠诚之间的心理机制和关键路径,更未见有研究系统性地剖析电商直播顾客参与行为对平台忠诚、主播忠诚和品牌忠诚等三个层次的顾客忠诚的作用机制。

综上所述,目前对电商直播顾客参与行为的研究还不够全面和深入,对电商直播情境下顾客参与行为这一概念的理解仍然比较模糊、不够系统,相关研究也较为少见,且该情境下顾客忠诚形成的相关实证研究更是匮乏,这与当前快速发展的电商直播商业实践十分不匹配。对于平台运营方、主播和品牌商家来说,顾客的忠诚、持续使用和持续购买行为是他们最为关注的问题,而这些又必须以顾客的参与作为前提。培养顾客忠诚对于电商直播的发展至关重要,但当前还没有研究明确地阐明电商直播顾客参与行为与顾客忠诚之间的关系,这表明对于两者之间关系的有关研究还有待进一步补充。因此,进行关于电商直播顾客参与行为及其影响因素,以及电商直播顾客参与行为对顾客忠诚作用机制的研究就显得非常有必要,本研究将尝试在这三个方面进行有益探索。

第二节 理论基础

一、服务主导逻辑

20世纪末,信息经济时代的到来,使得商品与服务的关系变得非常微妙,于是,分辨商品与服务变得困难起来。在这样的时代背景下,Vargo 和 Lusch(2004)率先提出要以全新的服务主导逻辑来重新审视商品和服务,不区分主次或优劣,都统一到服务上,并重新考虑市场交易、价值创造等基本问题。最初,Vargo 和 Lusch 基于操作性资源观,提出并论证了服务主导逻辑的八个前提假设,后来经过多次修正和完善,又将前提假设增加到了十个(见表2-2),这些前提假设分别侧重于解决不同的问题,有各自的核心关切。

最终,两位学者构建出比较成熟的服务主导逻辑理论体系,为价值共创研究提供了重要的理论依据。

表 2-2 服务主导逻辑的十个前提假设

前提假设	假设内容	解释说明
一	服务是一切经济交易的根本基础	服务是所有交换的根本基础,即为服务而交换服务。于是,"市场主体究竟交易什么"的问题得以解答
二	间接交易掩盖了交易的根本基础	对前提假设一进行补充,明确了市场交易机制中服务的主导地位。尽管货币、产品和组织制度等掩饰了"服务为服务"的本质,但前提假设一的观点依然成立
三	产品是提供服务的分销机制	阐明了商品在市场交易机制中扮演的角色。产品通过其所提供的服务来驱动价值创造
四	操作性资源是竞争优势的根本源泉	从操作性资源观出发,理清了操作性资源与竞争优势的关系,其中,操作性资源包括知识、技能、经验等
五	所有经济都是服务经济	明确了服务业主导逻辑下的经济形态,确立了服务业在经济中的核心地位。通过不断增加产业分离、专业化和外包,服务将成为最重要的经济状态
六	顾客是价值的共同创造者	明确了在价值创造过程中,顾客扮演着不可替代的角色,这是一种作用于对象性资源的操作性资源。而且,是由顾客最终完成价值创造的。同时,价值创造是互动的而不是隔绝的
七	企业仅提供价值主张,不传递价值	进一步解析了企业在价值共创方面所扮演的角色。在服务主导逻辑下,企业无法单独创造和传递价值,只能根据顾客需求提出价值主张。当顾客认可了企业的价值主张之后,就会参与价值共创,通过提供资源、参与互动,与其他顾客共同创造价值
八	顾客和关系导向的服务中心观	服务是顾客决定和共同创造的
九	一切社会和经济主体都是资源整合者	拓宽了价值共创的源泉,阐明了不同参与者在服务经济中扮演的角色,这些参与者包括企业、顾客、企业员工、合作伙伴和其他利益相关者
十	价值总是由受益者独特地用现象学方法来决定的	拓展了前提假设六,进一步解释了价值实现受到以顾客为代表的受益人的影响。这里的"价值"指使用价值,是一种主观感知价值,具有体验性、独特性、情境依赖性以及充分意义性

资料来源:VARGO S L, LUSCH R F. Service-dominant logic:continuing the evolution[J]. Journal of the academy of marketing science,2008(1):36.

从 Vargo 和 Lusch 关于服务主导逻辑的主要观点可知，服务主导逻辑关注的焦点是使用价值，根植于资源优势理论与核心能力理论，把核心能力视为组织赖以生存和发展的高阶资源，而传统的商品主导逻辑主要关注交换价值。基于服务主导逻辑，价值创造是一个连续、动态的过程。参与价值创造的顾客、服务供应商、辅助服务系统等都是动态的操作性资源[①]。其中，以知识和技能为代表的操作性资源是最核心的。顾客是一种操作性资源，作用于对象性资源，其在价值创造过程中的角色是不可替代的，能与其他相关主体一起完成价值共创，并且还会利用自己的知识和技能来享受和维护服务，以延续价值创造。相较于对象性资源，操作性资源既是无形的，又是动态的、无限的，并担负着发掘对象性资源价值的任务。此外，在同一时间里，不同的受益人对同样的服务所感知到的使用价值会有所不同；在不同的时间里，同一受益人对同样的服务所感知到的使用价值也可能截然不同。由此可见，对于服务的使用价值并无客观的评判标准，完全取决于受益人自身的特征（如知识、技能）和服务的使用情境。

与此同时，伴随现代服务业的快速发展，越来越多的学者开始关注企业和顾客在价值共创中的角色，相关研究不断充实和完善着服务主导逻辑。Gummesson（2007）、郭朝阳等（2012）提出服务主导逻辑所关注的使用价值是顾客在资源使用过程中创造出来的，顾客会主观判断从中获取到的积极效用和结果。这种使用价值是市场营销的基础（Grönroos，2011）。由此可见，顾客提供操作性资源的目的是增加自己的福利。企业所提供的资源是顾客创造价值的一个至关重要的影响因素。从价值共创的视角看，企业不仅促进了顾客的价值创造，还作为顾客价值的共同创造者，间接地参与顾客的价值创造（Ramani and Kumar，2008）。企业唯有遵循服务主导逻辑，才能把握与顾客互动的机会，参与其价值创造的过程，成为顾客价值创造的合作者。而顾客在自我服务的消费过程中，不仅可以整合各种资源来创造使用

---

① Constantin 和 Lusch（1994）在总结前人观点的基础上，将资源划分为对象性资源（包括有形资源、自然资源等）和操作性资源（包括知识和技能等）。

价值,成为顾客价值的主创者,甚至还可以参与到企业的生产过程中,成为企业生产的合作者(格罗鲁斯 等,2009)。综上所述,服务主导逻辑的属性可以作如下总结,如表 2-3 所示。

表 2-3 服务主导逻辑的属性

属　性	服务主导逻辑
价值驱动	使用价值
价值创造者	以企业和顾客为主,企业员工、合作伙伴及利益相关者等为辅
价值目的	充分利用操作性资源来增强价值生态系统的可持续性
所用资源	操作性资源,如知识、技能、经验等
价值创造场景	顾客自我服务的消费过程
价值创造过程	企业提出价值主张,顾客通过使用资源,与企业及其他网络伙伴共同创造价值
产品角色	向顾客提供服务的载体、价值传递的媒介
企业角色	提出价值主张,提供资源,创建互动平台,并激励顾客进行价值共创
顾客角色	整合企业资源、其他社会资源以及个人的操作性资源来共创价值,并参与企业的生产过程
企业与顾客的关系	资源生产与价值创造的合作者

资料来源:钟振东,唐守廉,VIALLE P.基于服务主导逻辑的价值共创研究[J].软科学,2014,28(1):31-35.

二、SOR 模型

SOR(stimulus-organism-response,刺激—有机体—反应)模型是解释消费者行为模式的经典理论之一。1974 年,环境心理学家 Mehrabian 和 Russell 提出该模型,用于探究环境对个体行为的影响机理。此后,SOR 模型被广泛用于解释个体在特定环境下,通过自身认知和情感的中介作用,对所处环境中的某些特性做出的规避或趋近行为(Fang,2012;Jiang et al.,2010)。1975 年,Belk 最先将 SOR 模型引入市场营销领域的研究。根据该模型,个体被刺激后,其内在的情感和认知会受到影响,于是,会形成外在的态度或行为反应。其中：刺激（S）既包括外部刺激（如网站刺激、营销刺激和情境刺激），也包括内部刺激（如顾客特征刺激）（Chan et al.，2017）；有机体（O）是指个体对刺激产生认知心理活动的过程（Eroglu et al.，2001）；反应（R）是指个体受刺激、认知、情感影响所产生的意向以及行为（接近行为或回避行为）。该模型的核心思想是个体受到刺激后，会产生一系列的个体感受状态，进而形成行为决策。SOR 模型具体框架如图 2-1 所示。

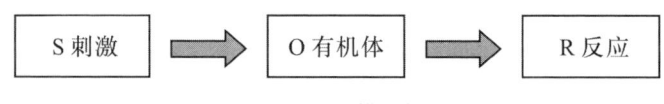

图 2-1　SOR 模型框架

图片来源：BELK R W. Situational variables and consumer behavior[J]. Journal of consumer research，1975，2(3)：157-164.

电子商务兴起之后，SOR 模型又被应用到线上购物领域的研究，用于解释在线消费者行为，探究线上商店的氛围、服务场景和在线环境等因素如何影响顾客行为。Eroglu 等（2001）开创性地将 SOR 模型用于在线购物场景，探究在线顾客的行为与在线环境之间的关系，认为不同的线上商店氛围会对顾客的内在状态产生不同的影响，进而影响顾客的态度和购买意愿。基于 SOR 模型，李慢（2014）探讨了在线服务场景对顾客线上购物体验及行为意向的作用机制。武瑞娟和王承璐（2014）分析了网店专业性对用户情感、接近行为的影响。薛杨等（2016）探索了微信营销环境下影响用户信息行为的因素。Chan 等（2017）则发现零售环境中的刺激会影响顾客的认知和情感反应，进而影响他们的行为。

三、社会认知理论

社会认知理论由美国心理学家 Bandura 于 1977 年在其代表作《社会学习理论》中提出。1986 年，Bandura 系统总结了社会认知理论的内涵和基本思想，为理解和预测人们的行为和认知过程提供了一个理论框架。该理论将个体认知、行为和环境统一为一个整体,认为个体认知、行为和环境三者之间是相互影响、相互依赖的,较好地解释了个体的心理和行为,可以用来分析认知因素对行为结果的影响。20世纪90年代末,该理论被用于检验个体的行为效果。个体认知包括自我效能感与结果期望两个基本因素。自我效能感是人对自身能否利用所拥有的技能去完成某项工作或行为的自信程度。结果期望是个体对自身行为将会带来的可能性结果的判断。当个体预测到某一特定行为将会导致特定的结果时,这一行为就可能被激活和选择(Bandura,1977)。根据该理论,个体采取某项行为的动机强弱不仅取决于个体对自身能力的信念,而且取决于个体对行为结果的预期。

自我效能感作为典型的认知因素,是决定个体如何搜寻与习得新技能的关键因素,以多种方式影响个体的生活(Bandura,1988),不仅影响或决定个体的行为选择、思维模式和情感反应模式,进而影响个体新行为的习得和习得行为的表现,还影响个体对该行为的坚持和努力程度,决定着个体在克服困难、完成目标上投入的努力与持久力,能够显著影响个体的结果期望、态度和行为。高自我效能感的个体往往关注如何掌控当前任务,才能更有助于提升结果期望,即当个体对自己的能力更自信时,会更加努力,这就有可能产生更好的结果预期(Duman,2002)。而且,自我效能感越高,个体投入的努力就越多,也就越会坚持不懈。

四、顾客感知价值理论

顾客感知价值理论是现代市场营销的基础理论之一。该理论认为市场营销的核心是使交换各方感知到产品或服务的价值。早在1954年,Drucker在其《管理的实践》一书中就提出了顾客价值思想。他认为顾客购买和消费的不是产品,而是价值。于是,学者们便开始使用顾客价值这一概念,但却没有对其进行详细的描述与解释。

自20世纪80年代关系营销成为主导的营销范式之后,顾客价值便成了营销管理的核心和主线。Holbrook(1994)认为顾客价值是一切营销活动的基础。在营销领域里，顾客价值被看作是企业竞争优势的来源（Woodruff，1997；Chen and Dubinsky，2003）。伴随顾客价值研究的不断推进，学者们纷纷从不同的角度来界定顾客价值，出现了诸如消费者价值、消费价值、顾客价值、感知价值、顾客经济价值等多样的表述形式。虽然因研究背景的变化对顾客价值出现了不同的界定，但从本质上来说都是一致的，其中，顾客感知价值使用得最为广泛。Zaithaml（1988）首次从顾客角度，将顾客感知价值定义为顾客权衡后感知到的利益，以及其在付出获取产品或服务的成本后，对产品或服务效用的总体评价。吴景峰等（2014）、肇丹丹（2015）、岳中刚和王晓亚（2015）、胡珍苗等（2016）等也认同 Zaithaml（1988）的观点，从价值权衡观的角度来界定顾客感知价值。此后，董大海等（1999，2003）分别提出了顾客价值的客体论、主体论和主客体关系论。客体论强调顾客价值的客观性，倡导以顾客为中心，但顾客仅仅是顾客价值的接受者。从主体论来看，顾客感知价值强调的是顾客的重要性和顾客价值的主观性，属于一种精神或心理现象，凸显了顾客的主观能动性。主客体关系论下的顾客价值强调企业与顾客之间的关系价值，认为顾客价值是客体对主体需要的满足。顾客和企业之间不仅仅是因产品或服务保持关系，还与企业的声誉、位置、创新能力等企业层面的因素有关。概括而言，顾客感知价值不仅是顾客满意和顾客忠诚的前提，还是影响顾客购买意愿最重要的因素之一，对顾客的消费行为和购买决策有至关重要的影响。

目前，对于顾客感知价值维度的划分主要有两种观点：一种观点是按照质量—价格关系来定义顾客感知价值，认为顾客感知价值是一个单一维度的整体概念，可以通过顾客自我报告来评估（Sweeney et al.，2001）；另一种观点认为顾客感知价值是一个多维度的概念，由几个相互关联的属性或维度构成。关于顾客感知价值维度的具体划分如表 2-4 所示。

表 2-4 关于顾客感知价值维度的具体划分

维 度	学者（时间）	感知价值维度
二维	Babin 等（1994）	功利价值、情感价值
三维	Sweeney 和 Soutar（2001）、范秀成和罗海成（2003）、陶鹏德等（2009）、钟凯和张传庆（2013）	功能价值、情感价值、社会价值
三维	Hsu 和 Lin（2016）、Cocosila 和 Igonor（2015）、Kim 等（2013）、Yu 等（2013）	享乐价值、功利价值、社会价值
三维	赵文军等（2017）	社会价值、信息价值、情感价值
三维	李英禹和王伟娇（2021）	网站价值、店铺价值、产品价值
四维	Kantamneni 和 Coulson（1996）	社会价值、经验价值、功能价值、市场价值
四维	Parasuraman 和 Grewal（2000）	获取价值、交易价值、使用价值、赎回价值
四维	白琳（2009）	功能价值、价格价值、社会价值、情感价值
五维	Sheth 等（1991）	社会价值、情感价值、功能价值、条件价值、认识价值
五维	LeBlanc 和 Nguyen（1999）	功能价值、情感价值、社会价值、形象价值、认知价值
五维	董大海和杨毅（2008）	功能价值、认知价值、情感价值、情景价值、社会价值

通过梳理以往的研究发现，顾客感知价值的重要性得到了学术界的普遍关注，已有的许多理论和实证研究也支持顾客感知价值影响顾客行为这一结论。相关研究表明，顾客感知价值是驱动顾客购买行为最主要的因素（Eggert and Ulaga，2002），直接影响顾客购买意愿（Sweeney and Soutar，2001；郭彤华、汤春辉，2011；Chang and Tseng，2013）和再惠顾意愿（Baker et al.，2002），而且，相对于顾客满意度而言，顾客感知价值更能引发顾客的购买行为（Jackie and Tam，2004）。随着时代的发展，顾客感知价值所产生的影响在新的时代背景下也得到了再次验证。顾客感知价值对顾客对于移动数据业务的采纳意愿（Al-Debei and Al-Lozi，2014）、移动社会网络用户的使用行为（Lin and Lu，2015）、电子书阅读 App 用户的持续使用意向（葛元骎，2020）和顾客网上购买意愿（钟凯、张传庆，2013）均有显著正向影响。在在

线众筹中,顾客的感知价值对其参与意愿有积极影响(Ho et al.,2014)。在社交媒体情境中,顾客感知到的学习价值、社会整合价值和娱乐价值显著正向影响其未来的参与意愿(Zhang et al.,2015)。在顾客感知价值的影响因素方面,以往的研究证实服务质量(Kumar and Lim,2008)、消费期待(Wu and Hsing,2006)、定制化程序的使用(Sigala and Mass,2006)等因素会影响顾客感知价值。大量的相关研究表明,顾客感知价值源自顾客对产品或服务的质量感知,顾客感知到的质量越高,购买意愿就越强(Kumar and Lim,2008;范秀成、罗海成,2003;白琳、陈圻,2006)。

第三章 电商直播顾客参与行为质性分析

现如今,信息技术的发展赋予顾客更多的权利和掌控力,顾客可以更加方便快捷地分享和获取信息、观点。伴随信息技术的发展,顾客行为也发生了转变,使得传统的营销模式受到了挑战,与此同时,顾客参与的思想也逐渐在市场中显现出来。与服务主导逻辑的兴起相一致的是,现代营销理论也逐渐从"以产品为中心"的产品导向型向"以顾客为中心"的顾客导向型转变,越来越多的顾客通过网络来购物和分享购物心得。

尽管营销理念的变化引起了学者们的关注,但是从上一章的文献回顾来看,现有的对电商直播中顾客参与行为的研究仅局限于对影响顾客购买意愿的因素的探讨,较少进一步对顾客参与行为维度进行全面的划分。由此可见,对于电商直播顾客参与行为方面的研究仍处于探索阶段,该领域的理论探讨尚缺乏系统的研究成果,有值得探索的空间。鉴于电商直播环境中顾客参与行为各不相同,在顾客诉求差异化明显的今天,电商直播的相关企业唯有充分掌握顾客的参与行为,才能更好地吸引和发展顾客。

本章将结合电商直播顾客访谈资料的文本分析,运用服务主导逻辑和价值共创思想的相关观点,对电商直播顾客参与行为进行探讨。首先,使用扎根理论研究法,探究电商直播顾客参与行为的表现形式。其次,从电商直播平台和顾客两个层面识别电商直播顾客参与行为所能运用的操作性资源。再次,分析顾客参与电商直播的行为过程。最后,总结电商直播顾客参与行为生成的价值。

第一节 研究设计

根据研究目的,遵循理论抽样的基本原则,在2021年1月,采用深度访谈电商直播顾客的方式收集资料。访谈的目标对象限定为对电商直播有一定了解和认知且具有本科或以上学历(潘煜 等,2014)、有丰富的网购经验、在过去的一年内有参与过电商直播活动的顾客,以确保访谈的顺利开展和访谈结果的高质量。通过面对面、QQ或微信的方式,采用半结构化问卷,对受访者开展一对一的深度访谈,了解顾客参与电商直播的情况。为了提高访谈的效率,给予受访者相对充分的思考时间和表达余地,笔者事先设计了简单的访谈提纲提供给受访者(如表3-1所示),并向受访者阐释了电商直播顾客参与行为的内涵以及访谈的主题,以保证受访者能够正确认知和理解。在正式访谈过程中,笔者担任访谈主持人,进行提问和记录。在征得受访者同意的情况下,笔者还进行了全程录音。每位受访者围绕访谈主题,结合自己参与电商直播的经历来进行回答,主持人则根据受访者的回答情况进行适当追问,访谈时间为1个小时左右。在访谈后,笔者及时将访谈的语音资料整理成文字资料,最终形成共计约12.5万字的访谈记录。

表 3-1 访谈提纲

编号	访谈问题
1	您是否有观看过电商直播,并在电商直播平台上购买过商品?
2	请您尽可能地回忆下在观看电商直播时,有过哪些行为和表现,并具体描述一下。
3	您对电商直播有哪些感受?重点说明您产生以上感受的原因。
4	您觉得什么因素会影响您在电商直播中的行为?
5	您认为观看或参与电商直播对于您会产生哪些方面的价值?

续表

编号	访谈问题
6	您观看电商直播的经历中印象最深的一次是观看哪个平台的直播？那次观看的目的是什么？您对该次电商直播和直播体验感到满意吗？
7	您平时参与哪个平台的电商直播最多？未来还会继续使用这个电商直播平台吗？还是会考虑别的平台？
8	您觉得自己在电商直播中的行为或者平时有关电商直播的行为，会影响您对品牌商品或主播的认知和感受吗？请具体谈一谈。

依据理论饱和准则，本研究选择了38个访谈对象。这些访谈对象的基本信息如表3-2所示。从受访者的人口统计学特征来看，在本研究的受访者中，男性有16人，占42.11%，女性有22人，占57.89%，这与《2020淘宝直播新经济报告》[①]中提到的淘宝直播男性顾客的占比接近40%这一数据基本一致；"80后""90后"的受访者共35人，占92.11%。根据《2020淘宝直播新经济报告》的数据，从年龄分布上看，淘宝直播顾客群体集中在"80后""90后"，其次是"70后"，"00后"也已占据一定比重，这表明电商直播顾客以年轻人为主。由此可见，本研究受访者的性别和年龄段占比与《2020淘宝直播新经济报告》中的数据基本一致。目前，中国电商直播市场主要被抖音、淘宝和快手三大平台垄断，其中抖音市场份额占比最大，其次为淘宝[②]，但淘宝直播是中国消费类直播第一平台。[③] 艾媒咨询的数据显示，顾客通过直播最爱购买的商品品类前五位分别是食品饮料、洗护用品、家居用品、服饰箱包和水果生鲜[④]。本研究受访者使用过淘宝直播或抖音直播这两个主要的电商直播平台，这充分说明本研究选取的样本在一定程度上是可以代表电商直播顾客总体的。为保护受访者的隐私，本研究对受访者进行了编号，后文中也以编号来指代特定受访者。

---

① 《2020淘宝直播新经济报告》由淘宝榜单和淘宝直播根据淘宝内容电商事业部及淘榜单提供的2017年1月1日—2020年2月29日的直播数据形成。
② 资料来源：CNNIC、中商产业研究院。
③ 资料来源：淘宝直播前瞻产业研究院。
④ 资料来源：艾媒数据中心。

表 3-2 受访者的基本信息

编号	性别	学历	出生年份	职业或行业	顾客来源	主要关注的商品
FT1	男	博士研究生	1987年	大学教师	淘宝直播	服饰
FT2	女	本科	1999年	大学生	淘宝直播	服饰
FT3	女	本科	1990年	企业职员	淘宝直播	零食、化妆品
FT4	女	本科	1986年	公务员	淘宝直播	服饰
FT5	女	硕士研究生	1996年	高新技术企业职员	微博直播	零食、化妆品、日用品
FT6	女	本科	1991年	银行职员	淘宝直播	日用品、零食、化妆品
FT7	女	本科	2000年	大学生	淘宝直播、抖音直播	服饰、日用品
FT8	女	博士研究生	1992年	研究机构职员	淘宝直播、抖音直播	零食、服饰
FT9	女	本科	1996年	小学教师	淘宝直播	日用品、零食、服饰
FT10	女	硕士研究生	1996年	传媒企业职员	淘宝直播	食品、服饰
FT11	男	硕士研究生	1994年	研究生	淘宝直播	鞋子
FT12	女	硕士研究生	1990年	大学教师	淘宝直播、抖音直播	服饰
FT13	女	硕士研究生	1986年	大学教师	淘宝直播	食品、日用品
FT14	女	本科	1983年	企业职员	淘宝直播	蜜蜡、文玩类石头
FT15	女	本科	1989年	出版企业职员	抖音直播	服饰、化妆品
FT16	女	硕士研究生	1991年	事业单位职员	淘宝直播	食品
FT17	女	硕士研究生	1991年	规划师	淘宝直播	服饰
FT18	女	硕士研究生	1992年	事业单位职员	淘宝直播、抖音直播	食品、日用品、护肤品

续表

编号	性别	学历	出生年份	职业或行业	顾客来源	主要关注的商品
FT19	女	本科	1999年	大学生	淘宝直播	食品、日用品
FT20	女	硕士研究生	1988年	大学教师	淘宝直播	服饰、鞋子
FT21	女	本科	1998年	大学生	淘宝直播、拼多多直播	零食、服饰
FT22	女	本科	1997年	大学生	淘宝直播	服饰、护肤品
FT23	女	本科	1998年	大学生	淘宝直播、抖音直播	日用品、服饰
FT24	女	本科	1996年	企业职员	淘宝直播	化妆品、食品
FT25	男	本科	2000年	大学生	抖音直播、淘宝直播	日用品、服饰
FT26	男	硕士研究生	1995年	大学教师	淘宝直播、抖音直播	日用品
FT27	男	本科	1998年	大学生	抖音直播	服饰、零食
FT28	男	本科	1997年	大学生	淘宝直播	服饰、鞋子
FT29	男	本科	2001年	大学生	淘宝直播	电子产品
FT30	男	本科	1998年	大学生	抖音直播、快手直播	服饰
FT31	男	本科	1998年	大学生	淘宝直播	服饰
FT32	男	本科	1997年	大学生	抖音直播、淘宝直播、拼多多直播	服饰、日用品、食品
FT33	男	本科	1996年	企业职员	抖音直播	服饰
FT34	男	本科	1996年	大学生	抖音直播	日用品
FT35	男	本科	1996年	企业职员	抖音直播、快手直播	电子产品、零食
FT36	男	本科	1999年	大学生	抖音直播	服饰、零食
FT37	男	本科	1998年	大学生	抖音直播、虎牙直播	服饰、日用品、护肤品
FT38	男	本科	1999年	大学生	抖音直播、快手直播	日用品

第二节　电商直播顾客参与行为的表现形式

本节主要采用扎根理论研究法,对电商直播顾客参与行为的表现形式进行探索性研究。

一、研究方法

扎根理论研究法是一种通过归纳推理进行理论建构的方法。该方法通过三级编码来分析资料,最终建构出扎根于现实资料的新理论。具体来说,该方法分为三个主要步骤:第一步是确定研究问题,搜集相关的原始资料;第二步是对收集到的原始资料进行三级编码分析,并将其概念化、范畴化,以探究范畴之间的逻辑关系;第三步是检验理论模型的饱和度,构建出新的理论。具体流程如图 3-1 所示。其中,三级编码分析是主要的环节,步骤依次为开放式编码、主轴编码和选择性编码。

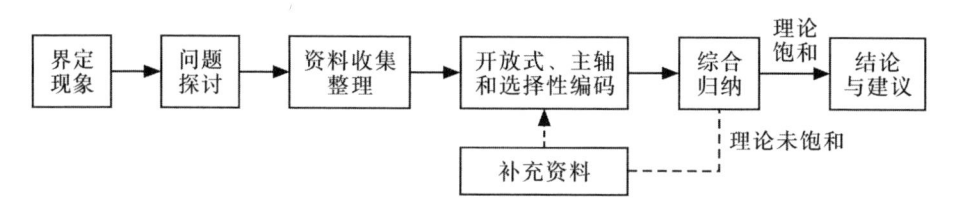

图 3-1　扎根理论研究法的研究流程

图片来源:GLASER B G, STRAUSS A L, STRUTZEL E. The discovery of grounded theory: strategies for qualitative research[J]. Nursing research, 1968, 17(4): 377-380.

二、编码与范畴提炼

1. 开放式编码

开放式编码是运用扎根理论研究法进行资料分析的第一步,主要是为了对收集到的原始访谈资料进行概念化和范畴化处理,即对资料进行整理和编号,并依据一定的原则进行归类以形成初始概念,然后重组概念形成范畴。本研究根据开放性编码程序,借助 Nvivo 12 Plus 软件,对收集到的原始访谈资料进行编码,最终从原始资料中得到 1597 条语句,并随机选取 2/3(26 份)的访谈记录用于数据编码和模型建构,另外 1/3(12 份)的访谈记录留作理论饱和度检验使用。

本研究主要围绕"电商直播顾客参与行为的表现形式"这个核心主题,从已整理好的原始访谈材料中提炼出相应的初始概念,剔除重复频次少于 2 次的初始概念后,聚类成范畴,最终抽象出初始概念 18 个、范畴 7 个。囿于篇幅,本研究对每个范畴仅列举原始资料中的 1 个代表性语句,并通过对 25 个概念的比较、筛选、整合与归纳,提炼出 6 个子范畴。开放式编码结果如表 3-3 所示。

表 3-3 开放式编码结果

A 范畴/a 概念	原始资料的代表性语句
A1 关注	
a1 关注直播间	如果看到某直播间的商品比较划算,我就会关注该直播间
a2 关注主播	我会关注大主播,目前关注了十几个主播
a3 关注其他顾客的弹幕	在观看电商直播的过程中,我会关注其他顾客发的弹幕,尤其是跟我有共同需要的顾客的弹幕,他们的弹幕对我会有一定的影响,因为有的人问的问题正好也是我想问的问题
A2 交流	
a4 咨询商品	我会通过发一些弹幕去询问产品的信息,比如衣服的面料
a5 要求主播展示商品	对于我感兴趣的商品,有时我会要求主播进行展示

续表

A 范畴/a 概念	原始资料的代表性语句
a6 与其他顾客交流	对于其他顾客用弹幕问的关于产品的问题,如果我了解的话,我会回答
a7 聊电商直播	有时跟同事聊天的时候,会聊到电商直播
a8 与主播交流	有些小主播,非常热情,跟他们交流就有点拉家常的感觉,感觉比较亲切
a9 反馈不足	我在参与直播的时候,觉得主播展示得不够好或不够全面的地方,我就会给他们留言。他们看到我的反馈或者建议之后,就会去改进
A3 分享	
a10 评价商品	直播的商品如果正好是我原来买过而且又觉得不错的,我就会进行评论,主要是希望通过这种方式让其他顾客看到,为他们提供购买决策的参考
a11 原创式发帖	如果直播的商品特别好,或者让我有一些新奇的体验的话,我会在微博上发帖
a12 线上实时分享	直播间的商品要是能充分满足我的需要,我就会直接给朋友或同事发直播间的链接,与他们进行分享,这样也比较方便
a13 线上非实时分享	如果我在直播间里买到的商品非常好用,我就会在朋友圈进行分享
a14 线下实时分享	在直播间里遇到物美价廉的商品时,我会告诉舍友,让他们一起来拼单
a15 线下非实时分享	在跟朋友、同事聊天时,我会向他们推荐一些直播当中物美价廉的商品
A4 主动融入	
a16 为主播而"点赞"	如果我单纯喜欢主播的话,我就会给他"点赞","点赞"不需要花钱,还可以增加亲密度
a17 因从众心理而"点赞"	看直播肯定会"点赞",我一进直播间就会先"点赞"一下,我觉得这属于从众心理,看大家"点赞"我也就"点赞"了
a18 收藏喜欢的商品	看了直播,对于比较喜欢的商品或比较经常买的商品,我会收藏
a19 给主播送礼物	我常看的那个服饰品牌是×××,是去年淘宝女装销量第一名,我在这个直播间里有看到顾客给主播刷礼物的,送的还是个火箭
a20 与朋友相约看直播	有我喜欢的明星做电商直播时,我就会邀我的朋友一起看
A5 参与互动	
a21 为参与互动活动而"点赞"	有的时候直播间搞抽奖或者其他活动,要求"点赞"才能参与,这时候我就会去"点赞"一下

续表

A 范畴/a 概念	原始资料的代表性语句
a22 参与抽奖	我比较喜欢参与直播间里的抽奖,而且据我了解,好多人都喜欢
a23 参与秒杀	我参加"秒杀"会比较多,因为我很喜欢那种"秒杀"之后马上就要下架的商品,我会觉得很有价值。但"秒杀"也不太容易"秒"到,我也只"秒"到过一两次
A6 获取优惠	
a24 领取优惠券	当在直播间里遇到想买的商品时,我就会去领取优惠券
a25 领现金红包	如果直播间有红包,我一定会去领

2.主轴编码

主轴编码主要是发展范畴之间的内在逻辑关系,将开放编码形成的范畴联系起来,并整合若干个范畴形成一个主范畴,然后再发展范畴之间的内在逻辑联系,从而进一步总结与深化研究问题和现象。本研究主轴编码的主要任务是探究电商直播顾客参与行为的维度结构,在不同范畴间建立起逻辑关系。经过主轴编码,本研究从 6 个范畴中提炼出 3 个主范畴,即围观式参与、话语式参与和行动式参与。主轴编码结果具体见表 3-4。

表 3-4 主轴编码结果

核心范畴	主范畴	副范畴	范畴关系
电商直播顾客参与行为	B1 围观式参与	A1 关注	顾客无论是关注主播、直播间还是其他顾客发的弹幕的内容,均属于关注相关信息的行为,会形成一定的"人气",对自己或他人后续参与电商直播的行为产生影响
	B2 话语式参与	A2 交流	顾客在电商直播中与主播或其他顾客等进行交流,或通过电商直播平台其他社交平台将其体验、经验分享给其他顾客,均是通过语言表达的方式实现的,不仅能传递自己的需求或态度,也能为其他顾客提供帮助
		A3 分享	
	B3 行动式参与	A4 主动融入	顾客在电商直播中主动融入、参与互动和获取优惠等表现,是顾客通过实际行动来积极配合电商直播活动,参与到与主播、其他顾客的互动中,以促进电商直播活动顺利开展的体现。
		A5 参与互动	
		A6 获取优惠	

3.选择性编码

选择性编码是从主范畴中挖掘核心范畴,系统搭建核心范畴与其他范畴间的联结关系,发展出新的理论构架。笔者通过对原始资料的分析和比较,将"电商直播顾客参与行为"作为核心范畴,形成电商直播顾客参与行为的概念框架,如图 3-2 所示。

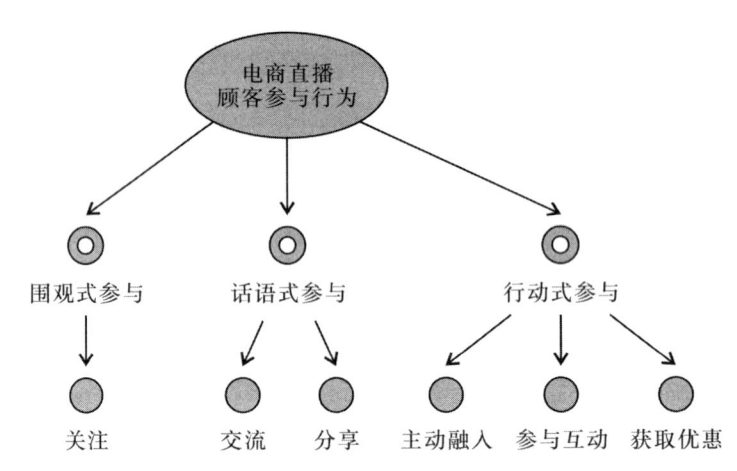

图 3-2 电商直播顾客参与行为的表现形式

4.理论模型饱和度检验

为确保研究过程的科学性和研究结果的准确性,本研究对预留的 12 份访谈记录进行了理论模型饱和度检验。按照之前的过程进行编码和分析后,并没有获得新的主范畴。由此可见,所有访谈资料均被先前提炼的 3 个主范畴所包含。根据 Charmaz 和 Belgrave(2012)的观点,当新的数据资料不能再产生新的属性、新的关系时,便产生了"理论饱和"。据此,可以认为本研究初步建立的选择性编码在理论模型上是饱和的。

5.研究结果与分析

围观式参与主要指顾客在电商直播活动中,采取的一些关注主播、直播间甚至其他顾客发的弹幕内容的行为表现。相当一部分受访者都谈到,在参与电商直播时会关注其他顾客发的弹幕的内容,例如 FT11 说"虽然我只是一个默默无闻的参与者,平时不太喜欢发弹幕,但我会关注其他顾客的弹幕,而且相对来说,我受弹幕的影响还是比较大的",FT2说"我喜欢看其他顾客的评论,因为有些人的评论真的是很走心的",FT9谈到"如果弹幕里有很多顾客都说某某产品好,或者很想买的话,我可能也会去关注一下这个产品……",FT23说"我在看电商直播的过程中,会关注其他顾客的弹幕,尤其是那些跟我有共同需求的顾客发的弹幕的内容,对我会产生一定的影响。因为有的人问的问题正好也是我想问的问题",FT3、FT10和FT24均表示"如果是我想要买的商品,我就会去注意其他顾客的弹幕评论。如果有人说商品不好的话,我会重新考虑到底要不要买这个商品"。对于顾客来说,进入直播间关注相关信息的行为可能仅仅代表其内心受到直播所呈现的商品信息的触动,并不一定具有深入参与并影响电商直播的动机,但是一旦关注直播的顾客数量、停留在直播间的顾客数量聚集或积累起来,便会以"人气"的形式直接反映在电商直播平台上。对于高"人气"主播,其直播间又往往会在直播平台的排行榜上靠前,这显示出"人气"所带来的"滚雪球"效应。高"人气"意味着高关注度,说明有广泛的网络信息传播效应,类似于现实社会中的"围观"。当然,这种"围观"是共同在场的另一种表现形式,对于这类"围观"的关注,顾客几乎不需要付出成本。而且,在此类参与行为中,顾客只参与了直播的部分阶段,往往浅尝辄止、走马观花,较为随意。有时尽管顾客也为此投入了一定的时间和精力,但总体上看,参与程度较低,属于低层次的参与,故此类顾客仍属于"传统型"顾客。

话语式参与主要指顾客在电商直播中与主播、其他顾客等进行交流,并通过电商直播平台或其他社交平台将直播信息及其体验、经验分享给其他顾客的行为表现。一方面,电商直播是一种品牌商家或主播与顾客实时沟通交流的营销方式,通过直播间的聊天框、弹幕等多种途径,改变了传统营销方式下顾客被动接收信息的弱势地位,将主播和顾客置于无缝连接的强烈互动氛围之中,实现了主播与顾客间的双向沟通交流和互动。例如,FT2说"我不知道某款衣服穿在我身上是什么样的,我就会去问主播,我这个身高、体重适合什么尺码,有时候主播还会试穿给我看",FT7说"我看的直播一般都是我没有买过的产品的直播,所以与主播的互动以咨询为主,主要是通过发弹幕来咨询关于产品的问题,比如质量、样式、面料等,或者要求她展示一下"。FT14 喜欢看蜜蜡、文玩类石头等物件的直播,该受访者称"由于这类物件的直播需要专业人士讲解,所以通常都是由店主自己来直播。为了更好地了解产品,我会花费比较多的时间与店主进行沟通。看直播的时候,我还会把自己的需求告诉店主,他就会给我推荐。比如,如果是石头,店主会凭借他的经验来介绍这个石头,告诉我这个石头打出来可能是什么东西,或者是怎么样的纹路,会是怎么样的质地,等等。然后,由我们决定要不要购买,如果要的话,他就会现场打磨,当他把外面的一层去掉之后,石头就会露出它里面的样子,有时候是惊喜,有时候也是很令人失望的"。FT10 表示"如果确实有很重要的问题要咨询,而主播又一直没有回复我,我就会去找品牌商家的客服咨询"。FT3 提到"如果买到商品后,遇到一些问题,我就会去联系客服"。FT15 说"有时我会向其他顾客咨询尺码、功效等问题。比如我会向其他顾客咨询这款产品在应对痘痘上是否有效?如果他们觉得不好用的话,就会直接给我回复"。在电商直播平台上,顾客借助电商直播平台与其他顾客进行联系和沟通,寻求帮助或者共同解决购物前或购物中遇到的问题,为彼此的参与过程创造价值。FT12 也谈到对于平台上其他顾客提的问题,"如果我之前有用过,我就会通过弹幕对产品进行评论,让其他顾客看到,为他们的购买提供决策参考"。另一方面,顾客会在电商直播平台或其他社交平台上将直播信息及其体验、经验进行分享。这里的"体验、经验分享"具体有两种形式:一是在直播间里发的弹幕,这些弹幕通常都是一些内容短小的评论或表达,大多数时候,顾客的态度用一句话或一个词语就可以表达,类似于某种单选式的民意调查,是网络民意调查中最具有典型性特征的表达方式。例如,FT1 说"我看了直播,感觉商品不错的话,就会在直播间里评论",FT2 说"对于其他顾客通过弹幕问的关于产品的问题,如果我了解的话我会去回答"。从信息传播的角度看,和"关注"一样,弹幕的信息展示也被限制在直播间的范围内,故其社会影响力很大程度上取决于该直播间在整个直播平台乃至现实社会中的影响力和地位。二是与电商直播有直接关联的原创式发帖。此关联性一般明确显示在帖子的标题上。FT10

提到"如果说东西特别好，或者让我有一些新奇的体验的话，我可能会在微博上发帖"，FT26说"我自己不会在微信、微博这类社交媒体上围绕电商直播或者直播商品发帖，但我很多朋友会发帖"。多数情况下，围绕电商直播的原创式发帖，大多都能体现发帖者对某电商直播商品或直播活动较为完整的评价，不像发弹幕那样，只是简单地以肯定或否定的方式完成弹幕内容。更重要的是，原创式发帖不再局限于特定直播间的限制，而是可以通过在朋友圈、微博等社交平台上发帖的形式，发挥其网络信息传播功能。由此可见，发帖融入了顾客的态度、意见和判断，显然比关注显示出更加强烈的顾客参与意向，对于电商直播的影响也更加突出，不仅是平台或品牌通过人际共享方式进行直播式"病毒营销"的途径，也是更优质的品牌传播方式。而且，对帖子进行转发不需要体现转发者个人的观念、态度表达，甚至不需要转发者对原帖信息进行任何形式的加工，比起其他形式的口头转达和文字转引（指间接转引），这类信息传播方式显得更加便捷。转发本身也包含了较为明确的展示或价值评判的取向，即使转发者没有做任何形式的评价，转发行为本身也代表了转发者对原帖内容的认同，或者要广泛传播原帖信息的行为意向。转发这种行为，投入相对较少，又兼顾了个人观点的表达，具有双重动机，正日益成为顾客参与电商直播活动的一种重要的行为方式，加快了电商直播信息的扩散。由此可见，电商直播所具有的社交媒体的属性，使得顾客可以将直播的内容以及经验和体验分享到自己的社交圈层。尤其是在海量信息时代，人们难以辨别信息的真伪，亲友的推荐和分享会显得更加可信，且很容易引发他人的跟随行为，从而使得信息的覆盖范围得以迅速扩大，帮助平台和品牌达到"病毒式营销"的传播效果。通过这种信息分享形式所进行的平台和品牌营销传播活动，实现了多层级、多渠道传播，既为平台和品牌缩减了营销成本，又实现了超预期的传播效果。而且，顾客在电商直播活动中的互助行为，在向电商直播平台提供具有价值的内容的同时，也为其他顾客提供了建议和参考，具有一定的奉献精神和共享精神。不仅如此，顾客观看电商直播还是一种双向互利的行为，能从其他顾客的经验分享中受益。顾客借助此种方式参与到电商直播活动中，一方面能更加深入地了解产品信息和服务信息,另一方面也可以向主播传递自己的需求,并为其他顾客提供帮助。因此,话语式参与行为属于中高层次的参与,在直播的各个阶段均会产生,参与其中的顾客能充分利用电商直播平台上的内容、信息、服务,整合自身的操作性资源(如能力、经验和偏好等)和电商直播平台的操作性资源(如服务等)积极投入直播活动,这不仅成为促进平台和品牌信息传播规模迅速扩大的关键,也为平台运营方和品牌商家利用直播进行"病毒式营销"提供了重要的实现方法和手段。

行动式参与主要指顾客在电商直播平台上积极配合主播,通过在直播间"点赞"、参与"秒杀"和抽奖活动、抢优惠券或红包、收藏商品、邀朋友一起看感兴趣的直播等实际行动参与到与主播、其他顾客的互动当中的行为表现。这种参与方式有助于将直播间的氛围推向高潮,提高直播间的活跃度,增加顾客的停留时间,从而拉近主播、品牌商家与顾客间的距离,增强顾客对主播(或品牌商家)的信任。这种参与行为也属于中高层次的参与,但顾客仅在部分阶段且主要是在直播中进行参与,尽管参与过程中能够积极投入,但是还不够深入,较为随意,仅仅满足顾客某一方面的特殊需求。同时,这种行为也体现了顾客参与电商直播活动是一个社会性的过程,揭示了电商直播顾客参与行为的本质。例如,FT23表示"出于对主播的喜欢,我会给他'点赞'",FT31说"我一般都会'点赞',还会参加直播间里的互动活动",FT17说"如果直播非常吸引我,让我觉得很开心,就比如说某知名主播的直播间让我觉得很开心,或者里面的一些明星是我喜欢的,我就会给他'点赞'"。此外,主播还会在直播间里发起形式多样的互动活动,例如FT2提到"有一次一个直播间里的主播发起了一个50字五星好评参与抽奖的活动,结果他们抽中了我,送了我一件衣服,后面我感觉自己更爱那家店了。事后还跟我的朋友分享了这件事……其实我平时是比较少给评论的,只有我觉得真的好的东西才会给评论",FT9说"直播间里的互动活动比较多,像集赞领优惠券、发弹幕参与抽奖等这类活动,我都很喜欢,都会积极地去参与",FT12说"我很喜欢抽奖等互动活动,也有因为发弹幕中过奖",FT21说"我参加'秒杀'会比较多,但也不太容易'秒'到,只'秒'到过一两次"。FT7还聊到,"大家都觉得'秒杀'到产品很难,但我曾经在抖音的'周大福'直播间里,只花了几十元钱就'秒杀'到了一条项链,当时感觉非常惊喜,完全出乎意料"。FT8 和 FT9 则认为,只有在一定条件下,自己才会与其他顾客分享购物体验,如 FT8 说"有一次在抖音平台上看服饰的直播,正好碰上了弹幕评论抽奖活动,我就去评论了,没想到果真中奖了"。

第三节　电商直播顾客参与行为的操作性资源

服务主导逻辑认为服务源自对操作性资源的交换与使用,这一过程实质上可以看作是操作性资源的整合过程(Grissemann 和 Stokburger-Sauer, 2012)。顾客作为一个资源整合者,在参与电商直播的过程中整合了来自电商直播平台和自身的操作性资源进行价值创造。

一、来自电商直播平台的操作性资源

来自电商直播平台的操作性资源体现在电商直播平台的功能方面,这会影响顾客参与行为的进行。首先,以信息搜索速度、准确性为代表的电商直播平台,其功能性的高低决定了该平台为顾客提供支持的效率的高低,以及是否能让顾客比较快上手,并参与其中。正如 FT23 在谈到何种因素会影响其在电商直播平台上的顾客行为时提到,"使用是否方便,设计上能否让顾客迅速找到其想要了解的产品的信息"。相反,如果电商直播平台相关功能性不够强大,则会妨碍顾客与该平台互动的发生,以及顾客与该平台之间互动行为的高效开展,产生的直接结果就表现为顾客在与该平台的互动上显得不够便利。FT38 谈到"抖音的购物入口设置不合理,很多人反映找不到"。FT17 也指出抖音等平台的售后服务还有待进一步优化,"抖音直播的售后服务比不上淘宝直播","淘宝直播的退货很方便,可以直接在平台上点

击退货,快递员就会上门来取件,只要快递员确认已取件,货款马上就会原路退回"。这说明售后服务不够便捷意味着电商直播平台在互动过程中所提供的可操作性资源的质量不够好,会对顾客的参与行为产生影响。而且,一旦涉及产品或服务的购买环节,预定或支付的效率也会影响顾客与平台之间的交互,如 FT1 和 FT3 在被问及哪些因素会影响其参与电商直播时提到"支付方式的便利性"(FT1)和"商品预定的方便、快捷"(FT3)。此外,FT12 谈到,"抖音直播会比淘宝直播好玩一点。因为抖音直播有一个功能很好,就是当你退出抖音的界面,让其在后台运行时,直播的声音仍然会有,于是我就可以一边听主播介绍,一边去做其他事,比如一边听直播,一边跟朋友微信聊天,这样还不耽误时间。而淘宝直播,退出淘宝界面,直播就自动关掉了。只有点淘 App 才有跟抖音直播一样的这个功能";FT8 谈到,"我认为电商直播的最大不足是主播逐个介绍商品,尤其是一些小的店家,可能连预告都没有,比如我曾观看的一家卖宝宝衣服的直播,主播一会儿介绍男孩的上衣,一会儿介绍女孩的裙子。这样的话我就不知道我需要的商品什么时候会开始介绍。就算大主播有直播预告,但是预告也不是按照直播的顺序来安排的。尽管我也知道他这样会让我接触到更多的商品,买更多的商品,但我觉得这太浪费时间了,我认为这是电商直播在服务质量上需要改进的一个方面"。

服务执行力[①]是电商直播平台所能提供的另一个重要的操作性资源。FT4 在与电商直播平台进行交互的过程中,比较看重平台承诺的服务能否有效地履行。FT4 提到,"订单发货速度和退货处理速度都会影响我的选择。淘宝直播的购物方式跟淘宝购物没什么差别,付款能用'花呗',退款也可以实现极速退款。抖音直播的服务就没有淘宝做得那么好。所以,能在淘宝直播上买的商品,我就会尽量在淘宝直播上买"。

与此同时,平台里直播间的布置和背景音乐以及主播的个性和素质等

---

① 本书认为电商直播平台的服务执行力是指电商直播平台能否将顾客所需的产品或服务快速准确地送达给顾客。

都可能对顾客的参与行为产生影响。FT2 和 FT23 均认为，如果平台上直播间的布置和背景音乐等不够好，就会影响其使用体验：FT2 提到"直播间的布置很重要，比如卖衣服的，如果摆放得比较杂乱，我就没有看下去的欲望，可能就会退出这个直播间。另外，直播间的背景音乐也很重要，有的背景音乐真是太大声了，让人受不了"。FT23 说"如果直播间的一些布置让人看着舒服的话，我肯定会继续看。如果比较乱的话，我可能就不太想看了"。而且，主播的个性也会影响顾客的参与行为。FT12 表示"对于比较幽默、比较搞笑的主播，只要他们有直播，我一般都会去看。而且，主播的素质，还有主播的语言表达能力、沟通能力，都会影响直播间观看的人数"。FT21 说"某知名主播是我心目中的带货王，他的带货能力强，很会营造气氛，也很了解女生的心理，经常会促使我冲动购物"。

除了主播的素质之外，直播产品的品质也会对顾客的参与行为产生影响。正如 FT13 和 FT24 所说，"对于直播来说，选品是极为重要的。因为之前我看过的直播中就出现过'翻车'的现象，比如不粘锅在直播试用时却粘锅了"（FT13），"直播里的产品质量有的真的很差，甚至还以次充好、卖假货。在产品质量上确实要好好把控一下，不能出现欺骗顾客的行为"（FT24）。FT2 也提到，"抖音直播的价格虽然便宜，但有时很难辨别品质。淘宝直播与其相比，价格虽然高一点，但可能品质会更有保证，而且淘宝比抖音早运营，大多是品牌官方的直播，让人感觉更真实"。

由于电商直播平台需要通过 App 或网页等界面与顾客接触，App 或网页运行的稳定性、页面刷新成功率等也会影响顾客的参与。另外，直播间的设计风格、布局和主播特性等也是影响因素。FT20 表示自己往往忠诚于一个常用的电商直播平台，但是未来如果某些因素导致平台系统运行不稳定，就会影响自己与平台运营方或品牌商家的交互行为："平台系统的稳定性也是一个重要的方面，只要平台系统稳定，我一般就只认准这个平台，如果因为改版或者升级导致直播卡顿或网页半天刷不出来的话，肯定会影响我的搜索、观看或者与主播、品牌商家等的沟通。"FT32 则进一步提到电商直播平台的使用界面等因素也会影响其行为："从使用的角度看，倘若平台界面更友好、易上手的话,那么顾客对平台的忠诚度应该会更高。"

二、来自顾客的操作性资源

顾客作为参与电商直播的另一个重要行动者,在资源整合的过程中必定会结合自身的操作性资源来参与直播,并进行价值共创。

首先,顾客是否具备相应的直播平台的使用知识或能力会影响其参与行为。正如FT4分析自己为什么能够做出积极搜索、主动沟通等参与行为时所提到的,自身所具有的较好的电商知识、搜索能力等都有助于其有效地参与电商直播:"(我)比较擅长于搜索各类商品信息,有十几年网购的经历,能够综合各个电商直播平台的信息,并且有侧重地使用不同平台来帮助我购物。"FT8则更进一步地指出,以前的电商购物经验为自己带来了相应的知识和能力,使自己可以快速上手使用电商直播平台或App,并参与其中。相反,缺乏相应的知识和能力的人在参与电商直播的时候会遇到很多的阻力,会无法顺利达到既定的目标。FT26指出,年长的人相较于年轻人,在电商直播使用知识和经验上均有所欠缺。年龄处于26～30岁之间的FT26结合自己父母的情况谈道:"对于我爸妈这一代人,参与电商直播并不容易。"FT30也同样认为:"电商直播平台对于对网络信息技术了解相对比较多的年轻一族来说,使用起来比较容易,但年长的群体使用起来会有困难,所以他们比较少观看电商直播。"

其次,顾客对电商直播平台上提供的产品是否具有好奇心和探索心也会影响其后续参与行为的发生。身为学生的FT25提到学生群体相对比较喜欢电商直播这种方式:"学生群体如果打算购买价格相对较高的商品时,都比较喜欢通过电商直播这类新媒体来进行购前信息的搜寻和购买决策的确定。"FT27也同样指出年轻人比较容易接受新事物,因此更倾向于使用电商直播平台获取相应的商品购买服务。

最后,电商直播顾客参与行为涉及顾客与多方的互动行为,除了与电商直播平台的互动不需要人际沟通,与主播、品牌商家、直播平台员工、其他顾客的互动均需要进行直接的人际沟通。因此,顾客自身是否具备良好的沟通能力也将会影响其参与行为的有效开展,这一点从本节所展示的许多访谈文本资料中可以体现出来。

第四节　顾客参与电商直播的行为过程

电商直播顾客参与行为起始于顾客接触电商直播平台的时候,贯穿于参与前、参与中和参与后三个阶段,如图3-3所示。首先,顾客在产生需求的时候就可能开始注册电商直播平台账号或下载平台App,并在电商直播平台或微博、小红书等其他社交平台上寻求相关信息和建议,此时,顾客参与电商直播的行为便开始发生。通过简单的查询和搜索,顾客可能会进一步与主播、品牌商家、直播平台员工、其他顾客进行交流沟通,以便更加全面、深入地了解产品和服务。在参与过程中,顾客仍然有可能继续就产品问题、交易细节和使用中可能出现的问题与主播、品牌商家进行沟通和反馈,并参与电商直播过程中的互动活动。在参与后期,顾客还有可能通过撰写评论、心得或回答其他顾客的问题等方式继续参与电商直播活动,以获得更加美好的参与体验。接下来,将结合访谈文本对顾客参与电商直播的过程进行阐述。

一、搜索与准备阶段

这一阶段主要发生在直播前,互动行为主要表现为顾客与电商直播平台或其他顾客的互动。在这个阶段,顾客通常刚刚形成某种需求,对于直播的产品缺乏了解,购买决策也未确定。顾客通过与电商直播平台和其他顾客的互动,可以增加自己对即将开播的产品的了解。具体见表3-5。

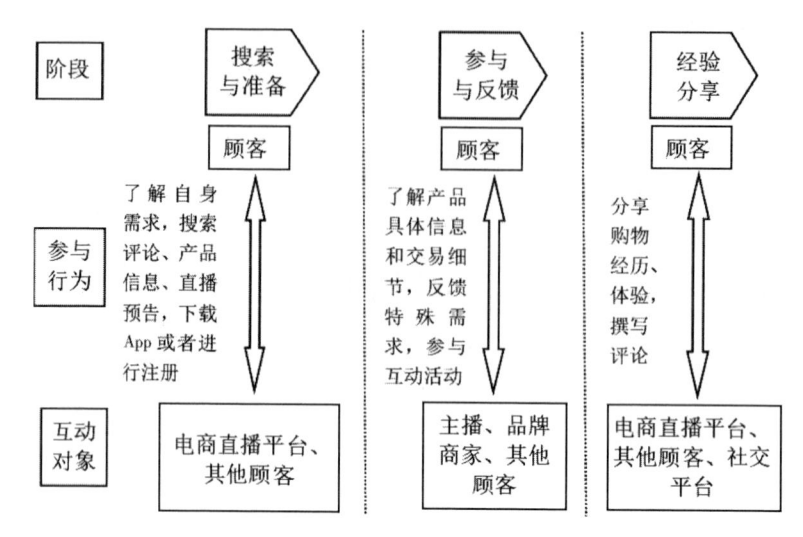

阶段	搜索与准备	参与与反馈	经验分享
	顾客	顾客	顾客
参与行为	了解自身需求,搜索评论、产品信息、直播预告,下载App或者进行注册	了解产品具体信息和交易细节,反馈特殊需求,参与互动活动	分享购物经历、体验,撰写评论
互动对象	电商直播平台、其他顾客	主播、品牌商家、其他顾客	电商直播平台、其他顾客、社交平台

图 3-3　顾客参与电商直播的过程

表 3-5　搜索与准备阶段

发生时间段	互动行为	行动者
直播前	顾客与电商直播平台的互动、顾客和其他顾客的互动	顾客、电商直播平台、其他顾客

一般来说,大多数顾客对自己的需求都有事先预设,如计划购买的产品以及大概的购物预算等。因此,顾客在与电商直播平台进行互动的初始阶段就会将自己的需求"输入"搜索框,或者是浏览平台或平台 App 的页面来搜索产品,这就主导了接下来整个参与过程的基调和方向。而电商直播平台在获得顾客输入的信息之后,会提供对应的产品、产品信息以及产品评论等资源供顾客选择和采纳。例如,有一次在电商直播平台购物时,FT7 已事先选定了产品,然后在淘宝直播平台上搜索这个产品的评论,并结合自身的身材、预算等因素对主播推荐的几款上衣进行选择,形成了最终的购买决策。FT32 虽然已经明确了自己想要购买的电子产品,但是由于对产品不了解,需要根据自己所期望的产品特征来搜集信息:"现在各种类型的电子产品非常多,琳琅满目,我对产品的性能等都不太了解,所以希望通过直播和其他顾客的评论来获取更多的商品信息,以最终形成购买决策。"FT20 表

示:"直播前微博上会发布一些商品的图片,比如对于服饰,我一般都是在看到这些图片觉得比较感兴趣的情况下,才会去直播间里重点看一下感兴趣的几款商品,看看直播现场的穿着效果,了解下面料等方面的信息,如果觉得比较合适的话,就会下单。"FT2同样是通过直播来进行商品的搜寻和选择:"淘宝直播上有家服装店,主播的身高跟我差不多,我会看她衣服上身的效果来进行选择,并按照她穿着的码数去下单。"有些顾客甚至在未作出选择的情况下,直接通过电商直播平台的直播来选择商品,如FT19说"当我想买化妆品,比如粉底液时,我就会去看好几场直播,了解各品牌粉底液的效果,然后再从中作出选择"。还有些顾客会在观看了主播的产品展示之后,结合自身的网购经验、能力、喜好对各类信息进行筛选和整合,形成符合自身预期的购买决策。正如FT34所说:"直播时主播或其他顾客提供的终究只是建议和信息,还是需要我们凭借自己的经验,根据喜好来筛选和鉴别商品。"相当部分的受访者,尤其是女性受访者,如FT6、FT8、FT16、FT19、FT20、FT21和FT23等,在看直播之前,会先通过大主播的微信公众号、微博等社交平台去提前搜索、浏览直播预告,然后在直播前对商品作出选择,甚至会根据预告来决定要不要去看那场直播。FT8表示,"以前我看直播,一般会先看预告,提前了解今天晚上直播售卖的所有商品,事先选择一下。倘若有我想买的商品,我才会去看直播"。FT16表示,"我看直播的目的性比较强。我会先看预告,然后对比一下价格。如果有想买的产品,价格又合适的话,我才会去看他们的直播"。但是,有一些顾客由于对电商直播不了解,可能在这一阶段就会中断参与电商直播的行为,如FT17指出:"在电商直播平台上购物必须绑定银行卡、支付宝或微信,一些年纪较大的人由于不了解电商直播,还是会通过线下实体店来购买商品,或者让儿女帮忙在平台上购买。"

二、参与与反馈阶段

这一阶段主要发生在直播前和直播中,存在的互动行为主要是顾客与主播的互动、顾客与品牌商家的互动、顾客与平台员工的互动,以及顾客与其他顾客的互动。在这个阶段,顾客往往处于作出购买决策的关键阶段,会遇到许多细节问题和亟待解决的实际问题。这个时候,顾客需要通过与主播和品牌商家的沟通表达自己的需求。这个阶段的互动行为发生的空间主要是在电商直播平台的直播间里,也会发生在由电商直播平台延伸出的社交平台上。具体见表3-6。

表 3-6 参与与反馈阶段

发生时间段	互动行为	行动者
直播前/直播中	顾客与主播的互动、顾客与品牌商家的互动、顾客与平台员工的互动、顾客与其他顾客的互动	顾客、主播、品牌商家、平台员工、其他顾客

在直播过程中,主播会发起一些互动活动(如送优惠券、抽奖、"秒杀"等),邀请顾客来参与,以此活跃直播间的气氛。FT21提到"有的直播间'点赞'会送优惠券,这时候我一般都会去'点赞'。有时候我还会发弹幕,但其实我发弹幕并不是主动的,主要是为了参与抽奖。虽然我有可能抽不到,但我也会想去试一试"。FT17表示,"在直播间里,主播说关注了直播间就可以领优惠券,所以为了领券,我会去关注"。FT18表示,"当你进入直播间后,主播经常会引导你去领满减券、参与'秒杀'活动等"。FT5表示,"我会'点赞'、评论,还会参加直播间里主播发起的各种互动活动"。FT23表示,"为了领红包,我会'点赞',偶尔还会同其他顾客一样通过发弹幕来咨询问题"。FT8表示,"一般情况下,我就只是在直播间里看一下别人的评论。但如果有我喜欢的明星来参与直播的话,我可能会通过发弹幕与他做一些互动"。FT24表示,"在看直播的过程中,我会给主播'点赞',因为'点赞'可以增加与主播的亲密度,当亲密度达到一定程度时就会升为'铁粉''挚爱'……"。

当然,还有些顾客与某个直播间的主播沟通交流,主要是为了让主播能根据自己的需求帮忙推荐适合的商品,如FT25和FT17。FT25说:"比如我在看鞋品直播时,我会先看看之前主播跟其他顾客互动的弹幕,判断下这个主播是否专业。如果专业的话,我会进一步参与这个直播,然后发弹幕让主播帮我选鞋子。尤其是在流量较小的直播间里,与主播互动能更好地获得商品推荐。"FT17说:"在观看鞋子或者服饰的直播时,我会发弹幕告诉主播我想了解的商品,他就会给我介绍商品,有时我还会要求主播展示一下某个商品。"FT1也述说了相似的经历,她在主播的帮助下挑选到一款大衣,改变了自己原本的着装风格,收获到不同的购物体验。FT3提到一次购买口红的经历,她在作出口红的购买决策之前,向主播说明了自己的特征、偏好等,于是主播向她推荐了刚上市的一款口红,使她获得了意想不到的产品体验。但值得注意的是,一旦这种沟通无法顺利进行,就会导致服务失败,使得顾客体验大打折扣,甚至造成顾客的流失(McCollough et al.,2000),如FT12提到"对于一些只顾着自己介绍却不理会顾客的主播,我就不是特别喜欢看她的直播,看一会儿就不看了",FT17提到"有时候我发弹幕问主播问题,等着他回答,但是他却一直不回答,我就比较生气,以后就不会再看他的直播了"。

除了与主播的互动行为以外,顾客在参与直播或使用产品的过程中还会与品牌商家、其他顾客发生互动。比如,FT18谈到自己的经历时表示:"有时候在直播间里咨询问题,因为咨询问题的人太多,主播回复不过来。我就会找店铺的客服进行咨询。"FT2表示:"对于别人用弹幕问的关于产品的问题,如果我买过,对产品有所了解的话,我会回答。"

三、经验分享阶段

这一阶段主要发生在直播后,存在的互动行为主要表现为顾客与电商直播平台以及其他顾客的互动。在这个阶段,顾客往往已经结束或者即将结束参与直播的行为。他们会根据参与或购买的经历和体验撰写评论、经验,分享到直播平台或微信朋友圈、微博等社交平台,并且对其他顾客的咨询和提问予以回应。具体见表3-7。

表3-7 经验分享阶段

发生时间段	互动行为	行动者
直播后	顾客与电商直播平台的互动、顾客与其他顾客的互动、顾客与社交平台的互动	顾客、电商直播平台、其他顾客、社交平台

在受访者中，有相当一部分都谈到了自己分享电商直播经验的经历。如FT4、FT5、FT7和FT20等都有过在直播间看到好的商品，就立刻将这个直播间分享给好友的经历。但FT18遇到此种情形，向朋友分享的不是直播间，而是直播商品的链接。FT16和FT23看直播时遇到好的商品，不仅会在微信上向朋友推荐，还会邀请朋友一起拼单。FT11则不是在直播环境中分享好的商品，而是事后向亲友分享直播过程中一些自己比较感兴趣的商品。FT13在直播间里看到自己喜欢的明星时，还会邀上自己的朋友一起看直播。FT25说："我只有在为了获取优惠券需要邀请朋友助力的时候，才会转发给朋友。又或者是朋友跟我聊天时说到需要某些商品，我又正好看到此类商品的直播时，才会分享给他。"FT20表示"我一般不会在社交平台上分享购物心得，但会进行售后评价"。

有些人会在直播间之外，通过微信、微博等社交媒体分享其直播购物体验。FT24表示"我会在微博、豆瓣上分享我的直播购物经验"。FT2说"我的朋友会围绕电商直播或者电商直播的商品在微博上发帖，晒晒自己抢到了什么商品、囤了多少货之类的"。FT10表示："如果直播的商品真的很便宜，或者商品真的超乎我的预期的话，我就会发微博进行分享。有时候我除了会分享商品外，甚至还会直接买给朋友，让他们知道还有这么好的东西。"FT16则表示"我会把一些直播预告转发到微博上，尤其是当直播预告上说带评论转发能参与抽奖之类的活动时，我一般都会转发"。FT20也说道："我有看到朋友在朋友圈里转发一些大主播的直播预告，比如某知名主播在微博上发布的直播预告。"FT10作为淘宝直播的参与者，在微信朋友圈里分享了自己在淘宝直播上的一次购物经历。她提到自己不仅分享了参与直播的体验，并且结合自己的使用感受给出了理性、客观的评价，希望能够给朋友提供详细且有用的信息。FT19提到，其他顾客会在电商直播平台上，或者朋友会通过微信就其分享的内容进行评论和咨询，而且她也喜欢那种具有互动性的咨询："……（对分享购物经历的）评论肯定是有的，但更多的是咨询。相比只是'点赞'，我更喜欢咨询，因为这样更具有互动性。"在此阶段，顾客被看作是一个奉献者，单方面向其他顾客传递经验和发表意见，但实际上，通过分享和回答其他顾客的提问，顾客自己也会获得很多价值，比如可以获得认同感、成就感，从而产生更加深刻的购物体验（Daugherty et al.，2008）。FT19 就表示："这是个交流的过程。发表评论或分享商品既可以为其他顾客提供帮助，而且，在与其他顾客交流的过程中，自己也能了解到很多产品知识……"

在受访的顾客当中，有些人会通过线下交流的方式来分享直播购物体验，如 FT2 和 FT20。FT20 提到，"当与朋友聊天时，有的朋友会问我最近比较经常看哪一家的直播，我就会与她分享一下"。FT2 说道："如果在直播间确实买到了很好的商品，在跟朋友聊天时，我就会极力推荐。我曾向朋友推荐过一款防晒霜，朋友经我推荐，也去买了。"

还有些人的购买决策会受到其他顾客购物反馈信息的影响，如 FT20 表示，"有时我在直播间里下单后，会去看看店铺的评论或者一些微博上测评博主对这款商品的反馈，然后根据这些反馈，再决定是继续等待店铺发货还是提前退货"。

第五节 电商直播顾客参与行为的价值生成

由服务主导逻辑可知，顾客永远都是价值的共同创造者。这里的"价值"，是由受益者（即所有的行动者）从现象上来进行评定的。此外，价值共创思想也同样认为，价值共创所形成的价值贯穿于顾客整合资源、使用产品等各个环节，进而使得顾客能在特定的场景中调整自己的状态，获得相应的价值。由此可见，对于顾客参与电商直播所生成的直接价值的评估，要从顾客的感知价值入手。

与此同时，参与电商直播的其他行动者也获得了相应的间接价值。这里的间接价值是在顾客获得直接价值的基础上继而生成出来的，体现在电商直播平台获得大量的顾客数据和丰富的顾客内容，主播和平台员工获得工作上的支持，品牌商家了解市场需求和获得顾客信息，其他顾客获得决策建议和参考信息，等等。

一、顾客获取的感知价值

首先，顾客通过电商直播平台及其 App 可以高效、快速地买到所需要的产品，大大降低了时间成本和购物成本。而且，顾客无论是主动搜寻相关信息，还是在参与过程中与其他行动者沟通都有助于方便、快捷地获取信息。对于这一点，许多受访者在谈及自己所获得的价值时都有提及。FT5 表示"相比自己逛淘宝，电商直播为我节省了不少时间，而且体验还不一样"。FT3、FT13、FT19 和 FT20 也有类似的体会。FT3 表示："现在工作挺忙的，没有太多的时间去搜寻商品。有了主播推荐和现场试用，就多了一个了解产品的渠道。"FT13 说"直播的品类非常多，大主播都是有专业团队帮忙选品的，所以他们已经帮我们筛选掉一部分不好的商品，为我们节省了时间"。FT19 表示"看电商直播购物不用出门，比较方便"。FT20 表示"有时候主播还会为你挑选一些精品，帮助你省下很多挑选的时间"。

除了节约时间外，还有相当一部分顾客提到电商直播的价格优惠也是其优势之一，例如 FT8、FT10、FT5、FT14、FT19、FT20 和 FT2 等均有提及这一点。FT8 说"电商直播最吸引人的一点是其价格在众多购买渠道中最便宜"。FT10 说"电商直播帮我省了钱，能让我以更低的价格买到相同的商品"。FT5 说"我觉得电商直播更加吸引我的是其优惠力度会比传统网购要大，会便宜很多"。FT14 说"在电商直播里买原石拿去打磨会比直接买成品要便宜很多"。FT19 表示"跟传统的电商相比，电商直播优惠力度更大，也更省钱和省时间"。FT20 表示"很多店铺上新品的时候，都会有直播，而且直播当天的价格确实也会更便宜一些"。FT3 表示"直播间里的商品比传统电商更便宜，不仅会多送一些赠品，还会有更大的折扣"。

其次，顾客通过参与电商直播可以获得更为详细的产品信息，增进对产品和品牌的了解程度，以便能对产品价值作出更为全面的判断，从而提升对产品的好感,增加购买的可能性。此外,在优质主播的介绍下,还可以获得产品知识,提高购物的效率。在传统电商情境下,只能传播文字、图片或者视频等单调的内容,而且还限制了产品代言人的时间、空间和媒介,无法使丰富的内容得以传播,于是导致顾客往往无法提前详细了解产品的性能、特征、功效等。而电商直播模式下,主播既能更为详细地介绍产品信息,还可以将才艺、知识等多重内容增补进直播过程中。顾客通过参与电商直播,不仅可以查询相关评论、图片,还可以看到主播对产品的展示、效果等,同时还有机会与品牌商家进行直接沟通。有些主播在介绍某一款商品时,甚至还会做一些同类商品的比较,"让我们对产品有更多的了解"(FT5),"这样,我就会知道哪些商品比较好用,哪些商品最近比较热卖,还能听到一些比较中肯的推荐"(FT20)。而且,"主播推荐的商品大多数是经过严格选品的,品质上相对有保证,再加上主播的介绍,经常能让我买到一些物美价廉的商品"(FT8)。FT12在访谈中也谈道:"通过观看直播可以了解我所关注的领域,比如我比较关注服饰,看了直播,我就能了解到当前的流行趋势,有时还会发现一些以前没有接触过的产品。所以我觉得直播不只是打发时间的一种方式,也能够学习一些产品知识,掌握一些流行信息。"同时,电商直播也能让购物变得更加简单快捷,提高顾客购物的效率,FT5表示"直播购物比自己去实体店逛的效率要高"。FT16说"经过主播的介绍,我对生活各个方面的产品都能有所了解"。FT4提到,"淘宝直播里有专门针对胖美眉的服装店,对胖美眉来说,这类店铺服装的尺寸做得会比较合身,衣服穿出来的整体效果也比较好,购买起来也很方便"。FT10和FT11也提到提前了解和熟悉直播产品所带来的直接的积极作用:"能够获得直播里物美价廉的产品,给自己增加一个获取商品信息的渠道"(FT10),以及"获得一些产品的知识和新产品的信息"(FT11)。FT29表示:"当我想了解某款产品,尤其是电子产品时,我会去看电商直播。因为在平台上,这类主播都是专业人士,他们对产品非常了解,能用通俗的语言来介绍产品的优缺点,让我快速了解产品,为我的购买决策提供参考。"FT14的经历就说明了这点,她根据平台上其他顾客的建议作出购买决定:"像我们这个圈子,大家会围绕这个石头打磨出来可以设计成什么东西进行探讨,还会给出建议,我会慎重考虑他们的建议来作出购买的决定。"

对于部分顾客来说,新产品不止意味着陌生感,还包括由陌生导致的安全感的缺失会使他们在直播前或参与直播时产生不安和犹豫的情绪。通过参与电商直播,顾客不仅可以了解产品的信息,还能缓解自身后续可能出现的负面情绪,如 FT31 和 FT36 在谈及参与电商直播的积极作用时提到,"……降低了我在购物前对于可能买到不满意商品或者后期需要退货会比较麻烦的担心程度"(FT31),"降低了购买决策时的不确定性"(FT36)。此外,顾客参与电商直播活动可以帮助其在一定程度上减少购物失败的可能性。FT12 说,"在打算购买某个产品之前,通过观看直播,我就能更深入地去了解这个产品的属性,主播还可以根据我的要求进一步展示细节,从而降低购买的失误率"。FT8 说,"……如果是服饰的话,主播还可以帮我试穿一下;如果是食品,主播也可以帮我试吃一下,然后再把他的感受告诉我们,这样就好像我自己真的去体验过似的"。FT17 表示,"他人的经验能让我避免入坑,减少因不满意造成的不愉快"。

随着电商直播平台的不断发展,其平台布局、功能设置也越来越便捷,更具有美学性,所提供的产品也越来越丰富,这使得顾客在参与电商直播活动时会更容易获得愉悦感和新鲜感。正如 FT12 和 FT16 所说的,电商直播是人们闲来无事、打发时间的一种消遣娱乐的方式,观看有趣的电商直播、参与好玩的互动活动、欣赏全面的产品展示等,在一定程度上使顾客参与电商直播的过程变成了一个享受的过程。FT9 印象最为深刻的一次电商直播是"在某知名主播的直播间里,他和嘉宾一起直播,他俩在整个直播过程当中各种搞怪、搞笑,非常有趣,吸引了很多顾客去观看"。FT8 也表示"以前某知名主播和他小助理的合作也挺有默契的,他俩的互动很有意思"。FT13 谈到"看直播就是一个看热闹的过程,虽然买的永远没有看的人多。但是感觉还挺有趣的,有时候也确实能缓解压力。看着商品几秒钟被卖空,看着别人买,我自己也得到了满足"。还有相当一部分受访者被直播间的氛围所感染,如 FT23 说"有的主播比较有趣,直播间的氛围挺好的,让人感觉非常开心";FT9表示,"直播真的非常吸引我,让我觉得很开心,比如说某知名主播的直播就会让我觉得很开心";FT2说"(电商直播)会让我产生愉悦感";FT3说"(电商直播)会让我感觉比较轻松、愉快";FT19说"(电商直播)能让我心情变好"。FT9还喜欢阅读其他顾客的评论分享,从中获得美好的体验:"看别人的评论也是一种不错的体验,会让我感到非常快乐或者放松。"FT7提到:"有时候看直播间里的弹幕评论也是一种乐趣。大主播的直播间里会有很多比较好笑的评论。"

社会助长理论对于研究电商直播活动的社会价值有着较大的参考意义。电商直播突破了地理空间的限制,使得顾客可以根据当下的心情和需求随时去观看直播。在直播间里,顾客的情感需求和陪伴体验因主播的实时互动和整场陪伴得到满足,顾客与主播之间逐渐搭建起心灵的桥梁,形成情感的共同体。直播现场带来的临场体验,以及实时更新的弹幕、评论都是一种社会存在,具有一定的社会性。这种社会存在和群体决策对顾客产生刺激之后,会对其后续行为和表现产生影响(陈瑞等,2020)。正如Sommer等(1992)所说,社会促进顾客的购物行为,当有群体在场时,人们购买的商品会更多,待的时间也更久。顾客在直播间的参与行为在很高程度上受到其他在场顾客的影响,这是一种无形中的互动。理论研究表明,他人的临场本身具有社会唤醒作用,有可能通过改变顾客的心理、情感状态,影响其参与行为和消费行为。在直播间内,成千上万顾客的同时在线,屏幕上显示"×××等8人正在去买"的同时,主播也在卖力地吆喝"还有最后三分钟,没有买到的宝宝们抓紧时间下单了。时间一到,我们就恢复原价!"等刺激性的话语,推动万人大团购的直播购物氛围达到高潮,使得许多原本没有参与或购买意愿的顾客也纷纷加入该行列。除此之外,一些顾客通过参与电商直播,与身边的朋友有了更多的沟通交流的话题和机会。FT20说"……让我与身边同样观看电商直播的朋友有了更多的交流内容",FT4说"我在跟朋友分享完之后,就有了更多的共同话题",FT5说"现在因为工作、学习忙,跟有些朋友也长时间不联系了,如果遇到一款比较好的产品,我就会给她发消息,再顺便聊一下,也能够增进一下感情"。而且,顾客之间的互动能为具有相同偏好和需求的人的相互交流提供机会，也能在一定程度上满足他们的社交需求。FT14 在这方面有较深的体会："玩蜜蜡的人会有一个圈子，而且这些人每次有直播时都会来，然后大家聊着聊着就熟悉了，之后就会一起探讨产品，也是蛮有趣的。"

二、其他价值的诱发

服务主导逻辑认为顾客参与电商直播是一种价值共创行为，会涉及许多行动者，而在此过程中，各方行动者又会将各自的资源投入其中，顾客在整合各方资源的基础上，通过对资源的使用、转化、体验等获取使用价值。因此，电商直播顾客参与行为的价值生成直接体现为顾客所获得的直接价值——感知价值，与此同时，参与其中的各方行动者也能获得价值，只不过大多是间接价值。

首先，就电商直播平台而言，在顾客参与电商直播的过程中获取了大量的顾客数据。同时，顾客通过反馈、评价、分享等互动行为在电商直播平台上或者其他社交平台上又留下了丰富的顾客内容。这就为电商直播平台在这个"数据为王""内容为王"的时代赢得了一定的竞争优势，有助于提高顾客的忠诚度。FT15 谈到"我比较喜欢分享，分享得多了，也能为直播平台带来一定的流量"。

对于主播、平台员工来说，与之进行积极互动的顾客，往往具有较高的涉入度，能够为其工作提供支持。一方面，顾客通过交流互动可以将自身需求传递给主播或平台员工，于是，主播或平台员工就可以根据顾客反馈的信息为其提供更有针对性的服务，不仅提高了工作效率，而且在下次选品时也有了更多层次顾客需求的参考；另一方面，顾客的沟通反馈行为又可以帮助员工发现服务中存在的问题，提高其服务水平和工作幸福感。例如，FT12 提到："对于主播展示不够好、不够详细的地方，我会给主播留言或提建议。他们看到我的反馈之后，就会去改进。有的主播非常啰唆，但展示又不够详细。我还会反馈一些关于他们系统的问题，比如说抖音有时上架不够准时，还有一些操作性的问题,只要我反馈给他们,他们就会马上改进。我觉得我的意见和建议促进了他们服务的优化,对他们是有帮助的。"

对于品牌商家来说,直播营销具有市场调研的功能。通常,新产品在上市前以及上市初期,都会通过市场调研充分了解顾客的需求与购买意愿,获取顾客对产品的最新反馈,据此进行产品的调整。直播正是市场调研的一种有效途径,它通过即时的受众反馈,帮助品牌商家迅速了解市场需求。因此,越来越多的品牌将直播间作为其新品首发渠道,比如青岛啤酒"1903 国潮罐"在汪涵直播间首发亮相,小米 12 携手某知名主播的直播间首发。这其实也是一个市场调研的过程,品牌商家借助直播方式观察顾客的反应,以此分析哪款商品更受欢迎,并从直播的实时反馈和顾客评价中,获得更多有价值的市场信息,这样不仅反馈速度快,节省了时间,使得新产品能契合更多顾客的需求,还在某些方面刺激了顾客的消费。而且,一场直播能调研许多不同的商品,在丰富调研品类的同时,能帮助品牌商家觉察顾客对各个商品的感兴趣程度,以及当下不同年龄段的需求,更加精准地洞悉直播间顾客的参与行为和消费偏好,以便更好地开展产品售卖与推广(陈瑞 等,2020),为顾客提供与其需求契合度更高的产品项目。此外,品牌商家在直播过程中通过与顾客的沟通和互动所建立起来的良好关系也能使顾客获得更好的体验,从而更多地消费,并主动为品牌进行口碑宣传。FT15 认为:"直播会带来流量,提高知名度。虽然说恒安知名度已经挺高的,但直播对于该品牌来说还是会有一定程度的影响。因为直播时比平时的优惠力度大,所以会带动更多的销量、客流量和客单量。而且,直播扭转了企业平时很难直接接触顾客的局面,使企业能够第一时间听到顾客的心声,了解他们的使用感受,然后根据顾客反馈的问题去做相应的调整。"FT2 则表示"如果我给朋友推荐的直播间商品,朋友使用后也觉得很好,我对相应品牌的忠诚度就会更高"。

对于其他顾客来说,电商直播过程中产生的评论、建议等也能为其消费决策提供重要参考。例如,FT12 表示:"我很容易受别人评论的影响。本来不打算买的商品,但如果别人都在夸,我就会忍不住去买。"

综上,通过对电商直播顾客访谈资料的质性研究,本书从电商直播顾客参与行为的表现形式、操作性资源、行为过程和价值生成等几个方面解读了电商直播顾客的参与行为，如图 3-4 所示。

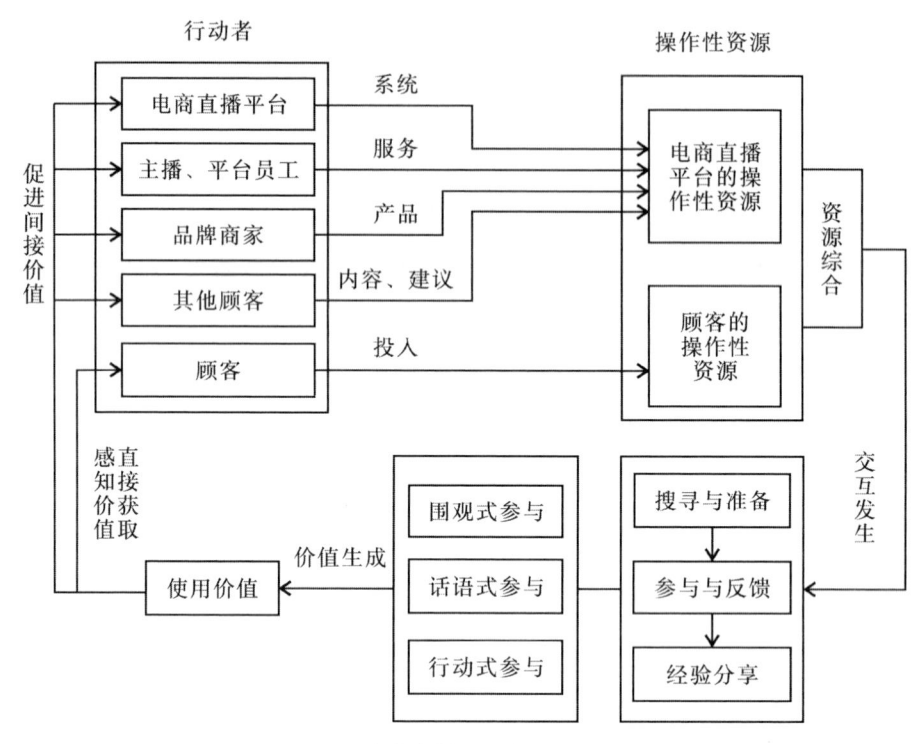

图 3-4　电商直播顾客参与行为解读

第六节　本章小结

本章结合电商直播顾客访谈资料的文本分析，运用服务主导逻辑和价值共创思想的相关观点，通过质性研究，对电商直播顾客参与行为进行探讨。首先，通过扎根理论研究，对电商直播顾客参与行为的表现形式进行了深入研究，得出电商直播顾客参与行为的三种不同类型。其次，从电商直播平台和顾客两个层面识别电商直播顾客参与行为中所能运用的操作性资源。再次，分析顾客参与电商直播的过程，将顾客参与电商直播的过程分为搜索与准备、参与与反馈以及经验分享三个阶段。最后，总结电商直播顾客参与行为生成的价值，将其分为直接价值和间接价值。其中：直接价值主要指顾客感知价值，具体包括实用价值、娱乐价值以及社会价值的感知等；间接价值指作为顾客互动对象的电商直播平台、主播、平台员工、品牌商家和其他顾客获得的间接价值，如平台获得大量的顾客数据和丰富的顾客内容，主播和平台员工获得工作上的支持，品牌商家了解市场需求和获得顾客信息，其他顾客获得决策建议和参考信息，等等。

第四章 电商直播顾客参与行为量表开发

从顾客参与行为出发，放眼更广义的消费领域，虽然已有学者在广义的消费领域探索过顾客参与行为的维度（Claycomb et al.，2001；Hollebeek et al.，2014；Kumar and Pansari，2016；Harrigan et al.，2017；Samala et al.，2019；Mkumbo et al.，2020；Wongsansukcharoen，2022），但顾客参与行为发生在一定的场景中，对情境依赖性很高（范秀成 等，2012），因此，十分有必要针对顾客参与行为的不同场景开发出更具适用性的测量量表。然而，现有电商直播研究很少对顾客参与行为的内涵和维度结构进行探讨，少数关于电商直播顾客参与行为的研究中，也只把电商直播顾客参与行为作为一个单维度概念（Bründl et al.，2017；成也、王锐，2017；Papaqiannidis et al.，2017；Wongkitrungrueng and Assarut，2020；魏华 等，2021），并没有进行具体的维度划分，再加上电商直播顾客参与行为的量表开发仍处于空白状态，难以满足深入研究电商直播顾客参与行为的需要。事实上，对于电商直播顾客参与行为的研究最重要的是探索和发现其内在维度，这样才能抓住其精髓，进行更加准确和有意义的分析。为了更深入地了解电商直播顾客的参与行为，为后续研究打下基础，本书将遵循科学、严谨的步骤开发电商直播顾客参与行为的测量量表。

第一节　量表开发流程

本书基于六个阶段的过程进行电商直播顾客参与行为的量表开发。阶段一为定性研究过程,主要是访谈。此阶段的主要目标是从经常参与电商直播的顾客的访谈记录中提取电商直播顾客参与行为的经典语句,用于后续的题项库生成以及量表开发;阶段二同样为定性研究过程,主要是结合专家意见,修改、删减和增加阶段一提取的经典语句,形成初始题项库;阶段三为定量研究过程,基于阶段二形成的初始题项库产生前测量表,然后开展预调查,通过前测对本研究所开发的前测量表进行纯化,经探索性因子分析后,得到初始量表;阶段四同样为定量分析过程,基于大样本的问卷调查数据对初始量表进行共同方法偏差检验、信效度分析、电商直播顾客参与行为结构维度的假设检验和竞争模型比较分析等方面的检验,确定最终量表;阶段五引入直播服务质量、顾客能力、社会临场感、自我效能感等成熟变量(详见第五章),检验量表的预测效度和稳定性,同时验证直播服务质量、顾客能力与电商直播顾客参与行为间的影响关系;阶段六引入顾客感知价值、顾客忠诚等成熟变量(详见第六章),再次检验量表的预测效度和稳定性,并验证电商直播顾客参与行为对顾客感知价值和顾客忠诚的作用机制。

根据上一章对经常参与电商直播的38位顾客的访谈记录,笔者从1597条、共计近12.5万字的访谈记录中提取出大量包含顾客参与要素的经典语句,访谈文本中出现的经典语句见附录1。接着,对提取的经典语句进行合并整理以及修改删减,初步提取出24个题项,形成了待修订的题项库,如表4-1所示。

表 4-1　根据访谈记录形成的题项库

变量	编号	相关题项
围观式参与	YCY1	对不经意刷到的电商直播,我看的时间比较短
	YCY2	我观看直播的时间会受到互动活动的影响
	YCY3	我会因为喜欢某些主播或直播的商品而关注一些主播或者直播间
	YCY4	我会因为想参与直播间的互动活动而关注一些主播或者直播间
	YCY5	我会关注其他顾客发的弹幕,并受其影响
话语式参与	YCY6	我会与主播进行交流,咨询一些关于商品方面的问题,甚至要求主播展示商品
	YCY7	我会通过电商直播间的弹幕对直播的商品进行评价
	YCY8	有时我会在直播间里围绕直播的产品与其他顾客进行交流
	YCY9	在直播间里,对于其他顾客用弹幕问的关于产品的问题,如果我了解的话,会去回答
	YCY10	我会在微信朋友圈、微博上发一些关于电商直播的帖子
	YCY11	我平时在与朋友、同学聊天时,有时也会聊到直播或者直播的商品
	YCY12	我会积极反馈直播或主播存在的不足,帮助他们改进
	YCY13	我会对直播间销售的商品提出建设性的意见
行动式参与	YCY14	我会参与"秒杀"活动,甚至会为了参与"秒杀"活动而发弹幕、转发直播间等
	YCY15	如果对直播间的某样商品感兴趣,我会收藏该商品
	YCY16	我会努力获取直播间里发放的优惠券或红包,甚至愿意为此参与互动活动
	YCY17	我会把直播间或直播间里好的商品分享给同学或朋友
	YCY18	我会因为喜欢某个主播而在直播间里为其"点赞"
	YCY19	我会因为想参与直播间里的互动活动而"点赞"
	YCY20	我会不自觉地或者出于从众心理去"点赞"
	YCY21	在直播间里中奖,我感觉非常惊喜
	YCY22	我会参与抽奖活动,甚至会为了参与抽奖活动而发弹幕、转发直播间等
	YCY23	我有给主播送礼物,或者有看到其他顾客给主播送礼物
	YCY24	我会约朋友一起看感兴趣的直播

第二节 专家意见与量表修正

在正式进行量化研究之前,为保证题项的表面效度,本研究邀请了8位未参与访谈环节的专家学者和6位电商直播参与经验丰富的顾客作为专家评估上述24个题项。其中,8位专家学者的专业背景主要是市场营销。笔者在向专家们详细解释了本研究的主题和目的,以及"电商直播顾客行为"的概念和内涵之后,采用面对面或网络沟通的方式来收集专家意见。

本研究根据专家的意见,不仅删除了5个题项,还修正了10个题项。"YCY2 我观看直播的时间会受到互动活动的影响"、"YCY19 我会因为想参与直播间里的互动活动而'点赞'"和"YCY20 我会不自觉地或者出于从众心理去'点赞'"这三个题项不是在测试行为,而是在测试影响因素,因此予以删除;题项"YCY12 我会积极反馈直播或主播存在的不足,帮助他们改进"和"YCY13 我会对直播间销售的商品提出建设性的意见"的测试内容相似,故删除题项YCY13;题项"YCY21 在直播间里中奖,我感觉非常惊喜"主要是测试顾客的心理,而不是参与行为,故删除。删除的题项汇总见表4-2。

表 4-2　删除的题项

题项
YCY2 我观看直播的时间会受到互动活动的影响
YCY13 我会对直播间销售的商品提出建设性的意见
YCY19 我会因为想参与直播间里的互动活动而"点赞"
YCY20 我会不自觉地或者出于从众心理去"点赞"
YCY21 在直播间里中奖,我感觉非常惊喜

专家意见显示,有10个题项存在语义不清、题项太长、侧重测量影响顾客电商直播参与行为的因素而不是行为本身等不同的问题。本研究采纳专

家的意见,将其调整为12个题项,具体如表4-3所示。

表 4-3　修改的题项

修改前	修改后
YCY3 我会因为喜欢某些主播或直播的商品而关注一些主播或者直播间	CY1 我会关注一些主播
YCY4 我会因为想参与直播间的互动活动而关注一些主播或者直播间	CY2 我会关注一些直播间
YCY5 我会关注其他顾客发的弹幕,并受其影响	CY3 我会关注其他顾客发的弹幕的内容
YCY9 在直播间里,对于其他顾客用弹幕问的关于产品的问题,如果我了解的话,会去回答	CY9 我若了解其他顾客在直播间里用弹幕问的问题,会去回答
YCY14 我会参与"秒杀"活动,甚至会为了参与"秒杀"活动而发弹幕、转发直播间等	CY13 我会参与"秒杀"活动
YCY16 我会努力获取直播间里发放的优惠券或红包,甚至愿意为此参与互动活动	CY15 我会努力获取直播间里发放的优惠券或红包
YCY17 我会把直播间或直播间里好的商品分享给同学或朋友	CY16 我会把直播间分享给同学或朋友
	CY17 我会把直播间里好的商品分享给同学或朋友
YCY18 我会因为喜欢某个主播而在直播间里为其"点赞"	CY18 我会在直播间"点赞"
YCY22 我会参与抽奖活动,甚至会为了参与抽奖活动而发弹幕、转发直播间等	CY19 我会参与直播间里的抽奖活动
YCY23 我有给主播送礼物,或者有看到其他顾客给主播送礼物	CY20 我有给主播送礼物
	CY21 我有看到其他顾客给主播送礼物

在根据专家的意见进行修正之后,本研究得到了一个包含22个题项的电商直播顾客参与行为前测量表,用于实证阶段的量表提纯,如表4-4所示。

表 4-4　前测量表

编号	题项
CY1	我会关注一些主播
CY2	我会关注一些直播间

续表

编号	题项
CY3	我会关注其他顾客发的弹幕的内容
CY4	我会要求主播展示商品
CY5	我会向主播咨询一些关于商品方面的问题
CY6	我会积极反馈直播或主播存在的不足,帮助他们改进
CY7	我会在直播间对直播的商品进行评价
CY8	我会在直播间里围绕直播的产品与其他顾客进行交流
CY9	我若了解其他顾客在直播间里用弹幕问的问题,会去回答
CY10	我会在微信朋友圈、微博上发一些关于电商直播的帖子
CY11	我平时在与朋友、同学聊天时会聊到直播或者直播的商品
CY12	对不经意刷到的电商直播,我看的时间比较短
CY13	我会参与"秒杀"活动
CY14	如果对直播间的某样商品感兴趣,我会收藏该商品
CY15	我会努力获取直播间里发放的优惠券或红包
CY16	我会把直播间分享给同学或朋友
CY17	我会把直播间里好的商品分享给同学或朋友
CY18	我会在直播间"点赞"
CY19	我会参与直播间里的抽奖活动
CY20	我有给主播送过礼物
CY21	我有看到其他顾客给主播送礼物
CY22	我会约朋友一起看感兴趣的直播

第三节　预调查与量表提纯

根据 Churchill(1979)提出的量表开发步骤,在获得前测量表题项后,应使用量化方法对量表进行进一步提纯,然后再使用纯化后的量表进行结构分析。

本研究根据阶段一和阶段二开发的前测量表编制了阶段三的预调查问卷,问卷主要分为三个部分。其中:第一部分的问题是关于参与电商直播的基本情况,如"您是否观看过电商直播(含淘宝直播、抖音直播、快手小店、拼多多直播、京东直播等)?""您最近一次观看电商直播是多久之前?"等;第二部分为前测量表的 22 个题项,采用 Likert 7 级量表来进行测量,其中,"1"表示完全不同意,"2"表示不同意,"3"表示基本不同意,"4"表示说不清,"5"表示基本同意,"6"表示同意,"7"表示完全同意;第三部分为人口统计特征调查,主要包括调查对象的年龄、性别、受教育程度、职业和所在城市。本次预调查的数据通过"问卷星"来进行收集,使用电子问卷的形式,问卷发放时间为 2021 年 2 月 28 日—3 月 12 日。预调查共发放 251 份问卷,剔除 24 份无效问卷后,得到 227 份有效问卷。

一、数据分布的基本情况

首先,在量化分析预调查数据之前,有必要检验其正态分布情况,以检查预调查收回的数据是否存在分布上的偏差,从而确保量化分析的可靠性。根据黄芳铭(2005)的观点,评估数据的正态性可以将题项数据的偏度和峰度作为指标。当偏度绝对值小于 3、峰度绝对值小于 10 时,样本数据基本呈正态分布。预调查数据的分析结果(见表 4-5)表明,各个题项的峰度和偏度均未出现过大的数值,各题项的数据分布基本符合正态分布,适合进行后续的量化分析。此外,可以看到所有题项的得分均在1~7的区间内,标准差在1~2间上下波动。

表 4-5 预调查题项的正态分布情况

题项	最小值	最大值	均值	标准差	偏度	峰度
CY1	1	7	5.26	1.504	−0.971	0.829
CY2	1	7	5.36	1.491	−0.912	0.600
CY3	1	7	5.53	1.393	−0.956	0.639
CY4	1	7	4.75	1.863	−0.759	−0.423
CY5	1	7	4.96	1.852	−0.744	−0.455
CY6	1	7	4.91	1.696	−0.750	−0.157
CY7	1	7	4.75	1.846	−0.684	−0.470
CY8	1	7	4.81	1.709	−0.663	−0.430
CY9	1	7	4.85	1.864	−0.769	−0.408
CY10	1	7	4.74	1.766	−0.622	−0.484
CY11	1	7	4.71	1.584	−0.483	−0.101
CY12	1	7	5.30	1.340	−0.581	0.025
CY13	1	7	5.26	1.467	−0.526	−0.442
CY14	1	7	5.23	1.399	−0.944	0.812
CY15	1	7	5.39	1.491	−0.784	0.281
CY16	1	7	4.19	1.592	−0.255	−0.328
CY17	1	7	4.33	1.599	−0.375	−0.367
CY18	1	7	5.25	1.357	−0.714	0.496
CY19	1	7	5.37	1.550	−0.823	0.134
CY20	1	7	2.97	1.782	0.404	−0.872
CY21	1	7	4.62	1.677	−0.392	−0.402
CY22	1	7	5.24	1.562	−0.767	0.206

二、CITC 纯化

信度检验主要用于检验量表数据的一致性或可靠性，可以使用 Cronbach's α 系数进行测度。一般来说，量表数据越一致，就越可信。根据 Hair 等（2012）的测量标准，Cronbach's α 系数在 0.7～0.9 之间，则表明量表信度可以接受；若 Cronbach's α 系数小于 0.5，则表明量表存在较大问题。本研究预调查数据的检验结果表明，该前测量表的 Cronbach's α 系数为 0.828，说明前测量表的信度非常好，测量结果非常可靠。

根据每个题项的项目—总体修正系数（CITC 系数）和删除单个题项后量表整体的 Cronbach's α 系数来进行纯化的标准，是当 CITC 系数小于 0.3 或者删除单个题项后量表整体 Cronbach's α 系数反而上升 0.1 及以上时，则删除该题项。本研究前测量表各题项的 CITC 系数和删除单个题项后量表整体的 Cronbach's α 系数如表 4-6 所示。

表 4-6　预调查的信度分析

题项	CITC 系数	删除单个题项后量表整体 Cronbach's α 系数
CY1	0.407	0.820
CY2	0.385	0.821
CY3	0.304	0.824
CY4	0.609	0.809
CY5	0.585	0.811
CY6	0.596	0.810
CY7	0.674	0.807
CY8	0.660	0.807
CY9	0.612	0.810
CY10	0.601	0.811
CY11	0.647	0.808
CY12	0.073	0.833

续表

题项	CITC 系数	删除单个题项后量表整体 Cronbach's α 系数
CY13	0.449	0.819
CY14	0.447	0.819
CY15	0.350	0.822
CY16	0.007	0.837
CY17	0.073	0.834
CY18	0.307	0.824
CY19	0.367	0.822
CY20	−0.064	0.842
CY21	0.017	0.838
CY22	0.342	0.823

根据表 4-6 的结果，CY12、CY16、CY17、CY20 和 CY21 这 5 个题项的 CITC 系数低于 0.3，且删除单个题项后量表整体 Cronbach's α 系数反而上升 0.1 以上，故予以删除。在第一步的纯化之后，前测量表被精简到 17 个题项。

三、探索性因子分析

为了进一步精炼前测量表的题项，本研究采用主成分分析法与最大方差正交旋转法来进行探索性因子分析。在因子分析前，需要对量表进行 KMO 检验与 Bartlett 球形检验，以判断量表是否适合进行因子分析。根据 Steiger(1990)提出的标准，一般来说，KMO 越趋向于 1，说明变量间的相关性越强，越适合做因子分析。本研究通过 SPSS 26.0 统计分析软件对 CITC 纯化后的前测量表进行了 KMO 检验与 Bartlett 球形检验，结果如表 4-7 所示。分析结果显示，近似卡方值为 1999.025，对应的显著性水平为 0.000，自由度为 136，KMO 值为 0.903(接近 1)，说明变量间的相关性极强，适合做因子分析，该量表的效度结构良好。

表 4-7　KMO 检验与 Bartlett 球形检验

KMO 取样适切性量数		0.903
巴特利特球形度检验	近似卡方	1999.025
	自由度	136
	显著性	0.000

对于因子分析,主要运用主成分分析法提取公因子,以特征值大于或等于 1 作为抽取因子的原则,采用斜交旋转法进行因子旋转。如表 4-8 所示,经因子旋转后,量表中的 17 个题项共抽取出 3 个因子,累积解释方差高达 63.455%,表明该量表的效度良好,解释能力较好;单因子方差的贡献小于 40%,说明可以排除同源偏差的情况。

表 4-8　预调查主成分分析检验结果

因子	特征根	解释方差%	累积解释方差%
1	5.443	34.020	32.075
2	2.984	18.653	52.269
3	1.903	11.896	63.455

预调查主成分分析因子载荷情况如表 4-9 所示。由表 4-9 可知,经过主成分分析之后,17 个题项被归为 3 类因子。由旋转后的因子矩阵表可知,每个题项的负荷均高于 0.50,且不存在双重因子负荷均高的情况,每个维度下的题项均按照理论分布聚合到一起,说明前测量表的内容效度较好。

表 4-9　预调查主成分分析因子载荷情况

题号	题项	成分 1	成分 2	成分 3
CY1	我会关注一些主播	0.736	0.152	0.235
CY2	我会关注一些直播间	0.727	0.104	0.247
CY3	我会关注其他顾客发的弹幕的内容	0.756	0.042	0.169
CY4	我会要求主播展示商品	−0.060	0.801	0.100
CY5	我会向主播咨询一些关于商品方面的问题	−0.029	0.844	0.089

续表

题号	题项	成分 1	成分 2	成分 3
CY6	我会积极反馈直播或主播存在的不足,帮助他们改进	0.182	0.813	0.086
CY7	我会在直播间对直播的商品进行评价	0.065	0.771	0.088
CY8	我会在直播间里围绕直播的产品与其他顾客进行交流	0.085	0.853	0.052
CY9	我若了解其他顾客在直播间里用弹幕问的问题,会去回答	0.113	0.839	0.050
CY10	我会在微信朋友圈、微博上发一些关于电商直播的帖子	0.063	0.847	0.033
CY11	我平时在与朋友、同学聊天时会聊到直播或者直播的商品	0.153	0.777	0.075
CY13	我会参与"秒杀"活动	0.081	0.039	0.702
CY14	如果对直播间的某样商品感兴趣,我会收藏该商品	0.140	0.115	0.812
CY15	我会努力获取直播间里发放的优惠券或红包	0.254	0.016	0.718
CY18	我会在直播间"点赞"	0.148	0.190	0.703
CY19	我会参与直播间里的抽奖活动	0.050	0.049	0.776
CY22	我会约朋友一起看感兴趣的直播	0.235	0.028	0.693

提取方法:主成分分析法。
旋转方法:凯撒正态化最大方差法。
a. 旋转在 5 次迭代后已收敛。

经过专家意见和预调查的量表提纯后,本研究得到了如表 4-10 所示的电商直播顾客参与行为初始量表。该量表共包含 17 个题项,并且存在 3 个因子的潜在维度结构。

表 4-10　电商直播顾客参与行为初始量表

维　度	编号	题　项
围观式参与	CP1	我会关注一些主播
	CP2	我会关注一些直播间
	CP3	我会关注其他顾客发的弹幕的内容
话语式参与	CP4	我会要求主播展示商品
	CP5	我会向主播咨询一些关于商品方面的问题
	CP6	我会积极反馈直播或主播存在的不足,帮助他们改进
	CP7	我会在直播间对直播的商品进行评价
	CP8	我会在直播间里围绕直播的产品与其他顾客进行交流
	CP9	我若了解其他顾客在直播间里用弹幕问的问题,会去回答
	CP10	我会在微信朋友圈、微博上发一些关于电商直播的帖子
	CP11	我平时在与朋友、同学聊天时会聊到直播或者直播的商品
行动式参与	CP12	我会参与"秒杀"活动
	CP13	如果对直播间的某样商品感兴趣,我会收藏该商品
	CP14	我会努力获取直播间里发放的优惠券或红包
	CP15	我会在直播间"点赞"
	CP16	我会参与直播间里的抽奖活动
	CP17	我会约朋友一起看感兴趣的直播

第四节　正式调查与数据分析

一、样本基本情况

量表开发的正式调查以电子问卷的形式通过"问卷星"来进行。该问卷仍采取 Likert 7 级量表的形式设计。问卷于 2021 年 3 月 25 日—4 月 22 日发放,共发放问卷 831 份。通过在问卷的第一题设置"您是否观看过电商直播(含淘宝直播、抖音直播、快手小店、拼多多直播、京东直播等)?"这一筛选题来剔除未看过电商直播的调查对象后,共计回收样本 762 份,回收率为 91.70%。然后,再剔除全部或者大多数连续题项都是某一个相同答案的问卷,或者答题时间非常短的问卷之后,最终得到有效问卷 716 份。

正式调查收集到的样本的基本情况如表 4-11 所示。调查对象的年龄集中在 18～35 岁之间,这与观看电商直播的人多为年轻人有关;性别分布方面,男女有一定的差距,男性样本占比为 41.2%,女性样本占比为 58.8%;从调查对象的月收入来看,主要分布在"4000～5999 元"和"6000～7999 元"两个区间。此外,绝大多数调查对象具有本科文化程度,观看电商直播的频率为每个月 1 次及以上。

表 4-11 量表开发正式调查样本情况

基本特征	分 类	样本数量/个	百分比/%
性别	男	295	41.2
	女	421	58.8
受教育程度	初中及以下	36	5.0
	高中/中专	93	13.0
	专科	231	32.3
	本科	296	41.3
	硕士研究生及以上	60	8.4
年龄	18 岁以下	3	0.4
	18～24 岁	187	26.1
	25～30 岁	201	28.1
	31～35 岁	194	27.1
	36～40 岁	109	15.2
	41～50 岁	20	2.8
	50 岁以上	2	0.3

续表

基本特征	分类	样本数量/个	百分比/%
月收入	2000 元以下	49	6.8
	2000～3999 元	93	13.0
	4000～5999 元	280	39.1
	6000～7999 元	163	22.8
	8000～9999 元	69	9.6
	10000 元以上	62	8.7
观看频率	每天都看	222	31.0
	每周 1～6 次	225	31.4
	每月 1～3 次	193	27.0
	每月少于 1 次	76	10.6

在后续数据分析开始之前,仍然有必要检验数据的分布情况,以确保数据分析结果的可靠性。量表开发正式调研数据分布情况(见表 4-12)显示,各题项的偏度值和峰度值均没有出现较大的绝对值,这说明样本的数据分布基本符合正态分布的特征,适合进行后续的数据分析。此外,各题项的均值保持在 4.9～5.6 之间,标准差均为 1～2 之间,与前测量表基本一致。

表 4-12 量表开发正式调研数据正态分布情况

题项	最小值	最大值	均值	标准差	偏度	峰度
CP1	1	7	5.34	1.518	−0.998	0.683
CP2	1	7	5.48	1.506	−1.109	0.826
CP3	1	7	5.55	1.461	−1.250	1.358
CP4	1	7	5.10	1.679	−0.950	0.255
CP5	1	7	5.12	1.715	−0.889	0.027
CP6	1	7	5.17	1.655	−0.942	0.277
CP7	1	7	5.12	1.636	−0.947	0.382
CP8	1	7	5.14	1.604	−0.937	0.316
CP9	1	7	5.16	1.742	−1.007	0.213

续表

题项	最小值	最大值	均值	标准差	偏度	峰度
CP10	1	7	4.96	1.760	−0.813	−0.198
CP11	1	7	5.01	1.636	−0.763	0.094
CP12	1	7	5.35	1.510	−0.802	0.034
CP13	1	7	5.33	1.486	−1.037	0.857
CP14	1	7	5.41	1.507	−0.924	0.429
CP15	1	7	5.27	1.461	−0.806	0.274
CP16	1	7	5.38	1.539	−0.879	0.247
CP17	1	7	5.29	1.547	−0.923	0.400

为了后续探索性因子分析和验证性因子分析的进行，本研究使用 SPSS 26.0 软件的随机抽取案例的功能对正式调查的 716 份样本进行了拆半处理。处理后得到两个子样本，其中子样本 1 和子样本 2 分别包含了 358 个样本。参考 Zhao 等（2011）的思路，后续分析中，子样本 1 用于探索性因子分析，子样本 2 用于验证性因子分析。

二、共同方法偏差检验

共同方法偏差，究其本质，是自变量与因变量间人为的共变，而导致共变的原因有很多，如受调查者本身、调查环境、问题语境等（周浩、龙立荣，2017），故受到 Podsakoff 等（2003）等行为学学者的关注。由于本研究量表开发时发放的每份问卷均由各调查对象单独完成，存在所有问题的回答趋于相同答案的可能性（如均表示赞同或均表示不赞同）（Lings and Greenley，2005），这就可能导致数据存在共同方法偏差的问题。

为避免共同方法偏差可能产生的影响，本研究在收集问卷的过程中采取了对应措施来尽量避免这一问题。根据 Podsakoff 等（2003）的建议，本研究在发放问卷时，不仅向调查对象强调了研究的保密性，还强调了所有问题不存在正确与否的选项,请他们按照自己的实际情况和真实想法进行作答。

为了分析共同方法偏差对本研究的影响,本研究参照 Aulakh 和 Gencturk(2000)的做法,借助 SPSS 26.0 软件,采取 Harman 单因素分析法来进行共同方法偏差的检验。分析结果显示,第一个因子只解释了 35.741% 的变异,并不存在单一因子解释力特别大的情况。由此可知,共同方法偏差对后续分析的影响较小。

此外,还采用潜在误差变量控制法来检验共同方法偏差,分别构建验证性因素分析模型 M1 和包含方法偏差潜变量的模型 M2。比较模型 M1 和模型 M2 后发现,加入共同方法偏差潜变量后,模型并未得到明显改善: $\Delta RMSEA=0.041$,$\Delta SRMR=0.006$,RMSEA 和 SRMR 变化未超过 0.05;$\Delta CFI=0.059$,$\Delta TLI=0.024$,CFI 和 TLI 变化未超过 0.1。根据朱永明和黄嘉鑫(2021)提出的标准,这一结果表明不存在严重的共同方法偏差。

三、信效度分析

本研究利用内部一致性信度(Cronbach's α 系数)、组成信度(CR)和平均方差抽取量(AVE)三项指标来检验量表的信度。分析结果如表 4-13 所示,三个维度的 Cronbach's α 系数均超过 0.7,CR 均高于 0.7,AVE 均大于 0.5,各项指标均可被接受。可见,电商直播顾客参与行为初始量表的信度与内部一致性较好。

表 4-13　电商直播顾客参与行为初始量表的验证性因子分析结果

因子	测量题项	载荷量因子 λ_i	P	Cronbach's α 值	AVE	CR
围观式参与	CP1	0.817	***	0.850	0.662	0.855
	CP2	0.837	***			
	CP3	0.777	***			

续表

因　子	测量题项	载荷量因子 λ_i	P	Cronbach's a 值	AVE	CR
话语式参与	CP4	0.774	***	0.930	0.619	0.928
	CP5	0.775	***			
	CP6	0.814	***			
	CP7	0.813	***			
	CP8	0.825	***			
	CP9	0.792	***			
	CP10	0.764	***			
	CP11	0.763	***			
行动式参与	CP12	0.769	***	0.907	0.626	0.909
	CP13	0.786	***			
	CP14	0.865	***			
	CP15	0.759	***			
	CP16	0.768	***			
	CP17	0.778	***			

注：*** 表示在 $P<0.001$ 水平上显著，下同。

除了检验初始量表的信度之外，还要检验其效度。效度测量的是内容的有效性，主要用来衡量具体的题项是否能够测量出被测量对象的特征（吴明隆，2000）。效度越高，越能反映出被测量对象的特征。

效度主要包括收敛效度和区分效度。收敛效度反映的是相同因子与其测量题项的相关程度，主要的检验指标为因子载荷量和 CR。因子载荷量越大，表示潜在变量对测量变量的解释能力越强，反之则越弱。一般标准下，要求因子载荷量要大于 0.4 且位于 $P<0.05$ 的显著水平上；严格标准下，要求因子载荷量要大于 0.5 且位于 $P<0.01$ 的显著水平上。一般标准下，要求 CR 大于等于 0.6；严格标准下，要求 CR 大于等于 0.7。本研究采用 AMOS 结构方程检验一阶多因素验证性斜交因子分析模型，检验结果如表 4-13 所示，各测量题项的标准化因子载荷均在 $P<0.001$ 这一较高的显著水平下显著，且载荷值均大于 0.7，符合相应的检验标准，这表明初始量表的各题项与

其相应的因子(或维度)之间具有较强的关联。而且,初始量表各维度的 CR 均高于 0.7。这表明初始量表的组合信度较高。综上所述,该量表收敛效度较高。

区分效度也称判别效度,主要用来衡量区分不同潜在变量的程度,通常根据潜在变量的平均方差抽取量(AVE 值)的平方根、潜在变量间的相关系数等指标来进行检验。当某个潜在变量的 AVE 值的平方根大于该潜在变量与其他潜在变量的相关系数时,说明可以接受该量表的区分效度。由表 4-13 可知,三个因子的 AVE 值均高于 0.5 的临界标准。基于一阶验证性因子的分析结果(见表 4-14)可知,围观式参与、话语式参与、行动式参与三个因子之间的相关系数均小于三个因子的 AVE 平方根,这表明电商直播顾客参与行为初始量表具有较好的区别效度。

表 4-14 电商直播顾客参与行为初始量表各维度相关关系

维　度	相关系数		
	F1	F2	F3
围观式参与	0.814		
话语式参与	0.646***	0.787	
行动式参与	0.733***	0.646***	0.791

经过信效度检验证实,本研究所开发的电商直播顾客参与行为初始量表的信度、效度和拟合度较高。

四、电商直播顾客参与行为结构维度的假设检验

1.探索性因子分析

本研究使用探索性因子分析对包含 17 个题项的电商直播顾客参与行为初始量表的内在结构进行探索。在进行探索性因子分析之前,首先要检验数据的因子分析适用性。检验结果显示,KMO 值为 0.908,Bartlett 球形检验值为 $P<0.001$,这说明数据适合进行因子分析。对于探索性因子分析,本研究采用的是最大方差旋转法。因子分析的结果(见表 4-15)显示,各题

项的共同度都比 0.4 大,各题项的因子载荷都比 0.5 大,且不存在跨载超过 0.45 的题项。由此可见,各题项均达标。

经过探索性因子分析之后,获得了稳定的三维结构,如表 4-15 所示。电商直播顾客参与行为初始量表的 17 个题项均落在提取出的三个公因子内,三个公因子解释了总体变异方差的 59.979%,提取出的三个主成分分别对应围观式参与、话语式参与和行动式参与,与本研究第三章对电商直播顾客参与行为的维度划分一致。而且,各题项在所属因子上的载荷均高于 0.5,不存在跨因子的现象。这说明电商直播顾客参与行为初始量表的结构效度良好。

表 4-15　电商直播顾客参与行为初始量表探索性因子分析结果

题　项	共同度	因子一	因子二	因子三
CP1	0.617	0.751	0.133	0.190
CP2	0.698	0.808	0.094	0.190
CP3	0.572	0.727	0.041	0.205
CP4	0.545	0.046	0.733	0.074
CP5	0.563	−0.033	0.742	0.104
CP6	0.705	0.124	0.821	0.124
CP7	0.602	0.039	0.767	0.113
CP8	0.702	0.092	0.830	0.066
CP9	0.649	0.050	0.799	0.091
CP10	0.671	0.076	0.812	0.075
CP11	0.586	0.132	0.747	0.100
CP12	0.430	0.067	0.045	0.651
CP13	0.615	0.095	0.134	0.763
CP14	0.596	0.149	0.069	0.752
CP15	0.564	0.162	0.086	0.732
CP16	0.595	0.148	0.091	0.754

续表

题项	共同度	因子一	因子二	因子三
CP17	0.487	0.163	0.143	0.664
特征值		4.984	3.303	1.909
因子方差贡献/%		29.320	19.430	11.228
累计方差贡献/%		29.320	48.751	59.979

2.验证性因子分析

为了进一步验证测量量表的模型与实际数据的拟合程度,从而获得更加可靠的电商直播顾客参与行为量表,本研究借助 AMOS 23.0 统计软件,采用子样本 2 的数据对本研究的三因子测量模型进行验证性因子分析,以检验该量表数据的拟合度和信效度。

拟合度检验主要检验测量模型中的变量关系与实际数据反映的变量关系之间的一致性程度,主要的检验指标包括 χ^2/df、GFI、AGFI、NFI、CFI、RMSEA 等。侯杰泰等(2006)对于上述指标提出的具体标准如下:χ^2/df 的值要小于 3;RMSEA 的值小于 0.05 为最优,但不能大于 0.08;GFI、AGFI、NFI 和 CFI 指标值应该在 0.9 以上。本研究三因子测量模型的估计结果(见表4-16)显示,$\chi^2/df=1.658<3$,RMSEA$=0.043<0.08$,其他各指标也均满足评价标准。此结果表明数据与模型的拟合度较好。

表 4-16 电商直播顾客参与行为初始量表验证性因子分析拟合度检验结果

拟合指标	χ^2/df	GFI	AGFI	NFI	CFI	RMSEA
评价标准	<3	>0.9	>0.9	>0.9	>0.9	<0.08
模型	1.658	0.940	0.921	0.954	0.981	0.043

五、竞争模型比较分析

为明确电商直播顾客参与行为的测量模型是否理想,又将因子结构基本模型与因子结构模型 A（将围观式参与、话语式参与、行动式参与合并为一个维度）、因子结构模型 B（围观式参与和话语式参与合并为一个维度，并与行动式参与并列从属于一个共同因子）、因子结构模型 C（话语式参与和行动式参与合并为一个维度，并与围观式参与并列从属于一个共同因子）、因子结构模型 D（围观式参与和行动式参与合并为一个维度，并与话语式参与并列从属于一个共同因子）进行比较。使用 716 个总样本数据的实证分析结果如表 4-17 所示，其中，因子结构基本模型的拟合指数最理想。因此，因子结构基本模型及量表是最终选取的测量模型和量表。

表 4-17 电商直播顾客参与行为测量模型的拟合指数比较

拟合指数	绝对拟合指数				简约拟合指数		增值拟合指数	
	χ^2/df	GFI	RMR	RMSEA	PNFI	PGFI	NFI	CFI
因子结构基本模型	1.844	0.971	0.066	0.031	0.831	0.737	0.974	0.988
因子结构模型 A	21.087	0.602	0.336	0.152	0.609	0.468	0.696	0.705
因子结构模型 B	0.813	0.816	0.236	0.091	0.767	0.664	0.884	0.896
因子结构模型 C	17.219	0.664	0.322	0.137	0.654	0.512	0.754	0.764
因子结构模型 D	4.236	0.930	0.107	0.061	0.815	0.717	0.939	0.953
评价标准	<3.0	>0.90	<0.08	<0.10	>0.50	>0.50	>0.90	>0.90

经过上述四个阶段的分析与验证，本研究构建了一个信效度及拟合度较高、含有三个维度 17 个题项的电商直播顾客参与行为测量量表，其中包括 3 个围观式参与的测量题项、8 个话语式参与的测量题项和 6 个行动式参与的测量题项，并对上述题项进行了二次编码。最终，本研究的正式量表形成，如表 4-18 所示。

表 4-18　电商直播顾客参与行为测量量表

维度	编号	题项
围观式参与	SP1	我会关注一些主播
	SP2	我会关注一些直播间
	SP3	我会关注其他顾客发的弹幕的内容
话语式参与	DP1	我会要求主播展示商品
	DP2	我会向主播咨询一些关于商品方面的问题
	DP3	我会积极反馈直播或主播存在的不足,帮助他们改进
	DP4	我会在直播间对直播的商品进行评价
	DP5	我会在直播间里围绕直播的产品与其他顾客进行交流
	DP6	我若了解其他顾客在直播间里用弹幕问的问题,会去回答
	DP7	我会在微信朋友圈、微博上发一些关于电商直播的帖子
	DP8	我平时在与朋友、同学聊天时会聊到直播或者直播的商品
行动式参与	AP1	我会参与"秒杀"活动
	AP2	如果对直播间的某样商品感兴趣,我会收藏该商品
	AP3	我会努力获取直播间里发放的优惠券或红包
	AP4	我会在直播间"点赞"
	AP5	我会参与直播间里的抽奖活动
	AP6	我会约朋友一起看感兴趣的直播

第五节　实证结果与讨论

鉴于学术界尚未形成成熟的电商直播顾客参与行为的测量量表,本研究开发出包含围观式参与、话语式参与和行动式参与三个维度的电商直播顾客参与行为测量量表。

笔者在梳理相关文献时,发现已有一些学者对网络用户参与行为进行了相关的分类研究(杨正联,2012;李正良、王君予,2016;吴先超、陈修平,2019),如杨正联(2012)通过分析网络公共危机事件中的网民参与行为,提出了围观式参与(讨论点击)、表达式参与(发帖,包括回帖式发帖)和传播式参与(转载)三种最具普遍性质的网络参与行为方式。李正良和王君予(2016)提出,国内大学生对网络公共事件的参与行为,不论处于哪个阶段(引发或展开阶段),都可以分为围观式参与和互动式参与两种类型。[①] 而对于大学生网络政治参与行为,可以分为围观式参与、表达式参与和行动式参与三种类型(吴先超、陈修平,2019)。[②]

从表面上看,本研究与上述研究都是研究个体在网络上的参与行为,甚至在有些维度的表述上还相同或者非常相近,但本研究与上述研究在研究视角上是有本质区别的。上述研究主要从传播学、政治学的视角来看待个体的参与行为,而本研究是从营销学的视角出发,且本研究的顾客参与行为与上述研究中的网络参与行为在个体参与的背景、动机以及产生的影响等各方面都有较大的差异,无法等同或相互取代。因此,本研究对电商直播顾客参与行为测量量表的开发是十分必要的,这不仅是对现有相关研究的推进和深化,将参与行为的研究对象扩展到电商直播这个新兴的行业,弥补现有研究在开发该领域顾客参与行为测量工具上的不足,也为未来电商直播顾客参与行为研究提供了有效的工具,具有重要的理论意义。

第六节 本章小结

本研究基于多阶段过程进行电商直播顾客参与行为的量表开发。本章

---

① 李正良和王君予(2016)认为,围观式参与表现为个体对网络公共事件媒体报道和公众意见的关注;互动式参与表现为个体针对网络公共事件发表意见、网友内部观点互动以及相关信息的再扩散。
② 吴先超和陈修平(2019)认为,围观式参与指对相关事件的浏览、转发行为;表达式参与是指对相关事件发表一些自己的看法或者与他人进行讨论交流;行动式参与是指采取的实际行动,如接触政府机构或其网络平台等。

首先从第三章对经常参与电商直播的 38 位顾客的访谈记录中,提取电商直播顾客参与行为的经典语句;其次,结合专家意见对提取的经典语句进行修改、删减和增加,形成初始题项库;再次,将形成的初始题项库转化为前测量表,进行小样本的预调查,纯化本研究所开发的前测量表,经探索性因子分析后,得到初始量表;最后,基于大样本的问卷调查数据,通过共同方法偏差检验、信效度分析、电商直播顾客参与行为结构维度的假设检验,以及竞争模型比较分析等环节来进行初始量表的检验,最终形成一个包含围观式参与、话语式参与和行动式参与 3 个测量维度、17 个题项、信效度较好的电商直播顾客参与行为测量量表。

第五章 电商直播顾客参与行为影响因素

随着现代信息技术和数字经济的发展,顾客的参与模式与过往不同。从价值共创的视角来看,顾客参与的主导方发生了根本性的转变,顾客则是作为操纵性资源参与与企业的价值共创。通过前文的探讨可知,电商直播顾客参与行为是一个包含围观式参与、话语式参与和行动式参与的多维结构,属于一种价值共创行为。为了回答电商直播平台和顾客各自所拥有的操作性资源对电商直播顾客参与行为会产生什么样的影响这一问题,本研究基于在现有的研究成果中得到的启发,从价值共创的视角出发,对影响电商直播顾客参与行为的因素进行探究。具体来说,本章主要有四个研究内容:一是分析直播服务质量的提升是否对顾客参与电商直播的行为具有促进作用;二是研究顾客能力的高低是否会影响顾客参与电商直播的行为;三是探究直播服务质量是否会通过对社会临场感的影响,进一步对顾客的参与行为产生影响;四是探讨顾客能力是否会在影响自我效能感的基础上进一步影响顾客的参与行为。如今,信息技术和电商直播的发展使得顾客可以通过各种平台(电商平台、短视频平台和社交媒体平台)参与电商直播活动,与电商直播平台、主播、平台员工、品牌商家和其他顾客进行互动,价值也就在这个过程中被共同创造出来。当然,不同的顾客在参与电商直播活动过程中的行为会存在差异。有些顾客可能因直播平台的功能限制,无法参与电商直播活动,而另一些顾客则可能是出于自身的某些原因,没有能力也没有意愿参与其中。由此可见,从价值共创的视角出发来探究哪些因素会影响电商直播顾客参与行为十分必要。

根据服务主导逻辑和价值共创思想,电商直播顾客参与行为是一个整合电商直播平台和顾客这两个主要行动者在电商直播活动中所提供的资源的过程。在电商直播过程中,顾客、电商直播平台、主播、平台员工、品牌商家和其他顾客等行动者均在一定程度上投入了资源来进行价值创造,顾客主要通过电商直播平台参与整合主播、平台员工、品牌商家和其他顾客所提供的资源(服务主导逻辑的前提假设九)。因此,从整体上看,电商直播平台(含主播)和顾客是资源整合过程中操作性资源的主要来源。根据服务主导逻辑的前提假设十的观点,价值由顾客主观决定,这说明只有当顾客参与电商直播过程时,价值才会被创造出来(被顾客所感知)(Prebensen and Rosengren,2016)。然而,这并不意味着电商直播平台的作用就能够被忽略。相反,电商直播平台为顾客通过参与行为与相关各方实现价值共创提供了平台和环境。

目前,尚未见学术界从价值共创的视角来研究影响电商直播顾客参与行为的因素。因此,本研究分别从电商直播平台和顾客两个层面来选取实现价值共创的操作性资源,探索价值共创视角下影响电商直播顾客参与行为的因素。其中:电商直播平台层面提供的操作性资源主要体现在直播服务质量上,本研究主要考虑平台的稳定性、执行能力和服务效率等方面;顾客层面提供的操作性资源主要体现在顾客能力上,本研究主要考虑顾客的知识、沟通能力和创新意识等方面。

选取直播服务质量这一因素的原因在于,从第三章的访谈可知,直播服务质量是顾客参与电商直播活动的基础保障和前提条件,但先前的研究只是关注主播、信息等特征对电商直播活动中顾客行为的影响,极少考虑直播平台,而直播服务质量能较为全面地覆盖顾客与电商直播平台互动的全过程,并且平台的执行能力和服务效率的特征也是从互动的角度出发,能够直接作用于平台的操作性资源上,这正好与价值共创的思想相契合。

选取顾客能力这一因素是考虑到其在影响顾客行为方面的重要性。根据组织行为学的相关研究结论可知,一个人的能力会影响其行为,但每个人的能力又存在差异。先前电商直播的相关研究并未涉及顾客自身特性对其在电商直播活动中行为的影响,故本研究拟突破先前研究的局限性,分析顾客能力与电商直播顾客参与行为的关系。此外,本研究还进一步引入社会临场感和自我效能感两个表征顾客内在状态的构念,用于探讨这两个构念是否在影响因素与顾客参与行为之间发挥中介作用,从而为深入理解顾客参与行为的影响机理提供帮助。通过探究其中的影响机理,一方面,为电商直播平台和品牌商家更好地进行营销提供新的视角和实践参考;另一方面,帮助顾客更好地了解自己,有助于平台和品牌商家引导其在电商直播中的参与行为。

第一节 相关概念界定

一、直播服务质量

回顾顾客关系和行为的研究,服务质量在该领域中一直备受关注,被认为是稳固顾客关系和顾客体验的重要决定因素(Hennig-Thurau et al.,2002;Lemon and Verhoef,2016)。服务质量的概念最早源于认知心理学领域,由Grönroos(1982)提出,该学者认为服务质量是顾客感知到的质量,并积极引导顾客行为领域的研究视角从行为结果转向消费过程,为服务质量管理提供了坚实的理论基础。鉴于新的服务模式与传统服务模式在接触对象和互动模式等方面存在着较大差异,不能将传统领域服务质量的概念直接套用于互联网模式下。于是,继Grönroos等(2000)提出电子服务这一概念之后,Zeithaml等(2000)最先提出了电子服务质量的概念,特指在线购物网站为顾客提供服务的质量。相关研究表明,电子服务质量是顾客对商家服务作出的一个相对整体的评价(Santos,2003;施国洪、施钟贤,2013;Parasuraman et al.,2005),贯穿于购买前后的全过程(Parasuraman et al.,

2005),不仅包括顾客使用时对网站服务质量的感知,也包括网站服务结果(Zeithaml et al.,2000)。此外,Gummerus 等(2004)认为电子服务质量是顾客通过电子渠道产生消费体验,并对交易做出评价的过程。有些学者提出,网络感知服务质量是消费者对某一渠道整体服务质量的主观评价(莫莉莉,2012;查金祥、王立生,2006)。鉴于电商直播是电子商务的衍生发展物,所以,在研究电商直播的服务质量时可以借鉴电子服务质量的相关研究。本研究根据国内外的相关研究,并结合电商直播的特点,认为直播服务质量是指顾客在电商直播环境下感知和体验到的服务质量,是顾客基于个人的期望,对电商直播平台为其所提供的服务的整体评价程度。

二、顾客能力

顾客能力是顾客资源的核心,具有价值性、不可模仿性、稀缺性和延展性的特点。根据资源观的观点,顾客能力是一种具备了竞争价值的战略性资源,是企业获得竞争优势的关键。具体来说,顾客能力包括顾客的知识、沟通能力和创新意识等。其中,顾客知识最为重要。知识营销和知识经济的兴起,促使学者们开始意识到顾客能力的存在及其重要意义,认为有能力的顾客是价值共创的核心之一。于是,Prahalad 和 Ramaswamy(2000)率先界定了顾客能力这一概念,将其定义为顾客所具有的知识、学习和实践的欲望以及积极参与对话的能力,并将其作为企业竞争优势的一个源泉。顾客的知识与技能作为顾客所拥有的操作性资源,可以为企业带来巨大的竞争优势,尤其是在新媒体经济、体验经济的背景下,顾客能力的重要性显得愈发突出,不仅体现在对产品或服务的购买、为企业创造直接利润上,还体现在为企业提供大量的信息与知识,从而使其具有竞争优势(唐跃军、袁斌,2003;Brugmann and Prahalad,2007)。目前,学者们对顾客能力的认知并不统一,究其原因在于顾客参与是高度情境化的,参与的情境不同,对于相应的顾客能力的界定也就有所不同,而且,对于顾客能力的界定很大程度上还取决于行业的特点。具体来说,顾客能力包括创新能力、知识能力、合作能力和沟通能力(何国正、陈荣秋,2009)。通常,高能力的顾客会比一般顾客具备更多的产品或服务知识,更了解和熟悉产品,也有更高的动力和能力创造和改进产品和服务,对于与企业共同研发的参与意愿也更强烈,沟通能力和合作能力也更强,能够清晰地表达自身的需求和意见。Bonnemaizon 和 Batat(2011)认为顾客能力是对顾客个人资源的运用,具体表现为互动等一系列的行为,主要包括认知性能力(对企业或产品信息的获取、理解)、功能性能力(对产品的操作与使用)和反馈能力(对所使用的产品、服务的沟通反馈)。彭艳君和管婷婷(2016)根据家装行业的特点,提出顾客参与价值共创所需具备的代表性能力包括知识能力、创新能力和沟通能力。Elgeti 等(2020)采用访谈法证实了 B2B 情境下顾客能力在促进方案供应商成功开展共创方面所发挥的关键作用,将顾客能力分为相互影响能力、采购能力、经验利用能力、内部组织能力和创新能力五个方面。

通过梳理上述定义,我们可以总结出一些共同之处,例如,沟通和创新能力几乎是这些概念都覆盖到的能力维度,知识能力也是学者们普遍强调的。鉴于顾客能力在不同情境下有不同的内涵,本研究所关注的顾客能力从顾客自身出发,特指顾客参与电商直播活动应当具备的知识、技能,在参与活动中与主播、品牌商家和其他顾客互动、交流应当具备的沟通能力,以及创新意识。其中:知识、技能主要体现为产品的相关知识和使用经验。这里的"使用经验"是指顾客在使用产品或服务过程中累积的相关经验,包括信息搜索、消费决策、使用历史等;"产品的相关知识"则是顾客对产品或服务的情况和特点的了解(Schreier and Prügl,2008),沟通能力主要表现为顾客准确表达自己的需求,选择有效渠道和工具与企业进行沟通,通过投诉或建议的方式帮助企业改进产品或服务,等等(何国正和陈荣秋,2009)。创新意识主要用来衡量顾客接受新事物的程度和倾向(Midgley and Dowling,1978),顾客的创新意识越高,就越愿意尝试电商直播平台提供的新业务或服务模式,也越愿意使用电商直播平台上的多种功能来完成相关的任务,从而为电商直播平台相关业务的发展和改进提供建议和数据反馈。

三、电商直播顾客参与行为

传统顾客参与行为的概念不能直接用于解释互联网背景下的顾客参与行为,其原因主要在于参与形式存在较大的差别。传统的顾客参与行为概念关注的是制造业和线下商务领域,顾客参与是通过人与人直接接触的方式来完成的,而互联网背景下的顾客参与行为关注的是电子商务领域,侧重于服务业,顾客通过网络与电商平台的间接接触来完成参与活动,参与的形式也更加多样。在线直播作为一种"参与式观看"的形式,观看直播的顾客并不是被动地消费,而是积极地参与互动游戏和直播(Georgen,2015)。因此,对于电商直播情境下顾客参与行为这一概念的界定是本研究的基础环节和关键问题。目前,国内外学术界对顾客参与行为有多种称法,本研究将其统一为"顾客参与行为"[①],并借鉴 Cermak(1994)的观点,从行为角度出发,认为电商直播顾客参与行为是指在电商直播过程中,顾客除了购买之外所采取的与电商直播活动相关的行动,以及为此在精神和物质方面的具体付出行为。此外,根据 Yi 和 Gong(2013)的观点,顾客价值共创行为包含了顾客参与行为和顾客公民行为两种行为。本研究认为,电商直播顾客参与行为是一种顾客通过参与电商直播来实现价值共创的行为,指的是顾客参与电商直播相关活动,甚至与活动的相关各方发生互动的行为,但不包括购买。正如 Jacobides 和 Cennamo(2018)所说,平台用户参与是传统企业顾客参与的变异,既体现在顾客参与供应方产品研发、生产、物流、营销、售后等价值链的全过程,又体现在顾客深度参与与平台互动的全过程。顾客参与电商直播这一价值共创行为,一方面,促使电商直播平台优化直播服务,提高服务质量,完善功能模块;另一方面,在顾客参与行为促进下所造就的更加优质、高效的平台,反过来又增强顾客体验,提升顾客对平台执行力和服

---

① 本研究认为,顾客参与行为、顾客参与、消费者参与、客户参与、用户参与在电商直播背景下本质上是一致的。

务效率的感知,与服务主导逻辑所提出的通过顾客参与来提升顾客体验价值的理念正好吻合。

四、社会临场感

社会临场感原本是传统通信领域的重要概念,后被应用到营销领域的研究中。此概念最早由 Parker 等(1976)正式提出,认为社会临场感是指人们在借助各类媒介进行沟通的过程中对他人的感知,以及之后形成的人际关系的密切程度。相关研究认为,社会临场感是对他人即时即刻的感受(Biocca et al.,2001;Cyr et al.,2007),是用户对于使用媒介的一种内在体验(Cyr et al.,2007)。有学者认为,社会临场感是面对面交流的替代品(Shin and Shin,2011b);也有学者认为,社会临场感描述了交流者在互动中的显著性程度,以及随之而来的人际关系的显著程度(谢莹 等,2019;Lee and Park,2014;Lu et al.,2016);另有一些学者提出,社会临场感是顾客对网络媒介中他人存在的心理状态的感知(Shen,2012),是媒介带来的与人接触的、私人的、社交的感觉(Gefen and Straub,2004)。伴随社会临场感理论在在线购物领域研究的应用,一些学者更新了相应的定义。Hassanein 和 Head(2007)认为,社会临场感是消费者在在线商店互动中感知到人的温暖感和社交能力的程度。Lee 和 Park(2014)认为,在线商店的社会临场感是顾客在虚拟购物空间中感知到的社会真实体验感和场景感,也就是说在实体商店购物的人际刺激,顾客在线上购物平台也能体验到。在电子商务网站中,社会临场感是指顾客所感知到的人际交往、人际温暖和人际敏感(Alhulail et al.,2018)。吕洪兵(2012)认为,在 B2C 环境下的社会临场感是指顾客对其他社会参与者的意识,以及情感和认知方面的契合。然而,营销学界对社会临场感这一概念并没有形成统一的定义。在电商直播中,社会临场感的重要来源有其他顾客的"点赞"、弹幕互动、赠礼等。本研究综合考虑电商直播的特点和互动关系,将电商直播情境下的社会临场感定义为顾客在该情境下,感知其他相关各方存在的程度,以及与其他相关各方产生联系和互动的程度。

五、自我效能感

自我效能感是社会认知理论中关于个体认知的重要概念,对个体差异解释力比较强,是人们对完成既定行为目标所需拥有的技能和能力的自信程度(Bandura et al.,1999;Qiu et al.,2015;Gong et al.,2020)。Shea 和 Bidjerano(2010)认为,自我效能感指的是拥有影响某一结果的能力和执行导致某一特定结果的行为的信念强度。大量的相关研究表明,自我效能感是个体行为的指示器,在影响个体的行为表现和行为结果方面发挥着至关重要的作用,不仅影响个体的行为选择、努力程度、持续程度、情绪反应和归因(Bandura,1986),还显著影响个体参与某件事情的程度(Claycomb et al.,2001)。Shneor 和 Munim(2019)的研究发现,自我效能感与不同的情境有关。本研究认为,自我效能感是顾客利用其所拥有的能力或技能去参与电商直播活动并达成预定目标的自信程度。它体现了顾客对自身经验、专业技能、自信程度的评价,对于培养尚未适应社交媒体所需技能的用户来说至关重要(Bright et al.,2015)。通常情况下,自我效能感越高的个体,在参与之前,对其自身会有一个相对比较好的预期,因此在行为上表现为积极配合;相反,自我效能感低的个体,对未知会产生较高的感知风险,于是就会降低参与的欲望(Gursoy et al.,2006)。

第二节 电商直播顾客参与行为影响因素模型构建

本章的概念模型是基于 SOR 模型,并结合服务主导逻辑和社会认知理论进行构建的。根据 SOR 模型的观点,各种刺激因素(包含环境)会引发个体内部的有机体反应,进而对个体的行为表现产生影响。本研究之所以将 SOR 模型作为构建概念模型的理论依据,主要是基于以下几个方面的考虑:

第一,SOR模型是分析个体行为的元模型,能够解释顾客行为产生的过程,已被广泛运用于在线消费领域,故能较好地适应本研究的场景。第二,该模型有效连接了电商直播平台、顾客两方的资源和顾客的参与行为,而顾客的社会临场感和自我效能感则作为有机体反应,有助于深入理解直播服务质量和顾客能力对参与行为产生的影响。基于前文对电商直播顾客参与行为操作性资源的分析,根据Bagozzi(1986)的观点,本研究中的"刺激"指的是电商直播平台和顾客这两方投入电商直播活动的操作性资源,即直播服务质量和顾客能力;"有机体"指的是顾客在直播过程中产生的社会临场感,以及对自身能力产生的自我效能感,其中,顾客的社会临场感体现了顾客对直播服务质量所作出的积极回应,自我效能感体现了顾客对自我能力的认知,并在认知中产生掌控力或自信;"反应"展示了SOR这个理论模型的最终结果,在本研究中主要体现在顾客的参与行为上。鉴于顾客参与行为是顾客通过推荐、互动和与他人积极沟通表现出来的行为,均为SOR理论模型中反应元素的表现形式(Kumar et al.,2010),我们可以把电商直播中顾客的参与行为作为SOR模型中的一种响应(Islam and Rahman,2017)。由此可见,SOR模型提供了一个合适的视角,帮助我们发现通过直播服务质量和顾客能力的提升来促进顾客参与行为的潜在机制,为研究电商直播顾客的行为提供了理论基础和框架思路。

鉴于社会认知理论能很好地解释个体态度和行为,可以用来研究顾客的态度和行为。社会认知理论认为,个体认知因素影响个体态度和行为,结果预期则可能会受到认知因素中自我效能感的影响,这可以用来解释自我效能感对顾客参与行为的影响。而且,该理论还强调了认知和行为的相互作用。自我效能感作为认知因素,能与顾客能力共同作用于结果预期,即顾客参与行为。由此可见,可以基于社会认知理论来研究自我效能感对顾客参与行为的影响,并同时关注自我效能感和顾客能力共同对顾客参与行为产生的影响。

本研究试图通过构建电商直播顾客参与行为影响因素的概念模型(如图5-1所示),系统探讨来自电商直播平台的外在环境因素和来自顾客自身的内在因素对顾客参与行为的影响,并将社会临场感、自我效能感引入研究,揭示顾客内在状态对顾客参与行为的影响,以便为电商直播相关企业更好地激励顾客的参与行为提供理论指导。

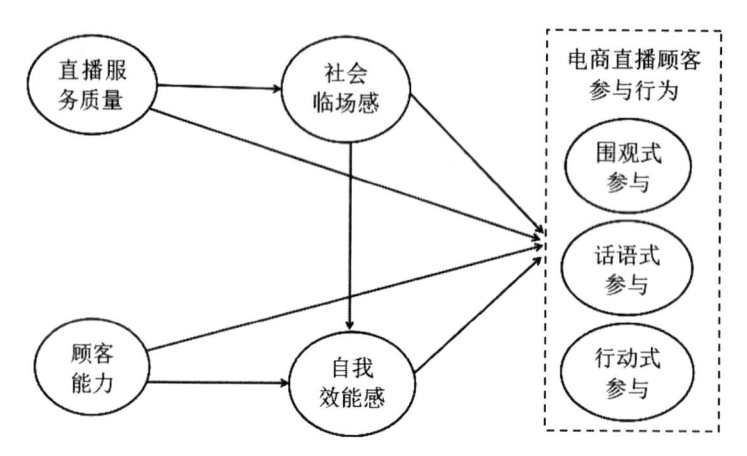

图 5-1　电商直播顾客参与行为影响因素的概念模型

第三节　研究假设

一、主效应关系假设

1.直播服务质量对电商直播顾客参与行为的影响

相关研究发现,顾客参与行为和感知服务质量正相关(Cermak et al.,1994),服务质量越高,顾客参与的程度也越高(Ennew and Binks,1999)。Ni 等(2015)的研究发现,商家的浏览量会随着网站服务质量的提高而增加。Mortazavi 等(2014)确定了社会关系、娱乐、信息获取和易用性是社交网络促进用户参与的四种属性。电商直播平台的服务质量贯穿顾客的整个使用过程,顾客能捕获到信息可靠性、互动响应性、服务便利性等线索,进而对其相应的情绪反应产生影响。此外,互动性理论认为信息质量是网站互动性的先决条件,对顾客的交互起到关键性作用(Zhao et al.,2016),信息内容是感知互动性和网站有效性的最强预测因子。根据技术可供性理论,Sun 等(2019)提出顾客参与会受到视觉资料可供性、表达可供性和导购可供性的影响。此外,在线服务质量的影响也得到了社会交换理论的理论支持。因此,笔者根据之前的研究结论推测,当顾客感受到电商直播平台为其提供的较高质量的服务时,往往会更加愿意投入与电商直播相关利益方的互动,随之产生更高的参与意愿。据此,本研究提出以下假设:

H5-1:直播服务质量显著正向影响电商直播顾客参与行为。

H5-1a:直播服务质量显著正向影响围观式参与。

H5-1b:直播服务质量显著正向影响话语式参与。

H5-1c:直播服务质量显著正向影响行动式参与。

2.顾客能力对电商直播顾客参与行为的影响

顾客能力是顾客参与行为的重要影响因素(Lloyd,2003),与顾客参与行为具有较强的相关性。Lengnick-Hall 等(2000)认为顾客要有效参与,就必须具备作出有效和及时的贡献的能力。顾客能力越强,介入生产的程度也就越高,而且,情感上的积极参与也会使顾客更倾向于认为自己的努力能更好地体现自身价值(张若勇,2007)。Luisa(2010)研究西班牙家具零售业的顾客参与行为时发现,在服务导向下,顾客参与的重要前提是其拥有相关知识。Ordanini 等(2008)通过研究手表制造商和银行业的组织顾客参与行为时得出,顾客知识是影响顾客参与的重要因素。顾客知识越丰富,就越会自认为能准确地预期自己的参与行为所能带来的影响,然后有更高程度的参与行为(Laroche et al.,2013)。在服务情境中,顾客知识会增强创造型顾客的参与行为(贾鹤 等,2009)。顾客经验越丰富,知识越多,其参与程度和水平也就越高(Luisa,2010),就越倾向于参与企业的活动,从而更容易成为企业的参与者(彭艳君、管婷婷,2016)。而且,顾客较强的沟通能力能促进互动的发生与持续(Reichenberger,2017)。据此可以推测,在电商直播情境中,只有顾客具备了一定的电商直播的相关知识,才能更好地使用电商直播平台的各种功能进行信息的搜寻、整合。此外,沟通能力的高低也会影响顾客与电商直播过程中其他各方的交流与信息传递。故本研究提出以下假设:

H5-2:顾客能力显著正向影响电商直播顾客参与行为。

H5-2a:顾客能力显著正向影响围观式参与。

H5-2b:顾客能力显著正向影响话语式参与。

H5-2c:顾客能力显著正向影响行动式参与。

3.直播服务质量对社会临场感的影响

社会临场感是影响顾客互动行为的因素,在社交互动中发挥着重要作用。根据媒体丰富度理论,电商直播是一种丰富度较高的社交媒体,不仅支持顾客以文字、图片等形式发布信息、与主播或其他顾客等进行互动,而且支持传递语音和视频等具有更加丰富的社会线索的信息来进行交流,非常有利于顾客在参与过程中感知交互对象的存在,体验"与他人在一起"的社会临场感。Sun 等(2019)的研究证实,直播平台的技术可供性影响社会临场感。电商直播场景所打造的多维时空关系,实现了顾客与他人在虚拟空间上的共同存在。主播可以通过即时视频对产品进行多方位的展示、试用、讲解,让顾客充分地了解产品,更加直观地感受产品,并采用提问的方式消除对产品的疑惑,接收丰富、充满互动性的产品信息。此外,生动有趣的信息呈现形式也能有效降低顾客处理信息的难度。由此可见,直播空间的媒介特征能够使顾客和主播进行实时交互以获取更多详细的知识(Li et al.,2020)。直播平台上的即时聊天功能能够让顾客和主播、其他顾客直接、充分地沟通,共享相似的内容,并沉浸在直播的氛围中,无形间拉近了相互间的距离,从某种程度上还原了线下购物时的互动场景,给顾客提供宛如在线下购物、直接面对商家的体验。此外,直播间显示的共同观看人数能让顾客体验他人的物理在场,观察其他人"正在去买""关注了直播间"等行为。而且,通过他人"点赞"、分享等形式,顾客可以体会他人的情感状态,实时获得大量的他人临场信息,这样的社会线索也制造出一种他人在场的感觉,给个体一种与他人共在、沉浸其中的感受,能让顾客仿佛置身于购物现场,产生身临其境的感觉(Chen and Lin,2018),从而促进沉浸感的形成(Yim et al., 2017),提升其社会临场感(喻昕、许正良,2017;Kim,2015;Lim and Ayyagari,2018)。据此,本研究提出以下假设:

H5-3:直播服务质量显著正向影响社会临场感。

4.顾客能力对自我效能感的影响

社会认知理论指出,顾客对自己是否有能力参与某一特殊行为的信念受到其对自身知识水平感知的影响(Mitchell,1992)。也就是说,顾客具有的知识水平越高,其对自己能够做出某种行为的能力的评价也越高。不得不承认,电商直播对参与其中的顾客提出了更高的能力要求。与以往直接购买标准化的产品不同,电商直播平台使顾客有机会在产品上增加自己的"成分",获得更加具有针对性和个性化的产品。根据Xie等(2008)的观点,顾客本身要有一定的能力基础才能参与电商直播活动。因此,可以推测,当顾客拥有较高的能力时,他们往往会对自己参与电商直播的能力有更高的评价和信念。据此,本研究提出以下假设:

H5-4:顾客能力显著正向影响顾客的自我效能感。

5.社会临场感对电商直播顾客参与行为的影响

根据社会助长理论,他人临场能唤醒个体,在促进简单行为的同时又削弱复杂行为(迈尔斯,2016)。高水平的社会临场感促进了更有利的顾客态度的形成(Hassanein and Head,2007)。吕洪兵(2012)、赵宏霞(2015)等学者的相关研究证实,顾客的社会临场感会影响其行为意愿,社会临场感越强,顾客的行为意愿也越强。代宝和刘业政(2015)的研究发现,微信用户的持续使用意愿受到社会临场感和心流体验等用户体验因素的间接影响。在通讯、在线学习、电子商务等信息系统领域,社会临场感会正向影响用户意图(毛春蕾、袁勤俭,2018)。在电商直播中,顾客强烈的社会临场感在其与主播间的实时互动中产生,使其不再是与其他买家隔离的"孤岛",而是处在

一种与他人共同观看、购买的线上虚拟购物情境中。据此,本研究提出以下假设:

H5-5:社会临场感显著正向影响电商直播顾客参与行为。

H5-5a:社会临场感显著正向影响围观式参与。

H5-5b:社会临场感显著正向影响话语式参与。

H5-5c:社会临场感显著正向影响行动式参与。

6.自我效能感对电商直播顾客参与行为的影响

顾客对于自身能力的自信是其任何行为发生的基础(Dequech,2000)。自我效能感作为一种内在动机,不仅与一个人掌握的技能有关,而且与一个人使用这些技能的信心有关。顾客的自我效能感越高,其行为意图也就越明显,越能促进实际行为的产生。Faqih(2016)的研究发现,通过对个体行为的理解和新技术的采用,可以表现出一种特定的自我效能感。已有的许多研究都探索了自我效能感对顾客决策或行为的影响(Dash and Saji,2007)。Hsu等(2009)认为,自我效能感往往会影响个体获取知识的能力、行为决策、持续意愿等,使个体产生高度的自主性(Qiu et al.,2015)。自我效能感高的顾客对自身在服务过程中的贡献和水平会有一个良好的预期,于是,就可能会产生参与合作的行为(Heilman et al.,2000;张文敏,2012),尤其是那些高自我效能感的顾客,他们因受到参与过程挑战性的刺激而参与到服务过程中,在积极表达自身需求、分享自身经验的同时,显现和提升了自我驾驭、参与事件的能力(Heilman et al.,2000)。在线下酒店的就餐环境中,顾客的自我效能感能促使顾客与酒店员工共创价值(Im and Qu,2017)。此外,相关研究还发现,社交媒体用户的自我效能感越高,对特定结果的期望就越高(Tsarenko and Strizhakova,2013;San-Martín et al.,2020),就越有可能参与社交活动来实现目标(Qiu et al.,2015)。例如,在线上虚拟品牌社区环境下,顾客的自我效能感增强了顾客参与虚拟社区价值共创活动的意愿(Zhao et al.,2019)。Li等(2018)指出,个人因素会调节直播用户的行为意向。自我效能感是个人行为的指示器,在同样的互动环境下,自我效能感强的顾客能更好地理解自己在互动活动中所扮演的角色。Gong 等（2020）的研究发现，自我效能感水平较低（高）的用户使用和参与社交媒体相关行为和活动的可能性较低（高）。据此，我们可以推测，自我效能感对顾客参与行为有显著的正向影响，顾客参与服务的自我效能感越高，其在参与活动中投入的资源就越多。这意味着，一旦顾客具备了丰富的经验、娴熟的技能和足够的自信，就会形成较强的甄别能力，在一定程度上缓解其在电商直播平台上进行互动时的不安与怀疑，减少诸多外部因素的干扰，从而形成正确的自我认知和判断，放心地参与直播过程，即顾客的自我效能感越强，就越愿意参与电商直播。正如在之前的访谈中受访对象所说的，"我有筛选主播推荐的产品的能力"，"我具备一定的直播购物的知识和技能"，以及"我对自己有信心，不会上当受骗"。因此，本研究提出以下假设：

H5-6：顾客的自我效能感显著正向影响电商直播顾客参与行为。

H5-6a：顾客的自我效能感显著正向影响围观式参与。

H5-6b：顾客的自我效能感显著正向影响话语式参与。

H5-6c：顾客的自我效能感显著正向影响行动式参与。

7. 社会临场感对自我效能感的影响

社会助长理论指出，他人的临场会通过改变顾客的生理情感状态来影响其行为（Kushnir，1981）。以往的研究已证实，较高的社会临场感不仅意味着良好的心流体验，能够给个体带来一种愉悦、高昂的情绪（Head，2007；谢莹 等，2019），还意味着能够呈现更加丰富、直观的信息，从而减少信息的模糊性和顾客感知到的风险（Simon，2000），减少不确定性给顾客带来的焦虑。宋快等（2017）的研究发现，心流能带来积极的情绪体验。不同的心流体验，对自我效能感产生的影响会有所不同（洪家祐、孙春在，2007）。张璐妮等（2018）的研究也证实，心流体验会影响自我效能感。正如 Shin D H 和 Shin Y J（2011a）通过研究发现，社会临场感是顾客使用虚拟购物中心的关键行为前提，顾客的安全感知和购买态度会受其影响。相关研究表明，顾客对购物网站的有用性、趣味性和信任的感知受到社会临场感的影响

(Ogonowski et al.,2014),而且,社会临场感还可能会通过影响 SNS 用户的满意度和归属感,进而对用户的持续使用意愿产生正向影响(Lin et al.,2014)。Cyr 等(2009)认为,网络购物时,社会临场感是引发顾客情感以及情感性行为的机制,其作为与顾客建立心理连接的方式,会影响顾客对信息本身的感受和态度。高社会临场积极影响沟通过程(Kehrwald,2008),使得人们对沟通的内容产生积极的态度(Kato et al.,2007)。因而,当电商直播激发高水平的社会临场感时,便拉近了与顾客的心理距离,使顾客更容易对直播传递的产品信息产生积极的态度,而顾客在社会临场状态中所体验到的积极情绪,又会使其参与电商直播的信心随之提高,增强了顾客的自我效能感。因此,本研究提出以下假设:

H5-7:顾客的社会临场感显著正向影响顾客的自我效能感。

二、社会临场感、自我效能感中介效应的关系假设

在社会化商务中,顾客的社会临场感受到感知交互性、感知个性化、感知社交性等技术特征的影响,从而影响其参与意图(Zhang et al.,2014)。Kruikemeier 等(2016)在研究政治家如何利用推特交流影响公民的政治参与意图时发现,交互性的交流方式能激发出公民较强的社会临场感和感知专业性,进而对其政治参与意图产生积极影响。Mollen 和 Wilson(2010)的研究表明,顾客对网站及其环境的刺激反应将动态地经历互动、临场感和投入三个环节。网站的互动特性促进了个人临场感的比较,由网站传达的社会临场感通过影响个人对有用性等的感知来影响个人的行为意图(Shen,2012)。由此可以推测,在电商直播环境中,当顾客感受到自己如同在一个真实的社会化购物场景中时,就能感觉到和其他人的距离更近,因而能够更加容易、更加深入地和主播以及其他人进行沟通。

根据前面的研究 H5-1 和 H5-2 推测,直播服务质量、顾客能力显著正向影响电商直播顾客参与行为;根据 H5-3 推测,直播服务质量显著正向影响社会临场感;由 H5-4 推测,顾客能力显著正向影响自我效能感;由 H5-5 推

测,社会临场感显著正向影响电商直播顾客参与行为;由 H5-6 推测,顾客的自我效能感显著正向影响电商直播顾客参与行为;由 H5-7 推测,顾客的社会临场感显著正向影响其自我效能感。中介作用的发生条件为自变量对因变量有影响、自变量对中间变量有影响、中间变量对因变量有影响,因此可以假设中介效应成立。故本研究作出以下假设:

H5-8:社会临场感中介了直播服务质量对电商直播顾客参与行为的影响。

H5-8a:社会临场感中介了直播服务质量对围观式参与的影响。

H5-8b:社会临场感中介了直播服务质量对话语式参与的影响。

H5-8c:社会临场感中介了直播服务质量对行动式参与的影响。

H5-9:直播服务质量通过社会临场感引发自我效能感,最终影响电商直播顾客参与行为。

H5-9a:直播服务质量通过社会临场感引发自我效能感,最终影响围观式参与。

H5-9b:直播服务质量通过社会临场感引发自我效能感,最终影响话语式参与。

H5-9c:直播服务质量通过社会临场感引发自我效能感,最终影响行动式参与。

H5-10:顾客的自我效能感中介了顾客能力对电商直播顾客参与行为的影响。

H5-10a:顾客的自我效能感中介了顾客能力对围观式参与的影响。

H5-10b:顾客的自我效能感中介了顾客能力对话语式参与的影响。

H5-10c:顾客的自我效能感中介了顾客能力对行动式参与的影响。

第四节　测量题项设计与预调查结果

一、变量的操作定义及测量题项

在本章第二节和第三节中,分别提出了电商直播顾客参与行为影响因素的概念模型和相应的研究假设。为了实证检验上述研究假设,需要设计一套测量题项来反映模型中不同的潜在变量。此外,为了能得到信效度较好的测量量表,笔者在系统检索和整理有关变量的研究文献的基础上,对相关变量的操作定义、测量题项及其文献来源作出如下说明。

1. 直播服务质量

直播服务质量量表主要测试电商直播平台的稳定性、运行能力和服务效率等方面,主要是借鉴 Parasuraman 和 Azeithaml(2005)的电子服务质量量表,并结合电商直播情境调整得到的。具体测量题项如表 5-1 所示。

表 5-1　直播服务质量测量题项

变量	题项	参考量表
直播服务质量（LSQ）	该电商直播平台运行稳定	Parasuraman 和 Azeithaml(2005)
	该电商直播平台提供的相关信息准确可靠	
	一般而言,在该电商直播平台上订购的产品能在承诺时间内送达	
	该电商直播平台系统反应迅速	
	当我遇到问题时,该电商直播平台可以给我提供及时的帮助	
	该电商直播平台退货方便	
	该电商直播平台处理退货很快	

2.顾客能力

顾客能力量表主要测试顾客的知识、沟通能力和创新意识三个方面,共计 11 个题项,主要借鉴了 Im 和 Qu(2017)关于顾客知识的测量量表,何国正和陈荣秋(2009)关于沟通能力的测量量表,以及 Martin 和 Herrero(2012)关于顾客创新的测量量表。具体测量题项如表 5-2 所示。

表 5-2 顾客能力测量题项

变 量	题 项	参考量表
顾客能力（CA）	我对于该电商直播平台的使用比较了解	Im 和 Qu（2017）、何国正和陈荣秋（2009）、Martin 和 Herrero（2012）
	我可以对该电商直播平台的好坏作出评判	
	和一般人比起来,我对该电商直播平台的使用是比较熟悉的	
	我可以准确表达我的需求	
	遇到问题,我能够及时向该电商直播平台进行反馈或投诉	
	我有能力与主播或该平台的员工就产品的具体问题进行沟通	
	当我听说一个新的信息技术时,我会想办法去尝试	
	我与同伴相比,通常较早尝试新的信息技术	
	一般来说,在尝试新的信息技术时我不会犹豫	
	我喜欢体验新的信息技术	

3.电商直播顾客参与行为

电商直播顾客参与行为量表由笔者自行开发,详细开发过程见本研究第四章。具体测量题项如表 5-3 所示。

表 5-3 电商直播顾客参与行为测量题项

变量	题项	说明
围观式参与（SP）	我会关注一些主播	
	我会关注一些直播间	
	我会关注其他顾客发的弹幕的内容	
话语式参与（DP）	我会要求主播展示商品	自行开发
	我会向主播咨询一些关于商品方面的问题	
	我会积极反馈直播或主播存在的不足，帮助他们改进	
	我会在直播间对直播的商品进行评价	
	我会在直播间里围绕直播的产品与其他顾客进行交流	
	我若了解其他顾客在直播间里用弹幕问的问题，会去回答	
	我会在微信朋友圈、微博上发一些关于电商直播的帖子	
	我平时在与朋友、同学聊天时会聊到直播或者直播的商品	
行动式参与（AP）	我会参与"秒杀"活动	
	我会在直播间"点赞"	
	我会参与直播间里的抽奖活动	
	如果对直播间的某样商品感兴趣，我会收藏该商品	
	我会努力获取直播间里发放的优惠券或红包	
	我会约朋友一起看感兴趣的直播	

4.社会临场感

社会临场感测量量表是根据 Shen(2012)和孟陆等(2020)的社会临场感量表，再结合电商直播情境调整得到的。具体测量题项如表 5-4 所示。

表 5-4 社会临场感测量题项

变量	题项	参考量表
社会临场感（SP）	观看电商直播有种与人接触的感觉	Shen(2012)、孟陆等(2020)
	观看电商直播让我产生一种社交的感觉	
	观看电商直播过程中我能与其他相关各方进行信息交流	
	观看电商直播过程中我能体会到一种人类的热情	

5.自我效能感

自我效能感量表是根据 Im 和 Qu(2017)的自我效能感量表,再结合电商直播情境调整得到的。具体测量题项如表 5-5 所示。

表 5-5　自我效能感测量题项

变量	题项	参考量表
自我效能感 （SE）	我认为我非常有能力参与电商直播	Im 和 Qu(2017)
	我认为我很有能力在参与电商直播中与其他参与者进行互动	
	总的来说,我对自己参与电商直播的能力很有信心	

二、初始测量量表与预调查问卷

在充分借鉴前人研究成果的基础上,本研究提炼出相应的测量题项。然后,结合中国电商直播的实际情况,通过与营销领域的 5 位专家学者和直播电商领域 5 位从业者的一对一深度访谈,从定性研究层面,对本研究所需变量的测量题项的准确性和全面性进行分析,并进一步确认、补充和调整相应的测量题项,最终形成初始测量量表,如表 5-6 所示。

表 5-6　电商直播顾客参与行为影响因素的初始测量量表

变量	题项编号	题项描述
直播服务质量	LSQ1	该电商直播平台运行稳定
	LSQ2	该电商直播平台提供的相关信息准确可靠
	LSQ3	一般而言,在该电商直播平台上订购的产品能在承诺时间内送达
	LSQ4	该电商直播平台系统反应迅速
	LSQ5	当我遇到问题时,该电商直播平台可以给我提供及时的帮助
	LSQ6	该电商直播平台退货方便
	LSQ7	该电商直播平台处理退货很快

续表

变量	题项编号	题项描述
顾客能力	CA1	我对于该电商直播平台的使用比较了解
	CA2	我可以对该电商直播平台的好坏作出评判
	CA3	和一般人比起来,我对该电商直播平台的使用是比较熟悉的
	CA4	我可以准确表达我的需求
	CA5	我可以自由选择喜欢的渠道与该电商直播平台进行沟通
	CA6	遇到问题,我能够及时向该电商直播平台进行反馈或投诉
	CA7	我有能力与主播或该平台的员工就产品的具体问题进行沟通
	CA8	当我听说一个新的信息技术时,我会想办法去尝试
	CA9	我与同伴相比,通常较早尝试新的信息技术
	CA10	一般来说,在尝试新的信息技术时我不会犹豫
	CA11	我喜欢体验新的信息技术
围观式参与	SP1	我会关注一些主播
	SP2	我会关注一些直播间
	SP3	我会关注其他顾客发的弹幕的内容
话语式参与	DP1	我会要求主播展示商品
	DP2	我会向主播咨询一些关于商品方面的问题
	DP3	我会积极反馈直播或主播存在的不足,帮助他们改进
	DP4	我会在直播间对直播的商品进行评价
	DP5	我会在直播间里围绕直播的产品与其他顾客进行交流
	DP6	我若了解其他顾客在直播间里用弹幕问的问题,会去回答
	DP7	我会在微信朋友圈、微博上发一些关于电商直播的帖子
	DP8	我平时在与朋友、同学聊天时会聊到直播或者直播的商品
行动式参与	AP1	我会参与"秒杀"活动
	AP2	如果对直播间的某样商品感兴趣,我会收藏该商品
	AP3	我会努力获取直播间里发放的优惠券或红包
	AP4	我会在直播间"点赞"
	AP5	我会参与直播间里的抽奖活动
	AP6	我会约朋友一起看感兴趣的直播

续表

变量	题项编号	题项描述
社会临场感	CSP1	观看电商直播有种与人接触的感觉
	CSP2	观看电商直播让我产生一种社交的感觉
	CSP3	观看电商直播过程中我能与其他相关各方进行信息交流
	CSP4	观看电商直播过程中我能体会到一种人类的热情
自我效能感	SE1	我认为我非常有能力参与电商直播
	SE2	我认为我很有能力在参与电商直播中与其他参与者进行互动
	SE3	总的来说,我对自己参与电商直播的能力很有信心

关于电商直播顾客参与行为影响因素研究的预调查问卷由以下4个部分组成:第一部分是自变量的调查,包括直播服务质量(7个题项)和顾客能力(11个题项)两个变量;第二部分是中介变量的调查,包括社会临场感(包含4个题项)和自我效能感(包含3个题项)两个变量;第三部分是因变量电商直播顾客参与行为的调查,共有17个题项;第四部分是关于调查对象个人背景资料的调查,包括性别、年龄、受教育程度、月收入、观看频率等方面。该问卷第一、二、三部分均采用Likert 7级量表进行测量,"1"表示完全不同意,"2"表示不同意,"3"表示基本不同意,"4"表示说不清,"5"表示基本同意,"6"表示同意,"7"表示完全同意;第四部分主要采用类别量表来测量顾客的基本情况。

三、预调查数据收集

为了提高量表的准确性,在大规模调查之前,笔者开展了小样本的预调查。由于新冠疫情的影响,该小样本的预调查安排在2021年5月5日—15日进行,在线上发放了320份的电子问卷。考虑到本研究的研究主题是电商直播,应选择对电商直播感兴趣且有电商直播参与经历的顾客作为调查对象,故在问卷中设置了过滤筛选题项来剔除无电商直播参与经历或观看电商直播次数少于2次(含2次)的问卷,并剔除了题项选择有漏答的问卷,某一问题答案与其他问题答案具有明显矛盾的问卷,答案呈现明显规律性的问卷(如连续选择同一打分标准的答案超过一半)问卷,以及未能达到最低完成时间(3分钟)的问卷之后,最后共获得279份有效问卷,有效回收率为87.19%。从预调查的人口统计数据(见表5-7)来看,被调查者年龄主要分布在25～30岁之间,占比为48.4%;女性比重高于男性,占比为67.4%;受教育程度主要为专科和本科,总占比为81.7%;月收入主要在4000～5999元区间,占比为50.9%;电商直播的观看频率多为每周1次以上。

表5-7 预调查的人口统计数据($n=279$)

基本特征	分类	样本数量	百分比/%
性别	男	81	32.6
	女	188	67.4
受教育程度	初中及以下	2	0.7
	高中/中专	43	15.4
	专科	135	48.4
	本科	93	33.3
	硕士研究生及以上	6	2.2
年龄	18岁以下	2	0.7
	18～24岁	30	10.8
	25～30岁	89	31.9
	31～35岁	102	36.6
	36～40岁	56	20.0
	41～50岁	0	0
	50岁以上	0	0
月收入	2000元以下	3	1.1
	2000～3999元	93	33.3
	4000～5999元	142	50.9
	6000～7999元	33	11.8
	8000～9999元	8	2.9
	10000元以上	0	0
观看频率	每天都看	85	30.5
	每周1～6次	132	47.3
	每月1～3次	52	18.6
	每月少于1次	10	3.6

在对预调查数据进行量化分析之前,先对数据进行可靠性分析。通过对本次预调查数据进行正态性检验(检验结果如表 5-8 所示)可知,预调查问卷全部题项偏度的绝对值均小于 3、峰度的绝对值均小于 10,符合 Kline (2018)提出的标准。这说明样本数据的分布基本符合正态分布,不存在分布上的偏差,可以进行后续的量化分析。

表 5-8 预调查问卷题项正态分布情况

变量	题项	均值	标准差	偏度	峰度
直播服务质量	LSQ1	4.58	2.215	−0.449	−1.369
	LSQ2	4.68	2.063	−0.502	−1.124
	LSQ3	4.52	2.205	−0.446	−1.352
	LSQ4	4.77	2.127	−0.623	−1.142
	LSQ5	4.78	2.151	−0.698	−1.094
	LSQ6	4.74	2.302	−0.597	−1.277
	LSQ7	4.56	2.180	−0.503	−1.270
顾客能力	CA1	4.65	2.102	−0.524	−1.170
	CA2	4.67	2.113	−0.523	−1.152
	CA3	4.63	2.177	−0.498	−1.285
	CA4	4.77	2.194	−0.625	−1.223
	CA5	4.66	2.222	−0.501	−1.341
	CA6	4.66	2.172	−0.549	−1.196
	CA7	4.51	2.276	−0.462	−1.380
	CA8	4.73	2.081	−0.578	−1.133
	CA9	4.76	2.215	−0.565	−1.264
	CA10	4.57	2.127	−0.469	−1.270
	CA11	4.74	2.192	−0.566	−1.205
围观式参与	SP1	5.08	1.585	−0.671	−0.009
	SP2	5.33	1.595	−0.867	0.116
	SP3	5.44	1.492	−1.027	0.647

续表

变量	题项	均值	标准差	偏度	峰度
话语式参与	DP1	4.60	1.802	−0.640	−0.486
	DP2	4.82	1.788	−0.658	−0.427
	DP3	4.74	1.762	−0.527	−0.549
	DP4	4.77	1.726	−0.714	−0.217
	DP5	4.68	1.790	−0.515	−0.722
	DP6	4.72	1.901	−0.655	−0.631
	DP7	4.47	1.887	−0.468	−0.878
	DP8	4.71	1.719	−0.514	−0.371
行动式参与	AP1	5.14	1.490	−0.518	−0.376
	AP2	5.11	1.502	−0.755	0.056
	AP3	5.20	1.579	−0.677	−0.235
	AP4	5.21	1.560	−1.003	0.656
	AP5	5.18	1.542	−0.659	−0.138
	AP6	5.09	1.653	−0.732	−0.117
社会临场感	CSP1	4.66	2.161	−0.532	−1.211
	CSP2	4.71	2.180	−0.581	−1.211
	CSP3	4.67	2.187	−0.536	−1.242
	CSP4	4.58	2.310	−0.476	−1.384
自我效能感	SE1	4.75	2.122	−0.532	−1.233
	SE2	4.57	2.163	−0.448	−1.302
	SE3	4.72	2.088	−0.567	−1.108

四、预调查数据分析

1.可靠性分析

信度主要用于衡量量表内部各题项对同一变量进行测量的一致性程度。本研究将运用SPSS26.0软件得出的各个测量题项修正后的总相关(corected item-total correlation,CITC)系数来净化预调查问卷的测量题项,并验证每个题项与其所属变量是否表示同一概念。根据吴明隆（2000）的观点，若 CITC 值低于 0.4，就说明该题项与其他题项的相关性不高，应考虑删除。Cronbach's α 系数是社会科学领域最常用的信度指标，本研究将用该系数来检测各变量的内部一致性，该系数越接近于 1，就表示量表信度越高（吴明隆，2010）。有学者认为 Cronbach's α 系数高于 0.7 即符合信度标准（Nunnally，1978），也有学者提出 Cronbach's α 系数高于 0.6 也可以接受，本研究以 0.7 作为信度标准进行检验。变量的信度和 CITC 分析结果如表 5-9 所示，可以看出：各测量题项的 CITC 值均大于 0.4，且不存在删除后能显著提升 Cronbach's α 系数的题项，故无须删除某个题项来进行净化。并且，各变量的 Cronbach's α 系数值均在 0.7 的建议水平以上。由此可见，预调查所用到的测量量表信度较高，达到研究的要求。此外，所有题项的 Cronbach's α 系数值为 0.974（>0.7），说明预调查整体量表的信度较好。电商直播顾客参与行为的整体 Cronbach's α 系数值为 0.900（>0.7），说明预调查电商直播顾客参与行为整体量表具有较好的内部一致性信度。

表 5-9　变量的信度和 CITC 分析结果

变量	题项编号	CITC	α-if deleted	Cronbach's α
直播服务质量	LSQ1	0.839	0.952	0.985
	LSQ2	0.861	0.950	
	LSQ3	0.857	0.951	
	LSQ4	0.854	0.951	
	LSQ5	0.846	0.952	
	LSQ6	0.880	0.949	
	LSQ7	0.833	0.953	

续表

变　量	题项编号	CITC	α-if deleted	Cronbach's α
顾客能力	CA1	0.882	0.968	0.972
	CA2	0.860	0.969	
	CA3	0.890	0.968	
	CA4	0.825	0.970	
	CA5	0.846	0.969	
	CA6	0.850	0.969	
	CA7	0.856	0.969	
	CA8	0.817	0.970	
	CA9	0.861	0.969	
	CA10	0.871	0.969	
	CA11	0.868	0.969	
围观式参与	SP1	0.621	0.705	0.782
	SP2	0.685	0.631	
	SP3	0.559	0.769	
话语式参与	DP1	0.719	0.932	0.936
	DP1	0.719	0.932	
	DP2	0.775	0.928	
	DP3	0.808	0.926	
	DP4	0.791	0.927	
	DP5	0.779	0.928	
	DP6	0.786	0.927	
	DP7	0.789	0.927	
	DP8	0.761	0.929	
行动式参与	AP1	0.573	0.875	0.878
	AP2	0.744	0.847	
	AP3	0.677	0.859	
	AP4	0.738	0.849	
	AP5	0.728	0.850	
	AP6	0.653	0.863	

续表

变　量	题项编号	CITC	α-if deleted	Cronbach's α
社会临场感	CSP1	0.885	0.946	0.957
	CSP2	0.905	0.940	
	CSP3	0.905	0.940	
	CSP4	0.884	0.947	
自我效能感	SE1	0.812	0.857	0.903
	SE2	0.810	0.857	
	SE3	0.799	0.868	
总量表的 Cronbach's α 系数			0.61	

2.探索性因子分析

对预调查数据进行探索性因子分析的目的是挖掘量表的潜在结构,减少题项的数目,使之变为一组数量较少、彼此相关性较大的变量。因子分析是当前使用最广泛的效度检验方法,具体分为探索性因子分析和验证性因子分析。该方法主要用于衡量量表各题项是否能有效测量其变量,进而检验量表的建构效度。在预调查量表的测量中,通常采用的是探索性因子分析。在进行探索性因子分析之前,需要通过检验变量之间的相关性来判断其是否适合进行因子分析,可以通过 KMO 检验和 Bartlett 球形检验来实现。通常,KMO 值大于 0.7 且越接近 1,就表明越适合进行因子分析;Bartlett 球形检验则用于判断变量是否达到显著性水平。本研究使用统计软件 SPSS 26.0 对预调查的小样本数据进行探索性因子分析,以 Kaiser 特征值大于 1 作为因子选择的标准,选择主成分分析法提取公因子,采用最大方差法进行正交旋转,从而得到各变量的 KMO 检验和 Bartltt 球形检验结果,如表 5-10 所示。可以看到,各变量的 KMO 值均大于 0.7,Bartlett 球形检验显著性为 0.000。

表 5-10　各变量的 KMO 检验和 Bartltt 球形检验

变量	KMO 检验	Bartlett 球形检验	累计方差贡献率/%
直播服务质量	0.956	1928.877***	79.814
顾客能力	0.978	3363.458***	77.997
电商直播顾客参与行为	0.912	2812.094***	67.156
社会临场感	0.878	1217.698***	88.624
自我效能感	0.755	525.632***	83.745

注：*** 表示在 $P<0.001$ 的水平上显著。

本研究对电商直播顾客参与行为运用最大方差法进行正交旋转，以 Kaiser 特征值大于 1 作为因子选择的标准，采用主成分分析法共提取了 3 个公共因子，分别对应电商直播顾客参与行为的三个维度，累计解释方差的比例为 67.156%，超出 50% 的最低要求，说明提取的 3 个公共因子是合理的。此外，各题项的因子载荷均大于 0.5，因此无须删除。具体的探索性因子分析结果如表 5-11 所示。由此可见，电商直播顾客参与行为量表具有较好的结构效度。

表 5-11　电商直播顾客参与行为的探索性因子分析

题项编号	因子 1	因子 2	因子 3
SP1	0.814	0.110	0.198
SP2	0.833	0.114	0.245
SP3	0.731	0.047	0.273
DP1	0.041	0.775	0.120
DP2	0.037	0.820	0.124
DP3	0.124	0.844	0.110
DP4	0.102	0.826	0.143
DP5	0.031	0.834	0.069
DP6	0.053	0.833	0.100
DP7	0.045	0.842	0.071
DP8	0.105	0.806	0.119

续表

题项编号	因子1	因子2	因子3
AP1	0.075	0.058	0.701
AP2	0.165	0.182	0.792
AP3	0.190	0.079	0.780
AP4	0.222	0.148	0.792
AP5	0.120	0.065	0.799
AP6	0.206	0.159	0.711
特征值	5.536	3.770	2.110
解释方差比例/%	32.566	22.177	12.413
累积解释方差比例/%	32.566	54.743	67.156

经过对预调查数据的可靠性分析和探索性因子分析，最终得到可用于下一步正式调查的问卷，正式调查问卷详见附录3。

第五节 正式调查数据分析

一、正式调查的设计与实施

1.数据收集

由于问卷的收集无法实现随机或系统抽样，故本研究采用便利抽样的方式进行数据收集。大样本的调查在2021年5月20日—6月12日进行。鉴于本研究的研究主题为电商直播顾客参与行为，问卷调查的对象为参与过电商直播的顾客。由于受到新冠疫情影响，以及线上调查具有快速、成本低、易于共享等特点，本研究选择了线上调查的方式，借助问卷星形成电子问卷，将问卷的链接和二维码等分享至微信、QQ、论坛等社交媒体平台进行发放。为了提高问卷数据的可靠性，问卷中专门设置了两道筛选题来筛选掉无电商直播参与经历或观看电商直播次数少于 2 次(含 2 次)的作答者的问卷,以保证调查对象符合研究对象的要求。经初步筛选后得到 612 份问卷,再剔除其中题项有漏答的问卷,某一题答案与其他题答案具有明显矛盾的问卷,答案呈现明显规律性(如连续选择同一打分标准的答案超过一半)的问卷,以及未达到 3 分钟这一最低完成时间的问卷后,最终得到有效问卷 560 份,有效回收率为 91.5%。

2.数据分析方法

为检验影响电商直播顾客参与行为的因素及其影响程度,本研究基于概念模型,借助 SPSS 26.0、AMOS 23.0 等软件对数据开展了五个步骤的分析。首先,通过对样本的描述性统计分析来了解样本情况;其次,进行共同方法偏差检验;再次,为确保收集到的数据有分析价值,对数据进行了信效度分析;再次,采用结构方程的路径分析来检验各假设路径;复次,用 Bootstrap 方法分别检验了社会临场感和自我效能感的中介效应以及链式中介效应;最后,分析了人口统计特征对电商直播顾客参与行为的影响。

二、数据分析结果

1.样本描述性统计分析

从回收的 560 份样本数据来看,调查对象的男、女比例分别为 46.25%和 53.75%;年龄分布均衡;从受教育程度来看,以专科及以上为主,占比为 63.3%;月收入以 2000 元以下和 4000~5999 元居多;观看频率多为每天观看。具体数据如表 5-12 所示。

表 5-12 正式调查中的人口统计数据($n=560$)

基本特征	分 类	样本数量	百分比/%
性别	男	259	46.3
	女	301	53.8

续表

基本特征	分 类	样本数量	百分比/%
年龄	18 岁以下	76	13.6
	18~24 岁	86	15.4
	25~30 岁	84	15.0
	31~35 岁	81	14.4
	36~40 岁	75	13.4
	41~50 岁	86	15.4
	50 岁以上	72	12.8
受教育程度	初中及以下	128	22.8
	高中/中专	78	13.9
	专科	126	22.5
	本科	165	29.5
	研究生及以上	63	11.3
月收入	2000 元以下	178	31.8
	2000~3999 元	56	10.0
	4000~5999 元	163	29.1
	6000~7999 元	57	10.2
	8000~9999 元	82	14.6
	10000 元以上	24	4.3
观看频率	每天都看	331	59.1
	每周 1~6 次	157	28.0
	每月 1~3 次	52	9.3
	每月少于 1 次	20	3.6

在大样本量化分析之前,仍然要对其进行正态性检验,以检查调查数据是否存在分布上的偏差,确保量化分析的可靠性。根据 Kline(2018)的研究,题项数据偏度的绝对值小于 3,峰度的绝对值小于 10,说明样本数据的分布基本符合正态分布,可以进行后续的量化分析。各题项正态分布情况如表 5-13 所示。由表 5-13 可知,50 个题项的均值都介于 5.17~5.78 之间,分布相对集中;题项的标准差介于 1.31~1.76 之间。可见,该样本数据的离

散程度不大。各个测量题项偏度系数绝对值均在0~2之间(符合小于3的系数标准),峰度系数绝对值符合小于5的系数标准,说明样本数据符合正态分布,适合采用最大似然法进行模型参数估计。

表 5-13 各题项正态分布情况

变量	题项	均值	标准差	偏度	峰度
直播服务质量	LSQ1	5.62	1.538	−1.488	1.831
	LSQ2	5.64	1.471	−1.435	1.886
	LSQ3	5.63	1.524	−1.509	1.884
	LSQ4	5.78	1.382	−1.706	2.992
	LSQ5	5.71	1.357	−1.634	2.733
	LSQ6	5.78	1.470	−1.639	2.460
	LSQ7	5.72	1.342	−1.542	2.519
顾客能力	CA1	5.52	1.511	−1.398	1.650
	CA2	5.51	1.526	−1.220	1.034
	CA3	5.67	1.485	−1.492	1.892
	CA4	5.75	1.476	−1.705	2.477
	CA5	5.66	1.551	−1.388	1.357
	CA6	5.75	1.538	−1.747	2.657
	CA7	5.54	1.608	−1.313	1.074
	CA8	5.52	1.595	−1.395	1.426
	CA9	5.64	1.565	−1.477	1.702
	CA10	5.39	1.658	−1.308	1.102
	CA11	5.68	1.526	−1.583	2.162
围观式参与	SP1	5.53	1.424	−1.168	1.355
	SP2	5.70	1.394	−1.376	1.928
	SP3	5.75	1.310	−1.418	2.211

续表

变量	题项	均值	标准差	偏度	峰度
话语式参与	DP1	5.21	1.685	−1.016	0.329
	DP2	5.31	1.621	−1.086	0.600
	DP3	5.23	1.591	−1.488	1.831
	DP4	5.23	1.616	−1.435	1.886
	DP5	5.27	1.627	−0.930	0.360
	DP6	5.23	1.643	−1.096	0.430
	DP7	5.17	1.751	−1.016	0.265
	DP8	5.28	1.533	−0.936	0.538
行动式参与	AP1	5.56	1.410	−0.839	0.137
	AP2	5.57	1.454	−1.389	0.405
	AP3	5.67	1.382	−1.138	0.562
	AP4	5.59	1.351	−1.001	1.919
	AP5	5.68	1.344	−1.042	1.112
	AP6	5.46	1.477	−1.140	1.304
社会临场感	CSP1	5.67	1.319	−1.283	1.200
	CSP2	5.67	1.390	−1.445	1.230
	CSP3	5.73	1.316	−1.553	1.965
	CSP4	5.67	1.375	−1.224	2.113
自我效能感	SE1	5.59	1.491	−1.250	2.739
	SE2	5.58	1.464	−1.330	1.558
	SE3	5.67	1.369	−1.319	1.219

2.共同方法偏差检验

为减少共同方法偏差可能对本研究造成的影响,在开展问卷调查时,本研究已经根据相关学者的建议,采取了一系列措施从偏差的来源进行控制,以降低产生共同方法偏差的可能性(Podsakoff et al.,2003)。一方面,从程序控制的角度出发,在问卷设计和测量上尽量减少共同方法偏差来源,降低共同方法偏差的产生。具体做法是采用匿名调查,减小调查对象对测量目的的猜度,并合理设置题项的顺序和问卷的长度。从本次调查收回的问卷的 IP 地址可以看出，调查对象来自全国不同的省市。另一方面，为进一步分析共同方法偏差对本研究的影响，本研究参照 Aulakh 和 Gencturk(2000)的做法，借助 SPSS 26.0 软件采取 Harman 单因素分析的方法来分析数据。分析结果显示，第一个因子只解释了 25.623%的变异，并不存在单一因子解释力度特别大的情况。因此，可以认为本研究的后续分析受共同方法偏差的影响较小。

此外，用潜在误差变量控制法再次检验共同方法偏差，分别构建了验证性因素分析模型 M1 和包含方法偏差潜变量的模型 M2。比较模型 M1 和模型 M2 后发现，加入共同方法偏差潜变量后，并未明显改善该模型：ΔRMSEA＝0.018，ΔSRMR＝0.001，RMSEA 和 SRMR 变化未超过 0.05；ΔCFI＝0.041，ΔTLI＝0.043，CFI 和 TLI 变化未超过 0.1。根据朱永明和黄嘉鑫(2021)提出的标准，该结果表明不存在严重的共同方法偏差。

3.信度和效度分析

为了确保问卷分析的结果能够真实地反映预期目标，收集的数据有分析价值，笔者对正式调查数据的信度和效度进行了分析。

(1)信度分析

信度反映的是同一变量的不同题项测量该变量的一致性程度。本研究选取了内部一致性系数(Cronbach's α)和组合信度(CR)这两个营销学术文献中最为常用的指标来评价各变量的信度。通过 SPSS 26.0 的可靠性分析程序，计算正式调查总样本数据的内部一致性系数。正式调查数据的信度分析结果如表 5-14 所示，各个测量变量的 Cronbach's α 系数介于 0.74 至 0.94 之间，均大于 0.7，CR 值介于 0.74 至 0.94 之间，均在 0.7 以上，说明测量量表具有较高的信度，符合研究的要求。

表 5-14　正式调查数据的信度分析结果

变　量	测量题项数	Cronbach's α 系数	CR 值
直播服务质量	7	0.940	0.940
顾客能力	11	0.933	0.934

续表

变　量	测量题项数	Cronbach's α 系数	CR 值
围观式参与	3	0.740	0.743
话语式参与	8	0.911	0.912
行动式参与	6	0.857	0.860
社会临场感	4	0.810	0.811
自我效能感	3	0.799	0.802

(2)收敛效度分析

收敛效度分析旨在对同一变量不同题项之间的相关度进行检验，往往采用的是验证性因子分析，目的是进一步确认研究所假设的因子结构在大规模样本中是否仍然成立。本研究使用 AMOS 23.0 软件进行验证性因子分析，结果如表 5-15 所示，各潜在变量的效度结果良好，标准化因子载荷均介于 0.61 至 0.88 之间，且在 $P<0.001$ 统计水平上显著。各潜在变量的平均方差抽取量均接近或大于 0.5。以上结果表明，本研究的各潜在变量具有充分的收敛效度，能够满足目标要求。

表 5-15　总体测量模型的验证性因子分析结果

变　量	题项	标准化因子载荷	SE	CR	AVE
直播服务质量	LSQ1	0.813***	0.066	23.078	0.693
	LSQ2	0.758***	0.063	20.796	
	LSQ3	0.866***	0.065	25.492	
	LSQ4	0.884***	0.069	26.384	
	LSQ5	0.823***	0.068	23.526	
	LSQ6	0.838***	0.067	24.168	
	LSQ7	0.840***	0.068	24.285	

续表

变量	题项	标准化因子载荷	SE	CR	AVE
顾客能力	CA1	0.733***	0.056	19.773	0.563
	CA2	0.721***	0.057	19.335	
	CA3	0.799***	0.053	22.408	
	CA4	0.778***	0.053	21.542	
	CA5	0.721***	0.058	19.334	
	CA6	0.760***	0.056	20.809	
	CA7	0.700***	0.061	18.587	
	CA8	0.721***	0.059	19.316	
	CA9	0.791***	0.056	22.059	
	CA10	0.720***	0.062	19.282	
	CA11	0.790***	0.055	22.021	
围观式参与	SP1	0.713***	0.058	16.477	0.492
	SP2	0.753***	0.057	17.453	
	SP3	0.633***	0.053	14.479	
话语式参与	DP1	0.698***	0.061	18.339	0.563
	DP2	0.707***	0.059	18.642	
	DP3	0.793***	0.055	21.942	
	DP4	0.763***	0.058	20.722	
	DP5	0.796***	0.056	22.057	
	DP6	0.725***	0.059	19.312	
	DP7	0.792***	0.063	21.909	
	DP8	0.723***	0.055	19.224	
行动式参与	AP1	0.615***	0.056	15.180	0.507
	AP2	0.737***	0.055	19.255	
	AP2	0.737***	0.055	19.255	
	AP3	0.792***	0.051	21.298	
	AP4	0.714***	0.050	18.427	
	AP5	0.739***	0.050	19.340	
	AP6	0.661***	0.058	16.653	

续表

变量	题项	标准化因子载荷	SE	CR	AVE
社会临场感	CSP1	0.725***	0.053	17.870	0.518
	CSP2	0.760***	0.056	18.934	
	CSP3	0.729***	0.053	17.996	
	CSP4	0.660***	0.057	15.903	
自我效能感	SE1	0.717***	0.062	17.300	0.575
	SE2	0.736***	0.061	17.787	
	SE3	0.818***	0.056	19.885	

注：AVE 为平均方差抽取量，CR 为组合信度，*** 表示在 $p<0.001$ 的统计水平上显著（双尾）。

（3）区分效度

区分效度是指区分不同潜在变量的程度，主要研究的是各个潜在变量之间存在的差异性，其检验指标包括各潜在变量的 AVE 平方根，以及某一潜在变量与其他潜在变量的相关系数。本研究根据 Hair 等（2011）建议的方法进行了区分效度的检验，结果如表 5-16 所示。根据表 5-16 的结果，各潜在变量之间的相关系数均小于位于对角线上的各潜在变量的 AVE 平方根，这说明各潜在变量之间的区别效度良好。

表 5-16　区分效度检验结果

	1	2	3	4	5	6	7
直播服务质量	**0.833**						
顾客能力	0.054	**0.749**					
围观式参与	0.117**	0.326**	**0.701**				
话语式参与	0.130**	0.320**	0.457**	**0.751**			
行动式参与	0.062	0.264**	0.530**	0.518**	**0.712**		
社会临场感	0.198**	0.470**	0.432**	0.442**	0.319**	**0.719**	
自我效能感	0.192**	0.452**	0.325**	0.441**	0.211**	0.672**	**0.758**

注：表中加粗的数字为对应因子的 AVE 平方根；** 表示在 $p<0.01$ 的统计水平上显著（双尾），* 表示在 $p<0.05$ 的统计水平上显著（双尾）。

三、直接效应分析

根据研究目的、研究模型及研究假设，笔者通过 AMOS 23.0 软件，采用结构方程模型对 560 份大样本数据进行分析，实证检验了前文提出的研究假设。鉴于正式调查数据通过了共同方法偏差检验和信效度分析，数据质量良好，可直接用于结构方程模型分析。于是，运用 AMOS 23.0 软件，根据理论假设关系绘制出模型图，然后将直播服务质量、顾客能力、社会临场感、自我效能感、围观式参与、话语式参与、行动式参与等变量的数据导入结构模型图进行分析，并选择最大似然法，采用标准化估计，检验直播服务质量、顾客能力等自变量和社会临场感、自我效能感等中介变量，对围观式参与、话语式参与、行动式参与等因变量的直接作用，所构建的电商直播顾客参与行为影响因素结构模型的运行结果如图 5-2 所示。

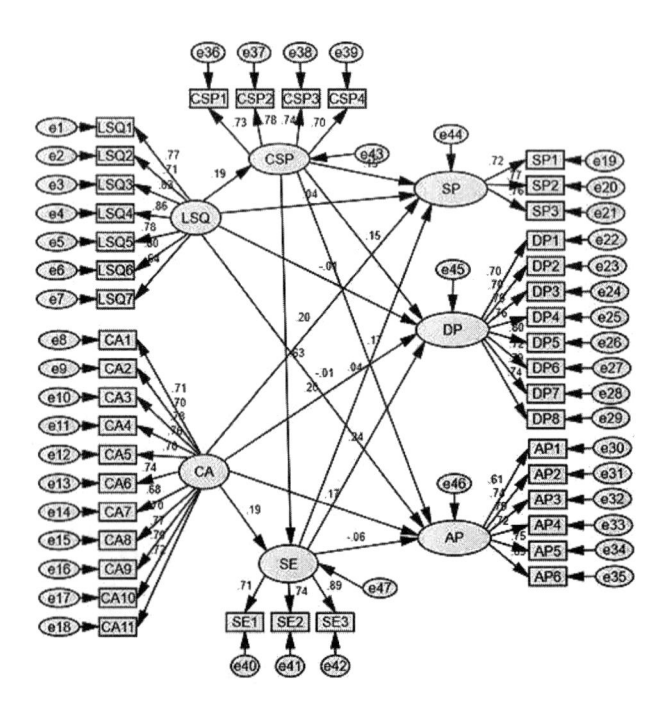

图 5-2 电商直播顾客参与行为影响因素模型

在结构方程模型设定中,用"LSQ"代表直播服务质量,用"CA"代表顾客能力,用"CSP"代表社会临场感,用"SE"代表自我效能感,用"SP"代表围观式参与,用"DP"代表话语式参与,用"AP"代表行动式参与。

通过运用 AMOS 23.0 软件运行结构方程模型,得到整体研究模型的拟合结果,如表 5-17 所示。从表中结果可以看出,虽然 GFI=0.878、AGFI=0.864、NFI=0.887 这三个指标略小于 0.9,不够理想,但仍处于可以接受的范围内。此外,χ^2/df=1.942<3,RMSEA=0.041<0.08,以及其他各指标都满足评价标准。因此,可以认为整体研究模型较好地拟合了样本数据,无须进行额外的修正。

表 5-17 电商直播顾客参与行为影响因素模型的拟合指数

拟合指标	χ^2/df	GFI	AGFI	NFI	CFI	IFI	RMSEA
评价标准	<3	>0.9	>0.9	>0.9	>0.9	>0.9	<0.08
模型	1.942	0.878	0.864	0.887	0.941	0.942	0.041

表 5-18 和图 5-3 显示,顾客能力积极影响顾客的围观式参与、话语式参与和行动式参与[三者的标准化路径系数分别为 0.203(P<0.001)、0.202(P<0.001)、0.174(P<0.001)],即 H2a、H2b 和 H2c 均得到验证,H2 成立。直播服务质量积极影响社会临场感(标准化路径系数为 0.194,P<0.001),即 H3 得到验证,H3 成立。顾客能力积极影响顾客的自我效能感(标准化路径系数为 0.191,P<0.001),且这种影响效应也比较大,即 H4 得到验证,H4 成立。社会临场感积极影响顾客的围观式参与、话语式参与和行动式参与[三者的标准化路径系数分别为 0.151(P<0.05)、0.148(P<0.05)、0.172(P<0.05)],即 H5a、H5b 和 H5c 得到验证,H5 成立。从自我效能感对电商直播顾客参与行为的影响来看,自我效能感仅积极影响顾客的话语式参与(标准化路径系数为 0.243,P<0.001),对顾客的围观式参与和行动式参与并没有积极影响,故 H6b 通过验证,H6 部分成立。此外,顾客的社会临场感积极影响其自我效能感(标准化路径系数为 0.625,P<0.001),且这种影响较大,故 H7 通过验证,H7 成立。

表 5-18 假设检验结果

假设	路径	非标准化路径系数	标准化路径系数	T值	结论
H1	直播服务质量→电商直播顾客参与行为	—	—	—	不支持
H1a	直播服务质量→围观式参与	0.037	0.036	0.730	不支持
H1b	直播服务质量→话语式参与	−0.011	−0.010	−0.234	不支持
H1c	直播服务质量→行动式参与	−0.007	−0.007	−0.148	不支持
H2	顾客能力→电商直播顾客参与行为	—	—	—	支持
H2a	顾客能力→围观式参与	0.211	0.203***	4.001	支持
H2b	顾客能力→话语式参与	0.223	0.202***	4.499	支持
H2c	顾客能力→行动式参与	0.178	0.174***	3.548	支持
H3	直播服务质量→社会临场感	0.197	0.194***	4.042	支持
H4	顾客能力→自我效能感	0.252	0.191***	4.769	支持
H5	社会临场感→电商直播顾客参与行为	—	—	—	支持
H5a	社会临场感→围观式参与	0.154	0.151*	2.053	支持
H5b	社会临场感→话语式参与	0.161	0.148*	2.285	支持
H5c	社会临场感→行动式参与	0.172	0.172*	2.405	支持
H6	自我效能感→电商直播顾客参与行为	—	—	—	部分支持
H6a	自我效能感→围观式参与	0.033	0.042	0.577	不支持
H6b	自我效能感→话语式参与	0.203	0.243***	3.714	支持
H6c	自我效能感→行动式参与	−0.044	−0.056	−0.797	不支持
H7	社会临场感→自我效能感	0.811	0.625***	13.951	支持

图 5-3　结构模型结果

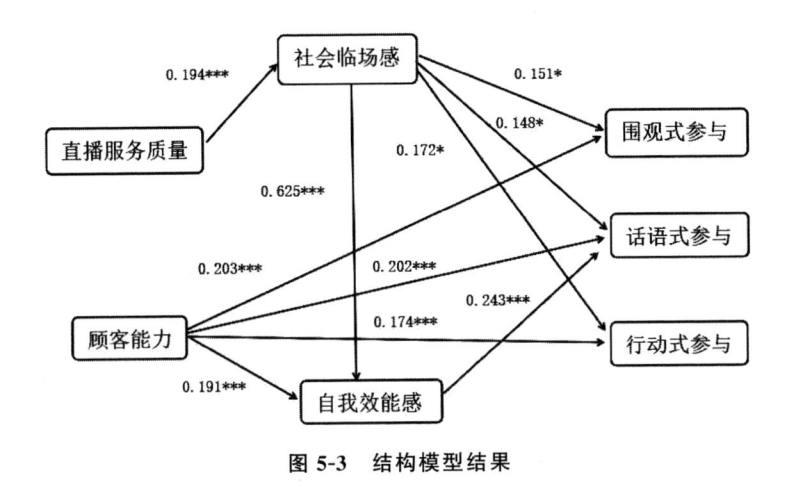

四、中介效应分析

对各变量标准化处理后,按照 Zhao 等(2010)和 Preacher 等(2008)提出的 Bootstrap 检验程序和相应模型来检验中介效应,重复抽样 10000 次,在 95% 置信区间下,取样方法为选择偏差校正的非参数百分位法。如果间接效应在 95% 的置信区间下不包含 0,表明中介效应显著;如果直接效应在 95% 的置信区间下包含 0,表明中介变量发挥的是完全中介作用。运用该程序,本研究选择了模型 4,检验了社会临场感在直播服务质量和电商直播顾客参与行为之间的中介作用,以及自我效能感在顾客能力和电商直播顾客参与行为之间的中介作用。此外,本研究还选择了模型 6,分析了社会临场感与自我效能感在直播服务质量和电商直播顾客参与行为之间的链式中介作用。

1.社会临场感的中介效应分析

社会临场感中介效应检验结果如表 5-19 所示。在 95% 的置信区间下,"直播服务质量→社会临场感→围观式参与""直播服务质量→社会临场感→话语式参与""直播服务质量→社会临场感→行动式参与"等路径中介效应的检验结果中不包括 0,即上述路径的中介效应显著。其中,社会临场感在直播服务质量对围观式参与、直播服务质量对话语式参与、直播服务质量对行动式参与影响路径中的间接效应分别为 0.064(95%CI[0.026,0.117])、0.092(95%[0.050,0.153])、0.055(95%CI[0.021,0.106])。在控制了社会临场感之后,直播服务质量对围观式参与、行动式参与的影响不显著,直接效应为 0.068(95%CI[-0.020,0.157])、0.016(95%CI[-0.067,0.100]),但直播服务质量对话语式参与的影响显著,直接效应为 0.231(95%[0.134,0.327]),这说明社会临场感在直播服务质量与围观式参与、行动式参与的关系中起完全中介作用,在直播服务质量与话语式参与的关系中起部分中介作用,社会临场感积极中介了直播服务质量对围观式参与、话语式参与和行动式参与的影响,H8a、H8b 和 H8c 得到验证,故 H8 获得了实证支持。上述结果表明,电商直播平台直播服务质量的提升,主要是通过提升顾客的社会临场感,从而在一定程度上促进顾客的围观式参与、话语式参与和行动式参与。

表 5-19　社会临场感中介效应检验结果

效应类型	具体路径	效应值	标准误	t 值	p 值	95%置信区间(CI) LLCI	ULCI
直接效应	直播服务质量→围观式参与	0.068	0.045	1.515	0.131	-0.020	0.157
	直播服务质量→话语式参与	0.231	0.049	4.699	0.000	0.134	0.327
	直播服务质量→行动式参与	0.016	0.043	0.381	0.703	-0.067	0.100
中介效应	直播服务质量→社会临场感→围观式参与	0.064	0.028	—	—	0.026	0.117
	直播服务质量→社会临场感→话语式参与	0.092	0.026	—	—	0.050	0.153
	直播服务质量→社会临场感→行动式参与	0.055	0.021	—	—	0.021	0.106

2.社会临场感与自我效能感的链式中介作用

由于顾客的自我效能感对围观式参与、行动式参与的影响均不显著,因此直播服务质量无法通过自我效能感对围观式参与和行动式参与产生影响，即 H9a 和 H9c 不成立。根据直接效应的检验结果，可以推测，社会临场感和自我效能感可能在直播服务质量和话语式参与之间起链式中介作用。接下来，将对"直播服务质量→社会临场感→自我效能感→话语式参与"这条潜在链式中介路径进行检验。

社会临场感与自我效能感链式中介效应的检验结果如表 5-20 所示。在 95% 的置信区间下，"直播服务质量→社会临场感→自我效能感→话语式参与"路径中的间接效应为 0.062（95%CI[0.033,0.103]），这表明社会临场感和自我效能感在直播服务质量和话语式参与之间起链式中介作用。换言之，直播服务质量可以通过提升顾客的社会临场感引发顾客的自我效能感，最终影响顾客的话语式参与，即 H9b 得到验证，故 H9 获得了部分的实证支持。

表 5-20　社会临场感与自我效能感的链式中介效应检验结果

效应类型	具体路径	效应值	标准误	95%置信区间(CI) LLCI	95%置信区间(CI) ULCI
中介效应	直播服务质量→社会临场感→自我效能感→话语式参与	0.062	0.017	0.033	0.103

3. 自我效能感的中介效应分析

由于顾客的自我效能感对围观式参与、行动式参与的影响均不显著，因此其无法在顾客能力和围观式参与、顾客能力和行动式参与的影响关系中起中介作用，即 H10a 和 H10c 自然不成立。根据直接效应的检验结果，可以推测，自我效能感可能在顾客能力和话语式参与之间起中介作用，故本研究将进一步对"顾客能力→自我效能感→话语式参与"这条潜在中介路径进行检验。

自我效能感中介效应的检验结果如表 5-21 所示。在 95% 的置信区间下，"顾客能力→自我效能感→话语式参与"路径中的间接效应为 0.118（95%CI[0.067,0.186]）；在控制了自我效能感之后，顾客能力对话语式参与的影响仍然显著，直接效应为 0.287（95%CI[0.197,0.378]）。这表明，自我效能感在顾客能力对话语式参与的影响中起部分中介作用,即自我效能感中介了顾客能力对话语式参与的影响,H10b得到验证,故 H10 获得了部分的实证支持。上述结果表明,顾客能力可以通过增强顾客的自我效能感来促进顾客的话语式参与。当顾客的自我效能感越强时,其对电商直播的话语式参与的程度也越高。可见,自我效能感较高的顾客,会以更为积极的话语式参与的方式参与电商直播活动。

表 5-21 自我效能感中介效应检验结果

效应类型	具体路径	效应值	标准误	t 值	p 值	95%置信区间(CI)	
						LLCI	ULCI
直接效应	顾客能力→话语式参与	0.287	0.046	6.253	0.000	0.197	0.378
间接效应	顾客能力→自我效能感→话语式参与	0.118	0.030	—	—	0.067	0.186

五、人口统计特征对电商直播顾客参与行为的影响分析

本研究还考察了人口统计特征对电商直播顾客参与行为的影响。人口统计特征变量包括性别、年龄、受教育程度、月收入和观看频率,并运用方差分析法检验了这些变量的不同水平是否对电商直播顾客参与行为的各维度产生显著影响。

1.性别对电商直播顾客参与行为的影响

顾客性别对电商直播顾客参与行为影响的方差分析及均值结果如表 5-22 所示。结果表明,顾客的性别对其围观式参与、话语式参与和行动式参与没有显著影响。

表 5-22 顾客性别对电商直播顾客参与行为影响的方差分析及均值结果

潜变量	组别	样本量	均值	F 值	P 值
围观式参与	男	151	5.6667	0.005	0.946
	女	409	5.6593		

续表

潜变量	组别	样本量	均值	F 值	P 值
话语式参与	男	151	5.4023	3.176	0.075
	女	409	5.1840		
行动式参与	男	151	5.5221	0.837	0.361
	女	409	5.6145		

2.年龄对电商直播顾客参与行为的影响

顾客年龄对电商直播顾客参与行为影响的方差分析及均值结果如表5-23所示。结果表明，顾客的年龄对话语式参与有显著影响，但对围观式参与和行动式参与没有显著影响。也就是说，顾客的年龄仅对其话语式参与有影响。其中，36～40岁的顾客在话语式参与方面最活跃，18～24岁和50岁以下的顾客在话语式参与方面的活跃度较低。

表 5-23　顾客年龄对电商直播顾客参与行为影响的方差分析及均值结果

潜变量	组别	样本量	均值	F 值	P 值
围观式参与	18 岁以下	2	5.000	0.566	0.687
	18～24 岁	76	5.583		
	25～30 岁	172	5.649		
	31～35 岁	266	5.665		
	36～40 岁	44	5.849		
	41～50 岁	2	5.000		
	50 岁以上	76	5.583		
话语式参与	18 岁以下	2	4.750	18.333***	0.000
	18～24 岁	76	4.150		
	25～30 岁	172	5.415		
	31～35 岁	266	5.383		
	36～40 岁	44	5.636		
	41～50 岁	2	4.750		
	50 岁以上	76	4.150		

续表

潜变量	组别	样本量	均值	F 值	P 值
行动式参与	18 岁以下	2	4.167	1.542	0.189
	18~24 岁	76	5.524		
	25~30 岁	172	5.525		
	31~35 岁	266	5.632		
	36~40 岁	44	5.765		
	41~50 岁	2	4.167		
	50 岁以上	76	5.524		

注：*** 表示在 $p<0.001$ 的统计水平上显著。

3.受教育程度对电商直播顾客参与行为的影响

受教育程度对电商直播顾客参与行为影响的方差分析及均值结果如表 5-24 所示。结果表明，顾客的受教育程度对其话语式参与有显著影响，但对其围观式参与和行动式参与没有显著影响。其中，初中及以下学历的顾客在话语式参与方面最活跃，本科学历的顾客在话语式参与方面的活跃度较低。

表 5-24　顾客受教育程度对电商直播顾客参与行为影响的方差分析及均值结果

潜变量	组别	样本量	均值	F 值	P 值
围观式参与	初中及以下	6	6.333	1.251	0.284
	高中/中专	94	5.578		
	专科	281	5.607		
	本科	163	5.779		
	硕士研究生及以上	13	5.795		
话语式参与	初中及以下	6	6.083	4.072**	0.001
	高中/中专	94	5.172		
	专科	281	5.436		
	本科	163	4.921		
	硕士研究生及以上	13	5.356		

续表

潜变量	组别	样本量	均值	F 值	P 值
行动式参与	初中及以下	6	5.861	0.258	0.936
	高中/中专	94	5.544		
	专科	281	5.566		
	本科	163	5.630		
	硕士研究生及以上	13	5.744		

注：** 表示在 $p<0.01$ 的统计水平上显著。

4. 月收入对电商直播顾客参与行为的影响

月收入对电商直播顾客参与行为影响的方差分析及均值结果如表 5-25 所示。结果表明，顾客的月收入对其话语式参与有显著影响，但对其围观式参与和行动式参与没有显著影响。其中，月收入在 8000~9999 元的顾客在话语式参与方面最活跃，月收入在 2000 元以下的顾客在话语式参与方面的活跃度最低。

表 5-25　顾客月收入对电商直播顾客参与行为影响的方差分析及均值结果

潜变量	组别	样本量	均值	F 值	P 值
围观式参与	2000 元以下	61	5.639	0.851	0.514
	2000~3999 元	114	5.766		
	4000~5999 元	285	5.655		
	6000~7999 元	62	5.441		
	8000~9999 元	27	5.864		
	10000 元以上	11	5.606		
话语式参与	2000 元以下	61	3.916	17.982***	0.000
	2000~3999 元	114	5.247		
	4000~5999 元	285	5.455		
	6000~7999 元	62	5.385		
	8000~9999 元	27	5.769		
	10000 元以上	11	4.977		

续表

潜变量	组别	样本量	均值	F 值	P 值
行动式参与	2000 元以下	61	5.549	0.826	0.531
	2000～3999 元	114	5.579		
	4000～5999 元	285	5.624		
	6000～7999 元	62	5.376		
	8000～9999 元	27	5.803		
	10000 元以上	11	5.712		

注：*** 表示在 $p<0.001$ 的统计水平上显著。

5.观看频率对电商直播顾客参与行为的影响

观看频率对电商直播顾客参与行为影响的方差分析及均值结果如表 5-26 所示。结果表明，顾客的观看频率对其话语式参与有显著影响，但对其围观式参与和行动式参与没有显著影响。其中，每天都看电商直播的顾客在话语式参与方面最活跃，而每月看电商直播 1～3 次的顾客在话语式参与方面的活跃度最低。

表 5-26　顾客观看频率对电商直播顾客参与行为影响的方差分析及均值结果

潜变量	组别	样本量	均值	F 值	P 值
围观式参与	每天都看	181	5.707	0.634	0.593
	每周 1～6 次	227	5.586		
	每月 1～3 次	127	5.738		
	每月少于 1 次	25	5.627		
话语式参与	每天都看	181	5.607	9.107***	0.000
	每周 1～6 次	227	5.186		
	每月 1～3 次	127	4.874		
	每月少于 1 次	25	5.000		
行动式参与	每天都看	181	5.613	0.343	0.794
	每周 1～6 次	227	5.564		
	每月 1～3 次	127	5.634		
	每月少于 1 次	25	5.427		

注：*** 表示在 $p<0.001$ 的统计水平上显著。

第六节 直播服务质量和顾客能力对顾客参与行为的影响

上述实证研究表明,直播服务质量和顾客能力会分别通过顾客内在状态(社会临场感、自我效能感)对电商直播顾客不同类型的参与行为产生积极影响。本节将系统地归纳和总结这些影响关系,从而为电商直播相关企业采取提升顾客参与度的管理决策提供理论参考。

一、直播服务质量与社会临场感、电商直播顾客参与行为的关系

本章使用包含电商直播顾客参与行为量表在内的问卷进行数据的收集,相应的模型检验结果进一步证实了电商直播顾客参与行为量表的稳定性,且电商直播顾客参与行为的三维结构(围观式参与、话语式参与和行动式参与)也得到了验证。

以往的研究认为,感知服务质量正向影响顾客参与行为(Cermak et al.,1994;Ennew and Binks,1999;Mortazavi et al.,2014;Ni et al.,2015)。然而,本研究却得出了一个出乎意料的结果,即直播服务质量对顾客围观式参与、话语式参与和行动式参与的影响均不显著,究其原因可能是直播服务质量仅仅代表了电商直播平台或直播间的基础功能,只是影响顾客观看电商直播的基础条件,只有服务质量好,顾客才会愿意去观看。至于顾客是否会积极参与其中,还受到其他因素的影响。此外,本研究还发现直播服务质量对社会临场感有积极影响,而社会临场感又积极影响顾客的围观式参与、话语式参与和行动式参与,且社会临场感在直播服务质量与话语式参与之间发挥中介作用。这样的结果表明,具有较高服务质量的电商直播平台需要通过增强顾客的社会临场感来促进顾客在电商直播中的参与行为。但这并不

代表直播服务质量不重要,实际上,直播服务质量是所有顾客参与行为发生的基础和前提。至于顾客是否会在直播活动中产生参与行为,还要看直播服务质量对顾客社会临场感的影响程度,故直播服务质量的作用也不容小觑。同时,顾客的社会临场感显著正向影响其自我效能感,即顾客社会临场感的提升能增强顾客的自我效能感。而且,社会临场感和自我效能感在直播服务质量与话语式参与之间发挥链式中介作用,这表明直播服务质量可以通过社会临场感激发顾客的自我效能感,最终影响顾客的话语式参与。

二、顾客能力与自我效能感、电商直播顾客参与行为的关系

顾客能力是顾客拥有的知识、学习和实践的欲望以及积极参与对话能力的一种体现。本研究中,顾客能力主要是指顾客的知识、沟通能力和创新意识等方面。研究发现,顾客能力显著正向影响顾客的围观式参与、话语式参与和行动式参与行为。这一结果表明,顾客的知识、沟通能力和创新意识等因素对其参与行为有重要影响。顾客只有具备一定的电商直播的相关知识,才能够更好地利用平台的各项功能来搜寻和整合信息;顾客在参与直播的过程中与其他各方的交流与信息传递受到其沟通能力的影响;顾客的创新意识决定其愿不愿意尝试开展更加具有自主话语权的参与行为。同时,顾客能力又积极影响其自我效能感,而自我效能感又积极影响顾客的话语式参与,并在顾客能力与话语式参与之间发挥中介作用。也就是说,顾客能力越强,越有可能参与电商直播活动。尤其是当顾客自我效能感越高时,越相信自己有能力进行话语式参与,在话语式参与方面的表现就会越活跃。至于自我效能感无法显著正向影响围观式参与和行动式参与,原因可能是自我效能感主要是对一些有挑战性的活动有影响,而围观式参与和行动式参与对顾客能力的要求并不高,因此,自我效能感对此类参与行为所产生的影响就不显著。

三、人口统计特征与电商直播顾客参与行为的关系

实证研究结果表明,顾客的人口统计特征变量对电商直播顾客参与行为的影响关系部分成立。其中:顾客的人口统计特征变量对其围观式参与和行动式参与的影响并不显著。顾客的性别对其话语式参与的影响也不显著,但顾客的年龄、受教育程度、月收入和观看频率对其话语式参与的影响显著,具有36~40岁的年龄、初中及以下学历、月收入在8000~9999元、每天都看电商直播等特征之一的顾客在话语式参与方面最活跃。这充分说明人口统计特征对电商直播参与行为有不同程度的影响。因此,电商直播相关企业和从业人员应当充分利用这一结论,根据话语式参与比较活跃的顾客的人口统计特征,有针对地加以引导,做好口碑营销和管理工作。

上述相关结论不仅对电商直播领域的价值共创研究、直播服务质量研究以及顾客能力研究有所贡献,也为今后探讨电商直播顾客参与行为影响因素的相关研究提供了重要的理论支撑。同时,也可以为电商直播相关企业提供服务主导逻辑发展趋势下经营管理的新思路。

第七节　本章小结

本章就直播服务质量和顾客能力影响社会临场感、自我效能感与电商直播顾客参与行为的概念模型进行了实证研究。该模型由直播服务质量、顾客能力、社会临场感、自我效能感、电商直播顾客参与行为(围观式参与、话语式参与和行动式参与)等变量构成,探讨了直播服务质量、顾客能力通过顾客内在状态(社会临场感、自我效能感)对电商直播顾客参与行为产生的影响。为了确保实证研究的科学性和严谨性,本章首先界定了研究所涉及的主要概念,并在文献回顾的基础上,利用第四章开发的电商直播顾客参

与行为的量表,采用直播服务质量、顾客能力、社会临场感、自我效能感等成熟量表提炼出相应的测量题项,并通过小规模的专家学者和电商直播从业者的深度访谈,对测量题项进行进一步确认、补充和调整,进而形成预调查问卷。其次,通过小样本预调查数据的可靠性分析和探索性因子分析,进一步筛选和确定了问卷的测量题项,最终形成正式调查问卷。再次,通过大样本的正式调查和数据分析,检验概念模型和研究假设。在这一步骤中,介绍了正式调查的设计与实施,并对回收的大样本数据开展了描述性统计分析、共同方法偏差检验以及研究变量的信效度分析。复次,使用结构方程模型和 Bootstrap 方法来进行假设检验,结果表明,大多数的研究假设得到了调查数据的支持。又次,进一步使用方差分析法对人口统计特征与电商直播顾客参与行为之间的关系进行了分析。最后,基于上述数据的分析结果,对本章的实证研究结果进行了总结和讨论。

第六章 电商直播顾客参与行为对顾客忠诚的作用机制

电商直播顾客参与行为(围观式参与、话语式参与和行动式参与)对顾客忠诚(平台忠诚、主播忠诚和品牌忠诚)的影响效果和作用机制是怎样的？电商直播情境下顾客不同的参与行为是否会对顾客的三种感知价值产生不同的影响？增强顾客参与电商直播的积极性是否会提高其感知价值？如果回答是肯定的，那么对于每种感知价值，哪种行为的刺激会更为关键？顾客因参与所获得的感知价值是否能够持续增强？三种感知价值在培养顾客忠诚的过程中分别扮演了什么角色？顾客参与行为对顾客忠诚的培育又会有什么样的影响？此外，顾客的三种感知价值是否因产品类型的不同而有所不同？本章基于服务主导逻辑和顾客价值理论，建立了相应的研究假设和模型，对上述问题进行解答。

第一节 相关概念界定

一、顾客感知价值

综合已有的研究成果，本研究认为电商直播情境下的顾客感知价值是顾客在电商直播这一特定情境下感知到的已经、正在或者将要从参与电商直播活动中得到的各种利益,以及为此所付出的成本,并在比较、权衡这些利益和付出的成本后形成的总体评价。当前,观看电商直播已成为一种流行的消遣方式。有些顾客有观看电商直播的习惯,每天都会利用碎片时间通过参与电商直播活动来消遣,也因此减少了在商品选择上花费的信息搜寻成本和时间成本。Cai等(2018)认为顾客观看电商直播主要是出于功利和享乐两大动机。在本研究中,顾客感知价值指的是顾客对参与电商直播活动能为其带来的好处的主观感知,是顾客在电商直播活动中通过与主播、平台工作人员、其他顾客等互动而共创的价值。根据使用—满足理论,基于电商直播这一特定的研究情境和电商直播的特点,参照彭晓东和申光龙(2016)的做法,采用三维划分法来划分顾客感知价值的维度,将其分为实用价值、娱乐价值和社会价值。通过梳理之前的相关文献可知,诸多学者对顾客感知价值的维度划分也都包含了这三个维度。

第一,实用价值。通过电商直播,顾客不仅可以获得产品信息、促销信息和品牌相关信息,节省搜寻对比的时间,提高决策效率,也可以在参与电商直播的过程中获得奖品和价格优惠,还可以通过与主播、平台工作人员的沟通,使得关于产品使用的问题得到解答,并享受售后服务,满足购物和认知方面的需求,从而实现自己的目标或达到自己的目的,这类价值对顾客而言,体现为实实在在的功能性利益。根据Sweeney和Soutar(2001)、彭晓东和申光龙(2016)的观点,本研究将电商直播情境下的实用价值定义为顾客在参与电商直播活动过程中得到满足的预期目的或认知诉求,如达到其某个或某几个目的。

第二,娱乐价值。电商直播中主播的颜值、才华能给人带来愉悦的感受,其幽默的语言和举动也可以使顾客的心情愉悦。顾客在阅读评论和进行互动的过程中也可以感到放松和快乐。顾客通过参与电商直播中抽奖、"秒杀"、评论等互动活动,还可以获得快乐并打发时间、放松心情。同时,顾客的信息分享和合作行为满足了顾客自我表达和自我展现的需求,并增强了顾客内心的愉悦感、满足感和快乐感等正面情绪。这些都体现出电商直播的娱乐价值。相关报告显示,出于"直播让我放松、令人愉悦"这一原因而观看电商直播的顾客占 32.5%[①]。根据彭晓东和申光龙（2016）的观点，本研究将电商直播情境下的娱乐价值定义为顾客从满足心理和精神需求的目的出发，在参与电商直播的过程中所获得的一种心情放松、精神愉快的价值。它是顾客价值的表现形式之一，是基于心理愉悦的体验感，具体表现为顾客在参与电商直播活动中获得的乐趣、愉悦感、新奇感、控制感和成就感等心理价值。相比实用价值，娱乐价值更能被直观地展现出来，以反映顾客心理的动态变化。

第三，社会价值。社会价值通常表现为在一个群体中被社会接受的价值，如认识志同道合的人，获得归属感，改善被他人感知的方式（Eid and El-Gohary, 2015; Prebensen and Rosengren, 2016），等等，体现在顾客所得到的自尊满足、社会认同、社会地位提高等方面。在电商直播活动中，顾客可以结识新朋友、拓展社交圈子；通过评论直播与他人互动，获得他人的认可；分享直播间，为他人提供有价值的信息；在微信、QQ、钉钉等社交媒体上围绕电商直播与好友进行交流，提升自己在朋友中的影响力和社会地位。顾客可以通过提供帮助、讨论或交流意见、支持他人等互相建立良好的线上关系，满足自身的社交需求。此外，顾客在直播平台上购买的商品还可能使其他社会成员改变对顾客的看法。本研究借鉴 Sweeney 和 Soutar（2001）、卜庆娟等（2016）对社会价值的定义，认为电商直播情境下的社会价值是指顾客通过参与电商直播活动，在互动中与他人建立和维系关系，进而获得社会支持、友谊和其他亲密关系，满足其社会需求的一种价值形式。

二、顾客忠诚

顾客忠诚是顾客资产的重要组成部分。本研究采用 Oliver（1999）对顾客忠诚的定义，认为顾客忠诚是顾客行为和态度的综合反映，是态度忠诚和

[①] 数据来源：2020 年 12 月中国消费者协会发布的《直播电商购物消费者满意度在线调查报告》。

行为忠诚的统一,从而达到积极态度与重复使用行为的一致,并且这种忠诚的主观意向不因外界变化的影响而转移。本研究将从平台、主播和产品品牌三个不同的层面来研究电商直播顾客参与行为对顾客忠诚的影响,故在开始研究之前先对平台忠诚、主播忠诚和品牌忠诚三个概念进行界定。

汪纯孝(2001)认为平台忠诚是指顾客不受替代平台的各种营销诱惑,仍然持续在原有平台消费,甚至给予其好评或推荐等。李小鹿(2015)指出,从本质上看,顾客的平台忠诚和传统的顾客忠诚基本相同,只不过平台忠诚是在平台情境下体现,因此,大部分学者都采用传统的顾客忠诚理论来分析平台忠诚。于是,基于复合论的观点以及平台型企业的特殊性,本研究将平台忠诚定义为顾客对某电商直播平台产生的偏向性态度,以及由此产生的重复使用该电商直播平台或向他人推荐的意向和行为。由于顾客对某电商直播平台的忠诚是其通过参与价值共创而形成的(Cossío-Silva et al.,2016),因此,顾客对电商直播平台形成的平台忠诚可以被视为平台所获得的价值。根据学者 Aaker(1992)和 Oliver(1999)等对品牌忠诚的定义,本研究将品牌忠诚界定为顾客不仅喜欢和偏好特定品牌,并且在未来持续重复购买该品牌产品的行为。与界定品牌忠诚和平台忠诚相类似,本研究仍沿用复合论的观点来界定主播忠诚,将其定义为顾客对某主播产生的偏向性态度,以及由此产生的在现阶段或在未来继续关注该主播的意向。

三、产品类型

产品类型是将产品根据不同的特性进行分类。对于产品类型,没有统一的划分标准,但可以从不同的角度对产品进行分类。根据顾客获取产品信息以及评估质量的难易程度,可将产品分为搜索品和体验品(Nelson,1974),该分类方式也是营销学界最常采用的一种,更加强调产品的信息特征和体验属性,被广泛应用于在线购物、网络口碑等领域。相关研究表明,搜索品和体验品这两种产品在营销策略上的有效性会有所不同（Bae and Lee，2011；Zhang and Tran，2011）。因此，本研究将产品类型作为调节变量，将参与电商直播的产品类型分为搜索品和体验品两种类型。对于搜索品，顾客在购买和使用之前通过搜索就能获得产品信息（Li et al.，2002；Senecal and Nantel，2004）并进行特征评估和比较（Weathers et al.，2007），如日用品、数码产品等，而体验品如服饰、鞋帽、彩妆、食品、电影、图书、酒等，往往具有主观性和不确定性，顾客很难事先观察和评价其属性和特征（Nelson，1970），只有在消费过程中或消费后才能评判（Weathers et al.，2007）。

第二节 电商直播顾客参与行为对顾客忠诚作用机制模型

本研究基于服务主导逻辑和顾客价值理论，研究电商直播顾客参与行为对顾客忠诚的作用机制。根据服务主导逻辑的观点，顾客参与行为作为一种价值共创行为，其结果必然产生价值，即产生顾客感知价值。企业与顾客间的所有互动都有可能进行共同的价值创造和价值获取（Prahalad and Ramaswamy，2004）。而且，顾客、企业和其他利益相关者作为资源的整合者，相互的互动不仅共同创造了价值（Vargo et al.，2008），也是形成顾客感知价值的起点。本研究认为，电商直播顾客参与行为包括围观式参与、话语式参与和行动式参与三个维度，分别对顾客的感知实用价值、娱乐价值和社会价值产生正向影响，而感知实用价值、娱乐价值和社会价值又进一步对平台忠诚、主播忠诚和品牌忠诚产生正向影响。另外，产品类型也可能在电商直播顾客参与行为对顾客感知价值的影响中起调节作用。电商直播顾客参与行为对顾客忠诚作用机制的概念模型如图 6-1 所示。

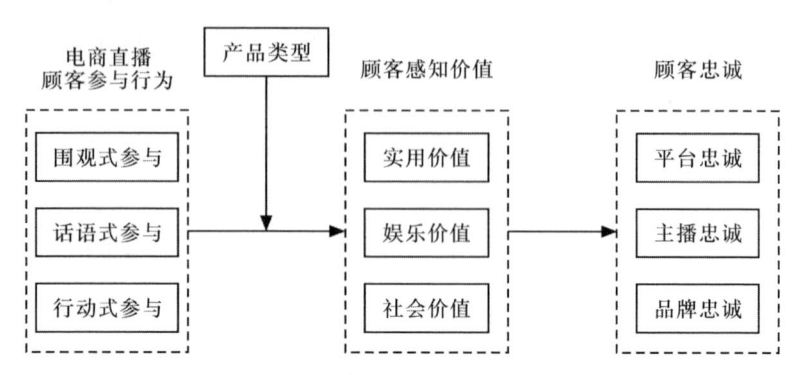

图 6-1　电商直播顾客参与行为对顾客忠诚作用机制的概念模型

第三节　研究假设

一、主效应关系假设

1.电商直播顾客参与行为对顾客感知价值的影响

梳理以往有关顾客参与的研究可知,这些研究较多关注顾客参与对顾客感知价值的积极影响(Gruen et al.,2006;Schau et al.,2009;汪涛 等,2008;Marbach et al.,2016)。顾客作为价值共创的核心主体,在互动过程中可以获得其需要的价值(涂剑波、张明立,2013;卜庆娟 等,2016)。Curras-Perez 等(2014)和 Chiang(2013)的研究表明,社交互动显著正向影响感知价值。在专业服务行业,顾客参与促进了共创顾客价值(即企业与顾客共创的价值)的生成(武文珍、陈启杰,2017)。Kimmy(2010)和贾薇(2010)的研究发现,顾客的实用价值受到顾客参与的积极影响。对于中国 B2B 企业来说,顾客参与正向促进顾客价值(何勇,2014)。在服务业中,顾客参与提高了顾客价值(包括经济价值和关系价值)(Chan et al.,2010),对顾客感知到的实用价值和享乐价值有积极影响(张明立 等,2011;贾薇 等,2011)。在家装行业,顾客通过与企业的合作和互动对经济价值和关系价值产生促进作用(彭艳君、管婷婷，2016）。John(2003)研究发现，顾客参与可以给顾客带来心理和情感方面的愉悦。顾客与企业员工能够通过互动获得愉悦感并建立关系，进而共同创造关系价值（Vargo et al.，2004），高质量的互动交流还有助于建立更坚固的社会联系（Achen，2018）。上述影响和关系在社交媒体营销情境下也不例外（Zhang et al.，2017）。社群互动行为积极影响顾客价值（杜佳、安景文，2018）。在虚拟品牌社区环境下，顾客参与自发或企业发起的品牌共创都会显著正向影响顾客价值（霍春辉 等，2019）。当顾客参与社会化媒体互动时，可以实现双方实用价值和享乐价值的创造（Overby and Lee，2006）。相关研究还表明，娱乐价值是顾客使用社会化媒体的重要动因之一（Schulze et al.，2014）。企业和顾客利用社交媒体所进行的内容创造与交换，在给顾客带来工具性价值之外，还会带来社会性与情感性价值（王新新、薛海波，2010）。辛璐琦和王兴元（2018）的研究表明，在线消费社群中的互动沟通对顾客感知功能价值、社会价值和情感价值有显著正向影响。

互动是顾客参与电商直播的主要表现之一，顾客与主播或顾客与顾客之间互动程度的增加，会增强顾客对直播的积极态度和感知价值（Chen and Lin，2018）。对于顾客来说，参与电商直播的过程不仅是一种实用性活动，更是一种享乐性活动。电商直播的目的在于促进商品的销售，因此在电商直播过程中，具有利益性的价值主张会不可避免地通过折扣、降价、优惠等方式提出来，而这种价值主张涉及的利益性程度使得平台运营方与参与方之间的利益关系变得更加紧密，这无形中增强了顾客在实用价值方面的感知。在电商直播中，主播的讲解和体验传达了大部分的产品价值或活动信息，顾客可以通过主播所提供的"原始材料"更清晰地了解产品。而且，直播间的弹幕还包含了其他顾客的产品评价、推荐等信息，顾客在获得信息或体验的同时，还增强了对产品和品牌的认知。同时，当主播展示产品时，顾客为了进一步了解产品，可以通过咨询或发表评论，根据自身的需求或偏好与主播进行互动，凭借与主播的深入交流获得更多的产品和品牌知识，从而为自己的购物决策提供必要的信息。随着电商直播平台的不断发展，平台布局、功能设置都越来越具有美学性，直播平台上的内容产品也越来越丰富，有趣的功能设计、直播视频和互动活动等在一定程度上使得顾客参与电商直播的过程成为一个享受的过程,更加容易获得愉悦感和新鲜感。此外,电商直播的关键特性之一是社交性。顾客可以通过直播平台的弹幕与主播和其他在线顾客进行社会性交流。Wongkitrun-grueng 和 Assarut(2020)的研究发现,顾客在观看电商直播的过程中会同时阅读弹幕,这些弹幕会使他们感受到其他顾客的态度,进而影响他们的感知价值和行为意向。顾客在参与过程中所表现出的合作行为和人际互动行为又进一步拉近了其与平台运营方、主播、品牌商家之间的距离和关系,增强了三方关系的连接以及顾客的临场感和愉悦感,进而满足了其在现代社会中的社交需求。基于上述分析,本研究认为顾客参与电商直播的程度越高,即顾客在价值共创过程中贡献的资源越多,创造出更多顾客感知价值的可能性也就越大。据此,本研究提出以下假设。

H6-1:电商直播参与行为显著正向影响实用价值。

H6-1a:围观式参与显著正向影响实用价值。

H6-1b:话语式参与显著正向影响实用价值。

H6-1c:行动式参与显著正向影响实用价值。

H6-2:电商直播参与行为显著正向影响娱乐价值。

H6-2a:围观式参与显著正向影响娱乐价值。

H6-2b:话语式参与显著正向影响娱乐价值。

H6-2c:行动式参与显著正向影响娱乐价值。

H6-3:电商直播参与行为显著正向影响社会价值。

H6-3a:围观式参与显著正向影响社会价值。

H6-3b:话语式参与显著正向影响社会价值。

H6-3c:行动式参与显著正向影响社会价值。

2.顾客的感知价值对顾客忠诚的影响

根据手段—目的链(means-end chain,MEC)理论,感知价值被认为是影响顾客行为的直接动因(Gutman,1997)。顾客忠诚于企业的根本原因在于实现了自身价值的最大化(陈雪阳、刘建新,2006)。价值被认为是企业与顾客长期关系形成的主要预测因素(Barari et al.,2020)。关系营销的研究表明,顾客感知价值对关系质量有影响(Itani et al.,2019);顾客感受到的价值是企业与顾客保持长期关系的关键驱动力(Vroman,1996),是预测企业与顾客长期关系的主要因素(Barari 等,2020)。感知价值为企业提供了与顾客建立并深化关系的宝贵契机(Palmatier et al.,2006),也是企业与顾客建立和管理有效关系的工具(Brodie et al.,2013)。前期的研究表明,感知价值是顾客忠诚的前置因素(Sirdeshmukh et al.,2002;Ryu et al.,2008)、驱动因素(Qi et al.,2012)和关键决定因素(陈明亮,2003),显著影响顾客忠诚(Chen and Lin,2018;Parasuraman and Grewal,2000;白长虹,2001;Yang et al.,2004;金立印,2007;Nadiri et al.,2009;占小军,2012;黄京华 等,2016)。感知价值在刺激顾客再购买行为的同时,还从态度层面驱动顾客对企业的忠诚(Mcalexander et al.,2002),是企业成功开展营销活动的基础(唐方成、蒋沂桐,2018)。但张瑞金等(2014)、王凤艳等(2011)提出,感知价值与顾客忠诚的正相关关系仅存在于高度竞争环境中。

当前,在线消费领域中感知价值与忠诚之间的关系已被充分证实。例如:在社会媒体时代,顾客感知价值对顾客忠诚会产生积极影响(韩旭,2014)。社区成员持续参与行为的形成是社区成员参与动机受外部情境因素影响以及个人心理需要满足下不断内化的结果(贺爱忠、李雪,2015),社区成员的持续使用意愿受到虚拟品牌社区感知价值的直接影响(Chang et al.,2014)。电子商务环境下功能性价值和情感性价值积极影响顾客忠诚(刘丽 等,2016)。Kizgin 等(2018)发现,感知价值对顾客关于在线娱乐服务的持续使用意图有显著影响。根据社会交换理论,顾客对能给自己带来更高价值的服务供应商更加忠诚(Llach et al.,2013)。比如,在线购物网站带给顾客的感知价值不仅可以有效促进顾客对该网站的忠诚(Fuentes-Blasco et al.,2010),还能显著影响顾客在网站上的持续购物行为(Fang et al.,2016;Chiu et al.,2014)。对于网络直播而言,当顾客越相信自己能从直播中获得好处,就越有继续观看直播的意愿(Chen and Lin,2018)。Singh 等

（2021）认为便利价值对顾客继续使用流媒体服务的意愿影响最大，其次是感知价值。在电子商务市场，顾客忠诚度受到其从产品或服务的基本性能中所获得的功能性价值的显著正向影响（Hui et al.，2014）。在移动即时通信市场中，感知有用性作为功利因素，感知享受作为享乐因素，显著影响用户的继续使用意愿（Oghuma et al.，2016）。此外，李琪等（2014）的研究表明，B2C平台回报计划的感知价值对平台忠诚也会产生显著影响。顾客登录到电商直播平台，不管是搜寻信息还是下单购物，都是为了满足其最基本的需求，倘若该平台无法达到其目的，那么顾客对该平台的印象就会大打折扣，进而影响其意愿和行为，顾客忠诚更是无从谈起。随着时代的进步，人们登录电商直播平台的目的不仅仅是消费，也希望获得良好的体验。此时，平台的娱乐性成了影响顾客忠诚的因素之一。当顾客在某电商直播平台获得了一些美好的体验或者留下了美好的印象时，这种好感就会吸引他们再次登录该平台，渐渐地就会产生对该平台的依赖，进而形成平台忠诚。此外，顾客作为社会人，群居特性要求其与社会有更多的联系，因此社会价值是电商直播平台提供给顾客的一个必不可少的感知价值。电商直播平台的社会性既满足了顾客的社交需求，又使其在有强烈的社会存在感的同时，获得社会的尊重和认可，继而愿意花费更多的时间和精力去维护这种社会关系，在潜移默化中对电商直播平台产生忠诚。由此可见，顾客感知价值是平台忠诚的前因变量，倘若顾客能从电商直播平台上感知到显著的价值，就有可能转为忠诚的顾客，提高对平台的忠诚度。

顾客感知价值与顾客品牌忠诚的形成密不可分（Koo et al.，2018），能促进顾客品牌忠诚（Bharadwaj et al.，2012）。顾客感知到的价值越高，继续选择该品牌的意愿就越强（Xu and Du，2018）。顾客对某一品牌形成忠诚的主要原因在于品牌能给顾客提供有意义的价值，即顾客感知价值是影响其品牌忠诚的主要因素（Yang and Peterson，2004；秦辉 等，2011；谭娟琦，2012；尚鹏飞，2021）。当顾客在在线品牌社群中获取到丰富的信息价值时，对品牌会更加忠诚，并持续保持对此社群的访问（Shang et al.，2006）。张明立等（2014）认为顾客的感知价值对顾客的品牌忠诚有显著影响。在线消费社群中,顾客感知到的功能价值和社会价值对其品牌忠诚有显著正向影响(辛璐琦、王兴元,2018)。在虚拟品牌社区中,顾客价值中的实用价值和娱乐价值与顾客忠诚度存在正向的关系(涂剑波、张明立,2013);实用价值和社会价值积极影响顾客对社区和品牌的忠诚(卜庆娟 等,2017);顾客的娱乐体验促进了其品牌忠诚(黄敏学 等,2015),即顾客感知到的娱乐价值正向影响其品牌忠诚(王静一、王海忠,2012)。感知价值和服务质量是影响顾客品牌忠诚的基础(Harris and Goode,2004),顾客在品牌社群中感知到的价值积极影响顾客的品牌忠诚(金立印,2007)。由此可见,感知价值对于维持与顾客的长期关系至关重要。据此,本研究提出以下假设。

H6-4:顾客的感知价值显著正向影响平台忠诚。

H6-4a:实用价值显著正向影响平台忠诚。

H6-4b:娱乐价值显著正向影响平台忠诚。

H6-4c:社会价值显著正向影响平台忠诚。

H6-5:顾客的感知价值显著正向影响主播忠诚。

H6-5a:实用价值显著正向影响主播忠诚。

H6-5b:娱乐价值显著正向影响主播忠诚。

H6-5c:社会价值显著正向影响主播忠诚。

H6-6:顾客的感知价值显著正向影响品牌忠诚。

H6-6a:实用价值显著正向影响品牌忠诚。

H6-6b:娱乐价值显著正向影响品牌忠诚。

H6-6c:社会价值显著正向影响品牌忠诚。

3.电商直播顾客参与行为对顾客忠诚的影响

顾客参与行为是顾客忠诚的关键驱动因素。顾客的积极参与会促使其对产品、企业或品牌形成更积极的态度(Vivek et al.,2012;Bergel and Brock,2019),对顾客忠诚的形成产生积极的直接影响(Bergel and Brock,2019),从而为企业业绩作出重大贡献(Harmeling et al.,2017;Palmatier and Steinhoff,2019)。大量的实证研究证明,顾客的参与不仅有助于提高顾客忠诚度（Hollebeek,2011;Bowden,2009;Leckie et al.,2016;Kosiba et al.,2018;Kumar et al.,2010;Brodie et al.,2013;Garnefeld et al.,2011;Pansari and Kumar,2017;Hapsari et al.,2017;Vivek et al.,2012;Chen and Xu,2019;Kumar,2015;Harrigan et al.,2017;吴慧,2017），还会促进其重复购买行为（Bowden,2009;Hollebeek et al.,2014;Van Doorn et al.,2010）。此外,顾客参与行为可以增强顾客的互动体验,并通过使顾客与企业等另一方建立强大、持久的心理联系来增强其忠诚度（Brodie et al.,2011;Hollebeek and Brodie,2009;Hollebeek and Brodie,2013）。在C2C在线购物平台中,顾客参与（活力、奉献和专注）通过影响顾客再购买意向和口碑意向间接影响顾客忠诚（Cheung and Zheng,2014）。

已有的大量研究证实,顾客参与行为对品牌忠诚有显著正向影响（France et al.,2015;Pansari and Kumar,2017）。顾客会对特定的品牌产生积极的态度,表现出更大的忠诚（France et al.,2016;Islam et al.,2018）。一方面,高水平的社会互动会使顾客对品牌产生认同（Wioleta,2019）,积极影响顾客与品牌的关系（Hudson et al.,2016）。高参与度的顾客不仅表现出更高水平的品牌忠诚和满意,还更有可能对新产品开发和服务创新产生促进作用（Haumann et al.,2015）,使得产品或服务被推荐给更多的新顾客（Chandler and Lusch,2015）,即顾客参与对其口碑推荐意愿有显著正向影响（张德鹏 等,2015）。Brodie等（2013）从品牌的角度证实了顾客对品牌的信任和依赖感会在顾客参与价值共创的过程中得以增强,从而正向影响顾客的行为意向。有研究发现,顾客参与对服务品牌忠诚和虚拟社区忠诚均会产生正向的影响（So et al.,2014;韩小芸、余策政,2013）。例如,在SNS社交网络服务中,顾客参与将其对品牌信任和品牌忠诚产生显著影响（Kamboj et al.,2018）,顾客可以通过博客和口碑传播等形式的积极参与帮助品牌吸引和留住长期的顾客（Wangenheim and Tomás Bayón,2007）,且服务提供商与顾客的互动越积极,越有助于培养顾客的品牌忠诚（沈蕾、何佳婧,2018）。在品牌社区中,顾客参与是品牌忠诚的重要预测因素（Islam et al.,2018）,能增强顾客与品牌的关系,促进强大情感纽带的建立,对顾客品牌忠诚有积极的影响(Gummerus et al.,2012;Hollebeek,2011;Dwivedi,2015;Nadeem et al.,2015;Brodie et al.,2011;Laroche et al.,2013)。社区用户的寻求式参与行为(霍春辉 等,2016)和互动式参与行为(信息互动与人际互动)(Zhang et al.,2017)对顾客品牌忠诚均有显著正向影响。其中,顾客在社区中参与时间的长短以及参与频率是顾客形成品牌承诺的重要影响因素,有助于顾客品牌忠诚的形成(McAlexander et al.,2015)。电商直播可以通过彻底重构"人—货—场"来提升顾客交易效率和品牌忠诚度(郭全中,2020)。在电商直播情境下,在线互动逐渐成为品牌与其他顾客沟通的主要方式(Steinhoff et al.,2019),能充分激发顾客的积极情绪,刺激其消费,进而提升其对主播的忠诚度。据此,本研究提出以下假设。

H6-7:电商直播顾客参与行为显著正向影响平台忠诚。

H6-7a:围观式参与显著正向影响平台忠诚。

H6-7b:话语式参与显著正向影响平台忠诚。

H6-7c:行动式参与显著正向影响平台忠诚。

H6-8:电商直播顾客参与行为显著正向影响主播忠诚。

H6-8a:围观式参与显著正向影响主播忠诚。

H6-8b:话语式参与显著正向影响主播忠诚。

H6-8c:行动式参与显著正向影响主播忠诚。

H6-9:电商直播顾客参与行为对品牌忠诚有不同的影响。

H6-9a:围观式参与显著正向影响品牌忠诚。

H6-9b:话语式参与显著负向影响品牌忠诚。

H6-9c:行动式参与显著正向影响品牌忠诚。

4.品牌忠诚对主播忠诚的影响

电商直播以售卖为目的;顾客购买商品最终是为了获取商品价值,唯有持续获得商品价值才能使其持续活跃在社交场当中。在电商直播中,社交场与营销场是相辅相成的,一旦营销场出状况,社交场也难以维系。电商直播中的主播就好比是海量产品的人工鉴别筛选器,通过专业选品和个人口碑,为顾客推荐产品,并将顾客对其的信任转化为购买率。对于主播来说,若要想利用好社交场与营销场的价值,就应该保障产品的品质(陈瑞 等,2020)。在电商直播领域,"翻车"事件不仅会伤害主播与顾客在社交场中建立起的情感和信任,也会影响营销场的口碑和销售。就目前电商直播的情况来看,仍然是以品牌直播和商家自播为主,主播以品牌、商家自己培养的或长期签约合作的为主。因此,在这些直播活动中,顾客主要是出于对品牌或产品的偏好来观看直播并认识主播,在这种情况下,顾客的品牌忠诚在无形中就会转化成对品牌主播的忠诚。据此,本研究提出以下假设。

H6-10:品牌忠诚显著正向影响主播忠诚。

二、顾客感知价值中介效应的关系假设

根据顾客价值理论,顾客参与的动机取决于顾客期望从体验中获得的价值。当顾客从产品或活动中感知到更大的价值时,就会更愿意购买产品或参与活动,如此便形成了一个反馈循环(Vivek et al.,2012)。Yim 等(2012)的研究发现,顾客参与首先通过顾客获得的乐趣、经济价值以及关系价值对顾客的满意度产生影响,进而再影响顾客的重购意愿。武文珍和陈启杰(2017)研究发现,共创顾客价值中介了顾客参与对顾客行为意向的影响。在旅游新业态中,服务个人价值在顾客参与对顾客忠诚的影响中发挥中介作用(吴慧,2017)。顾客对于平台的忠诚度主要还是取决于顾客能从电商直播中获得多少价值。顾客在参与电商直播过程中所感知到的价值越多,就越有可能形成对电商直播平台的忠诚,也就越容易产生再惠顾和口碑宣传等忠诚行为。据此,本研究提出以下假设。

H6-11:实用价值中介了电商直播顾客参与行为对平台忠诚的影响。

H6-11a:实用价值中介了围观式参与对平台忠诚的影响。

H6-11b:实用价值中介了话语式参与对平台忠诚的影响。

H6-11c:实用价值中介了行动式参与对平台忠诚的影响。

H6-12:娱乐价值中介了电商直播顾客参与行为对平台忠诚的影响。

H6-12a:娱乐价值中介了围观式参与对平台忠诚的影响。

H6-12b:娱乐价值中介了话语式参与对平台忠诚的影响。

H6-12c:娱乐价值中介了行动式参与对平台忠诚的影响。

H6-13:社会价值中介了电商直播顾客参与行为对平台忠诚的影响。

H6-13a:社会价值中介了围观式参与对平台忠诚的影响。

H6-13b:社会价值中介了话语式参与对平台忠诚的影响。

H6-13c:社会价值中介了行动式参与对平台忠诚的影响。

王亚茹(2021)的研究发现,电商主播特征对顾客感知价值有正向影响,而顾客感知价值又对直播间顾客黏性产生积极影响,且顾客感知价值会中介主播特征对直播间顾客黏性的影响。在电商直播中,顾客通过与主播的信息交流,自由地表达自己的偏好,主播在准确地了解其需求的基础上,不断改进自身的服务方式和内容,从而使主播为顾客提供的商品和服务与顾客的期望更相符。此外,主播与顾客之间良好的互动使得顾客能从中获得愉悦感和满足感,甚至能感知到自己的主体地位,也因此更愿意与主播保持良好互动,甚至成为主播的忠实粉丝,促使顾客感知价值得到最大化的提升。此外,主播的服务越全面,顾客所掌握的信息就越丰富,主播与顾客之间的沟通也就越顺畅,进而形成相互信任的关系,这势必会使顾客感知到更多的社会价值。久而久之,顾客还会向身边的亲朋好友推荐主播,使得大量亲朋好友成为主播的忠诚粉丝。因此,顾客对主播的感知价值越高,对主播的忠诚度就越高。据此,本研究提出以下假设。

H6-14:实用价值中介了电商直播顾客参与行为对主播忠诚的影响。

H6-14a:实用价值中介了围观式参与对主播忠诚的影响。

H6-14b:实用价值中介了话语式参与对主播忠诚的影响。

H6-14c:实用价值中介了行动式参与对主播忠诚的影响。

H6-15:娱乐价值中介了电商直播顾客参与行为对主播忠诚的影响。

H6-15a:娱乐价值中介了围观式参与对主播忠诚的影响。

H6-15b:娱乐价值中介了话语式参与对主播忠诚的影响。

H6-15c:娱乐价值中介了行动式参与对主播忠诚的影响。

H6-16:社会价值中介了电商直播顾客参与行为对主播忠诚的影响。

H6-16a:社会价值中介了围观式参与对主播忠诚的影响。

H6-16b:社会价值中介了话语式参与对主播忠诚的影响。

H6-16c:社会价值中介了行动式参与对主播忠诚的影响。

以往的研究发现,营销策略更多是通过顾客感知价值来影响品牌忠诚的(郑文清 等,2014)。在线消费社群环境下,互动沟通在显著影响功能价值和社会价值的基础上影响品牌忠诚(辛璐琦、王兴元,2018)。零售业升级背景下,顾客参与对情感感知价值、性能感知价值和社交感知价值均有积极作用,进而正向影响顾客忠诚(贾哲、魏志茹,2022)。在虚拟品牌社区价值共创互动过程中,顾客所获取的体验价值,如实用价值和社会价值等(卜庆娟 等,2017),以及在参与过程中感知到的心情愉悦(杨宁、殷少明,2019)会驱动顾客品牌忠诚的产生。在B2B虚拟品牌社区中,顾客的互动质量通过积极影响顾客的功能利益、体验利益和符号利益,对顾客的品牌忠诚产生促进作用(Bruhn et al.,2014)。王皓宇(2019)的研究发现,顾客的社区感知功能价值、情感价值和社会价值中介顾客参与对品牌忠诚的影响,且社会价值尤为重要。由此可见,顾客参与通过顾客感知价值对顾客忠诚产生间接影响这一结论得到了充分的证明。据此,本研究提出以下假设。

H6-17:实用价值中介了电商直播顾客参与行为对品牌忠诚的影响。

H6-17a:实用价值中介了围观式参与对品牌忠诚的影响。

H6-17b:实用价值中介了话语式参与对品牌忠诚的影响。

H6-17c:实用价值中介了行动式参与对品牌忠诚的影响。

H6-18:娱乐价值中介了电商直播顾客参与行为对品牌忠诚的影响。

H6-18a:娱乐价值中介了围观式参与对品牌忠诚的影响。

H6-18b:娱乐价值中介了话语式参与对品牌忠诚的影响。

H6-18c:娱乐价值中介了行动式参与对品牌忠诚的影响。

H6-19:社会价值中介了电商直播顾客参与行为对品牌忠诚的影响。

H6-19a:社会价值中介了围观式参与对品牌忠诚的影响。

H6-19b:社会价值中介了话语式参与对品牌忠诚的影响。

H6-19c:社会价值中介了行动式参与对品牌忠诚的影响。

三、产品类型调节效应的关系假设

产品类型是影响顾客行为的重要因素之一。之前的研究表明,面对不同类型的产品时,顾客会产生不同的认知态度,其购买过程也受到不同社会影响机制的影响(Iyengar et al.,2015),进而会产生不同的购买决策行为(Schlosser et al.,2006;Voss et al.,2003)。可见,产品类型是营销环境中的关键变量。Barari 等(2021)的研究发现,顾客参与行为的产生有两种路径,分别是以关系为导向的自然发展路径和由企业发起的促进路径。这两种路径对顾客黏性的影响取决于产品的类型(享乐型产品或功利性产品)。Chen 等(2019)的研究强调,直播对销售有积极影响,产品类别在其中起到调节作用。

一般情况下,顾客在互联网上会更容易找到搜索品的属性,因此对该类商品可能会拥有更详细、更丰富的认知结构(Park and Lee,2009)。相比于体验品,搜索品的特征和属性会更加稳定(Hsieh et al.,2005),企业提供的信息相比于顾客的评论具有更强的可感知的有用性和可信任性(Benlian et al.,2012),这使得顾客对此类产品的判断趋于一致,受外界的影响也更小。

体验品具有个性化的特征,其关键信息是需要购买并使用后才可以得到的,且这些信息带有主观性,因此,顾客对体验品感知的不确定性和风险性比搜索品更强(Girard and Dion,2010),需要更多的购前信息(Mitra et al.,1999)。相较于搜索品来说,顾客对体验品的商家信息更倾向于保持谨慎的态度(Franke et al.,2004),在购买时需要进行更大范围的搜索(Huang et al.,2009)、更广和更深范围的信息获取(Lim et al.,2015)。于是,顾客对此类产品的信息获取不只停留在查询、浏览等单向行为上,还倾向于选择双向互动的方式,通过与产品和品牌商家的互动来进行(Hsieh et al.,2005),从而降低评估体验品的难度(Jiang and Benbasat,2004)。在电商直播活动中,顾客会进行围观式参与,更加关注体验品的产品评论、使用心得等个性化信息,并通过行动式参与,向主播或其他顾客等获取个性化的深度信息,从而感受到更高的产品价值，包括实用价值、娱乐价值和社会价值。此外，电商直播所提供的实时交互功能，为顾客进行话语式参与提供了有利条件，这也正好增强了品牌商家描述体验品的能力，提高了顾客对产品真实质量的了解程度，降低了顾客评估体验品的难度，因此，顾客通过电商直播来购买体验品，可以在很高程度上减弱自身对产品感知的不确定性。而且，相对于搜索品而言，直播策略在减少顾客对体验品感知的不确定性方面的作用更明显。据此，本研究提出如下假设：

H6-20：对于围观式参与电商直播的顾客来说，搜索品的顾客感知价值要高于体验品。

H6-20a：对于围观式参与电商直播的顾客来说，搜索品的实用价值要高于体验品。

H6-20b：对于围观式参与电商直播的顾客来说，搜索品的娱乐价值要高于体验品。

H6-20c：对于围观式参与电商直播的顾客来说，搜索品的社会价值要高于体验品。

H6-21：对于话语式参与电商直播的顾客来说，体验品的顾客感知价值要高于搜索品。

H6-21a：对于话语式参与电商直播的顾客来说，体验品的实用价值要高于搜索品。

H6-21b：对于话语式参与电商直播的顾客来说，体验品的娱乐价值要高于搜索品。

H6-21c：对于话语式参与电商直播的顾客来说，体验品的社会价值要高于搜索品。

H6-22：对于行动式参与电商直播的顾客来说，搜索品的顾客感知价值要高于体验品。

H6-22a：对于行动式参与电商直播的顾客来说，搜索品的实用价值要高于体验品。

H6-22b：对于行动式参与电商直播的顾客来说，搜索品的娱乐价值要高于体验品。

H6-22c：对于行动式参与电商直播的顾客来说，搜索品的社会价值要高于体验品。

第四节　测量题项设计与预调查结果

一、变量的操作定义及测量题项

本章第二节和第三节提出了一个电商直播顾客参与行为对顾客忠诚作用机制的概念模型以及相应的研究假设。为了实证检验这些研究假设，需要设计一套能测量模型中不同潜在变量的题项。此外，为了能得到信效度较好的测量量表，笔者在系统检索和整理有关变量的研究文献的基础上，对相关变量的操作定义、测量题项及其文献来源作出如下说明。

1.顾客感知价值

顾客感知价值主要测试顾客在参与电商直播活动中得到的各种利益，以及在权衡利弊后形成的总体评价，分为实用价值、娱乐价值和社会价值三个维度。实用价值主要借鉴 Oh 和 Teo(2010)的量表，娱乐价值主要借鉴金立印(2007)以及涂剑波和张明立(2013)的量表，社会价值主要借鉴 Sweeney 和 Soutar(2001)、Mathwick 等(2008)以及钟凯和张传庆(2013)的量表，然后结合电商直播情境调整得到。具体测量题项如表 6-1 所示。

表 6-1　顾客感知价值测量题项

变量	题　项	参考量表
实用价值 （PV）	参与电商直播所花的时间对我来说是值得的	Oh 和 Teo(2010)
	参与电商直播所花的心血对我来说是值得的	
	参与电商直播对我来说是有价值的	
	参与电商直播实现了我的目标和目的	

续表

变量	题项	参考量表
娱乐价值（HV）	参与电商直播总能给我带来快乐	金立印（2007）
	参与电商直播帮助我打发了很多无聊时光	涂剑波和张明立（2013）
	参与电商直播使我放松了心情	
社会价值（CV）	参与电商直播让我感觉被别人接受	Sweeney 和 Soutar（2001）、Mathwick 等（2008）、钟凯和张传庆（2013）
	参与电商直播帮助我给别人留下好的印象	
	参与电商直播有助于我获得社会的认可	
	参与电商直播使我在社交场合中更自信	
	我依赖于从电商直播的主播或其他顾客那里得到支持	

2.顾客忠诚

顾客忠诚主要测试顾客在参与电商直播活动后所形成的偏好，以及未来的行为表现，具体分为平台忠诚、主播忠诚和品牌忠诚三个维度。平台忠诚主要借鉴 Ponnavolu（2002）的量表，主播忠诚主要借鉴 Jun 和 Yi（2020）的量表，品牌忠诚主要借鉴 Gil 等（2007）和 Villarejo-Ramos 和 Sanchez-Franco（2005）的量表，然后结合电商直播情境调整得到。具体测量题项如表 6-2 所示。

表 6-2 顾客忠诚测量题项

变量	题项	参考量表
平台忠诚（PL）	我很少考虑更换目前使用的电商直播平台	Ponnavolu（2002）
	只要目前的服务继续，我就不会更换该电商直播平台	
	每当我想看电商直播时，我都会尝试使用该电商直播平台	
	每当我想看电商直播时，该电商直播平台是我的首选	
	我喜欢使用该电商直播平台	
	对我来说，该电商直播平台是最好的电商直播平台	
	我想这是我最喜欢的电商直播平台	
主播忠诚（AL）	我会继续关注该主播的直播间	Jun 和 Yi（2020）
	我将继续关注该主播的直播间，只要该主播给我提供满意的商品	
	我很乐意把这个主播推荐给我的朋友	

续表

变量	题项	参考量表
品牌忠诚（BL）	相较于其他品牌,我更愿意为该品牌花钱	Gil 等(2007)、Villarejo-Ramos 和 Sanchez-Franco (2005)
	我会继续购买该品牌	
	我会向周围的朋友推荐该品牌	
	在购买同类产品时,我会首选该品牌的产品	
	我认为自己对该品牌是忠诚的	

二、初始测量量表与预调查问卷

通过前期的文献研究,在充分借鉴前人研究成果的基础上,提炼出相应的测量题项。然后,结合中国电商直播的实际情况,通过对营销领域的5位专家学者和直播电商领域5位从业者的一对一深度访谈,从定性研究层面对本研究所需变量的测量题项进行了准确性、全面性方面的分析,并进一步确认、补充和调整了相应的测量题项。各变量的测量题项如表6-3如示。

表 6-3 电商直播顾客参与行为对顾客忠诚作用机制的初始测量量表

维度	题项	题项描述
围观式参与	SP1	我会关注一些主播
	SP2	我会关注一些直播间
	SP3	我会关注其他顾客发的弹幕的内容
话语式参与	DP1	我会要求主播展示商品
	DP2	我会向主播咨询一些关于商品方面的问题
	DP3	我会积极反馈直播或主播存在的不足,帮助他们改进
	DP4	我会在直播间对直播的商品进行评价
	DP5	我会在直播间里围绕直播的产品与其他顾客进行交流
	DP6	我若了解其他顾客在直播间里用弹幕问的问题,会去回答
	DP7	我会在微信朋友圈、微博上发一些关于电商直播的帖子
	DP8	我平时在与朋友、同学聊天时会聊到直播或者直播的商品

续表

维　度	题项	题项描述
行动式参与	AP1	我会参与"秒杀"活动
	AP2	如果对直播间的某样商品感兴趣,我会收藏该商品
	AP3	我会努力获取直播间里发放的优惠券或红包
	AP4	我会在直播间"点赞"
	AP5	我会参与直播间里的抽奖活动
	AP6	我会约朋友一起看感兴趣的直播
实用价值	PV1	参与电商直播所花的时间对我来说是值得的
	PV2	参与电商直播所花的心血对我来说是值得的
	PV3	参与电商直播对我来说是有价值的
	PV4	参与电商直播实现了我的目标和目的
娱乐价值	HV1	参与电商直播总能给我带来快乐
	HV2	参与电商直播帮助我打发了很多无聊时光
	HV3	参与电商直播使我放松了心情
社会价值	CV1	参与电商直播让我感觉被别人接受
	CV2	参与电商直播帮助我给别人留下好的印象
	CV3	参与电商直播有助于我获得社会的认可
	CV4	参与电商直播使我在社交场合中更自信
	CV5	我依赖于从电商直播的主播或其他顾客那里得到支持
平台忠诚	PL1	我很少考虑更换目前使用的电商直播平台
	PL2	只要目前的服务继续,我就不会更换该电商直播平台
	PL3	每当我想看电商直播时,我都会尝试使用该电商直播平台
	PL4	每当我想看电商直播时,该电商直播平台是我的首选
	PL5	我喜欢使用该电商直播平台
	PL6	对我来说,该电商直播平台是最好的电商直播平台
	PL7	我想这是我最喜欢的电商直播平台
主播忠诚	AL1	我会继续关注该主播的直播间
	AL2	我将继续关注该主播的直播间,只要该主播给我提供满意的商品
	AL3	我很乐意把这个主播推荐给我的朋友

续表

维　度	题项	题项描述
品牌忠诚	BL1	相较于其他品牌,我更愿意为该品牌花钱
	BL2	我会继续购买该品牌
	BL3	我会向周围的朋友推荐该品牌
	BL4	在购买同类产品时,我会首选该品牌的产品
	BL5	我认为自己对该品牌是忠诚的

关于电商直播顾客参与行为对顾客忠诚作用机制的预调查采用问卷调查的方式来进行。该问卷由三个部分组成,其中:第一部分主要是说明此次问卷调查的目的,以及关于调查对象参与电商直播情况的相关问题;第二部分为研究中所涉及的变量的测量题项;第三部分主要了解调查对象的人口统计信息,包括性别、年龄、受教育程度、月收入、观看频率等。在第二部分的量表中,除顾客参与行为量表由本研究开发之外,感知价值和顾客忠诚的测量均引自成熟量表,题项经过双向翻译并针对研究情境进行了修正,以确保测量的准确性(Brislin,1970)。所有题项均采用 Likert 7 级量表来进行测量,"1"表示完全不同意,"2"表示不同意,"3"表示基本不同意,"4"表示说不清,"5"表示基本同意,"6"表示同意,"7"表示完全同意。其中,自变量由围观式参与(3 个题项)、话语式参与(8 个题项)和行动式参与(6 个题项)等三种电商直播顾客参与行为组成;因变量由平台忠诚(7 个题项)、主播忠诚(3 个题项)和品牌忠诚(5 个题项)等三种顾客忠诚组成;中介变量感知价值由实用价值(4 个题项)、娱乐价值(3 个题项)和社会价值(5 个题项)等三个维度构成;调节变量产品类型分为搜索品和体验品。

三、预调查数据收集

在进行正式调查之前,笔者对研究所涉及变量的测量量表进行了预调查,预调查的时间为 2021 年 6 月 20 日—27 日。由于本研究的研究主题是电商直播,研究主体应当选择有电商直播参与经历的群体。因为新冠疫情的影响，主要采用线上发放电子问卷的方式来开展预调查，共发放问卷 389 份，在剔除其中无电商直播参与经历或观看电商直播次数少于 2 次（含 2 次）的问卷（有在问卷中设置过滤筛选题项来帮助剔除），漏答问题的问卷，某一问题答案与其他问题答案有明显矛盾的问卷，答案呈现明显规律性的问卷（如连续选择同一打分标准的答案超过一半）的问卷，以及未能达到最低完成时间（3 分钟）的问卷之后，共获得 365 份有效问卷，有效回收率为 93.83%。表 6-4 为预调查样本的人口统计情况。

表 6-4　预调查样本的人口统计情况（$n=365$）

基本特征	分　类	样本数量	百分比/%
性别	男	150	41.1
	女	215	58.9
受教育程度	初中及以下	80	21.9
	高中/中专	89	24.4
	专科	54	14.8
	本科	117	32.1
	硕士研究生及以上	25	6.8
年龄	18 岁以下	32	8.8
	18～24 岁	89	24.4
	25～30 岁	76	20.8
	31～35 岁	110	30.1
	36～40 岁	40	11.0
	41～50 岁	6	1.6
	50 岁以上	12	3.3
月收入	2000 元以下	16	4.4
	2000～3999 元	153	41.9
	4000～5999 元	42	11.5
	6000～7999 元	63	17.3
	8000～9999 元	58	15.9
	10000 元以上	33	9.0

续表

基本特征	分类	样本数量	百分比/%
观看频率	每天都看	78	21.4
	每周1~6次	131	35.9
	每月1~3次	75	20.5
	每月少于1次	81	22.2

在对预调查数据进行量化分析之前,要对其进行正态性检验,以检查预调查数据是否存在分布上的偏差,从而确保量化分析的可靠性。从本次预调查数据的分析结果(如表6-5所示)来看,预调查问卷全部题项的偏度绝对值均小于3、峰度绝对值均小于10,说明样本数据的分布符合正态分布,可以进行后续的量化分析。

表6-5 各题项正态分布情况

变量	题项	均值	标准差	偏度	峰度
围观式参与	SP1	5.34	1.495	−0.848	0.396
	SP2	5.53	1.500	−1.038	0.647
	SP3	5.62	1.361	−1.187	1.409
话语式参与	DP1	4.93	1.705	−0.793	−0.056
	DP2	5.05	1.748	−0.822	−0.102
	DP3	5.01	1.702	−0.757	−0.164
	DP4	5.04	1.665	−0.862	0.156
	DP5	5.00	1.672	−0.801	−0.176
	DP6	4.99	1.820	−0.863	−0.179
	DP7	4.78	1.815	−0.690	−0.475
	DP8	4.90	1.654	−0.668	−0.044
行动式参与	AP1	5.33	1.424	−0.651	−0.214
	AP2	5.40	1.356	−1.013	1.128
	AP3	5.38	1.471	−0.829	0.311
	AP4	5.27	1.427	−0.784	0.230
	AP5	5.44	1.482	−0.833	0.176
	AP6	5.29	1.575	−0.869	0.255

续表

变量	题项	均值	标准差	偏度	峰度
实用价值	PV1	4.89	1.956	−0.695	−0.824
	PV2	4.78	2.010	−0.748	−0.804
	PV3	4.79	2.022	−0.761	−0.773
	PV4	4.80	1.997	−0.716	−0.823
娱乐价值	HV1	5.21	1.501	−0.938	0.636
	HV2	5.13	1.503	−0.905	0.589
	HV3	5.27	1.638	−0.974	0.426
社会价值	CV1	5.09	1.696	−0.804	−0.049
	CV2	5.11	1.684	−0.672	−0.440
	CV3	4.96	1.674	−0.671	−0.343
	CV4	4.98	1.819	−0.744	−0.383
	CV5	4.96	1.778	−0.760	−0.265
平台忠诚	PL1	5.11	1.593	−0.898	0.446
	PL2	5.09	1.609	−0.964	0.456
	PL3	5.11	1.598	−0.891	0.476
	PL4	5.26	1.624	−1.092	0.858
	PL5	5.23	1.577	−1.040	0.801
	PL6	5.20	1.561	−1.007	0.704
	PL7	5.08	1.549	−0.949	0.531
主播忠诚	AL1	5.15	1.544	−0.624	−0.214
	AL2	5.18	1.491	−0.648	−0.185
	AL3	5.12	1.536	−0.620	−0.234
品牌忠诚	BL1	5.35	1.444	−0.900	0.417
	BL2	5.19	1.478	−0.970	0.829
	BL3	5.24	1.431	−0.865	0.526
	BL4	5.19	1.492	−0.821	0.368
	BL5	5.40	1.416	−0.855	0.308

四、预调查数据分析

1.可靠性分析

本研究运用SPSS26.0软件对预调查数据进行分析,并根据各个测量题项修正后的总相关系数(CITC)来净化预调查问卷的测量题项,验证每个题项与其所属变量的一致性,分析结果如表6-6所示。各测量题项的CITC值均比0.4大,且没有题项在删除后能显著提升Cronbach's α 系数,故无须删除某个题项来净化预调查问卷的测量题项。并且,各变量的Cronbach's α 系数值均达到大于0.7的建议水平。由此可见,预调查所用的测量量表具有较高的信度,符合研究的要求。此外,所有题项的Cronbach's α 系数值为0.884(>0.8),这表明预调查整体量表具有较好的信度。

表6-6 变量的信度和CITC分析结果

变量	题项	CITC	α-if deleted	Cronbach's α
围观式参与	SP1	0.590	0.698	0.767
	SP2	0.659	0.617	
	SP3	0.555	0.735	
话语式参与	DP1	0.680	0.914	0.920
	DP2	0.696	0.913	
	DP3	0.796	0.905	
	DP4	0.720	0.911	
	DP5	0.784	0.906	
	DP6	0.751	0.909	
	DP7	0.752	0.909	
	DP8	0.695	0.913	

续表

变量	题项	CITC	α-if deleted	Cronbach's α
行动式参与	AP1	0.549	0.850	0.857
	AP2	0.686	0.826	
	AP3	0.685	0.825	
	AP4	0.653	0.831	
	AP5	0.695	0.823	
	AP6	0.610	0.840	
实用价值	PV1	0.848	0.917	0.936
	PV2	0.844	0.918	
	PV3	0.865	0.912	
	PV4	0.839	0.920	
娱乐价值	HV1	0.680	0.766	0.827
	HV2	0.714	0.733	
	HV3	0.664	0.786	
社会价值	CV1	0.740	0.883	0.902
	CV2	0.753	0.881	
	CV3	0.757	0.880	
	CV4	0.768	0.877	
	CV5	0.758	0.880	
平台忠诚	PL1	0.691	0.915	0.921
	PL2	0.782	0.906	
	PL3	0.767	0.908	
	PL4	0.787	0.905	
	PL5	0.757	0.909	
	PL6	0.739	0.910	
	PL7	0.752	0.909	
主播忠诚	AL1	0.609	0.796	0.812
	AL2	0.700	0.702	
	AL3	0.678	0.725	

续表

变量	题项	CITC	α-if deleted	Cronbach's α
品牌忠诚	BL1	0.705	0.827	0.862
	BL2	0.728	0.821	
	BL3	0.709	0.826	
	BL4	0.642	0.843	
	BL5	0.619	0.848	

2.探索性因子分析

对预调查数据进行探索性因子分析的目的在于挖掘量表的潜在结构，缩减题项的数量，使之变为一组较少且彼此相关性较大的变量。当前使用最广泛的效度检验方法是因子分析，用于衡量量表各题项是否能有效测量其变量，以检验量表的建构效度。因子分析方法又分为探索性因子分析和验证性因子分析，在预调查量表测量中，通常采用探索性因子分析。在探索性因子分析之前，需要通过检验变量之间的相关性来判断是否适合进行因子分析，可以通过 KMO 检验和 Bartlett 球形检验来进行。通常来说，KMO值大于 0.7 且越接近 1，就表明变量越适合进行因子分析；Bartlett 球形检验则用于判断变量是否达到显著性水平。各变量的 KMO 检验和 Bartlett 球形检验结果如表 6-7 所示。从表中可以看出，各变量的 KMO 值均大于 0.7，Bartlett 球形检验结果反映出的显著性水平为 0.000。

表 6-7 各变量的 KMO 检验和 Bartltt 球形检验

变量	KMO 检验	Bartlett 球形检验	累计方差贡献率/%
电商直播顾客参与行为	0.918	3084.296***	63.185
顾客感知价值	0.866	2789.956***	76.622
顾客忠诚	0.867	2931.658***	68.089

注：*** 表示在 $P<0.001$ 水平上显著。

本研究使用 SPSS 26.0 统计软件对预调查的小样本数据进行探索性因子分析，以 Kaiser 特征值大于 1 作为因子选择的标准，选择主成分分析法提取公因子，采用最大方差法（Varimax）进行正交旋转，从而得到探索性因子分析的结果，如表 6-8 所示。运用最大方差法对电商直播顾客参与行为正交旋转后，共提取了 3 个特征值大于 1 的因子，分别对应电商直播顾客参与行为的三个维度，累计解释方差的比例为 63.185%，超过了 50% 的最低要求，说明提取 3 个公因子是合理的。此外，各题项的因子载荷均大于 0.5，因此无须删除。由此可见，电商直播顾客参与行为的量表具有较好的结构效度。

表 6-8　电商直播顾客参与行为的探索性因子分析

题　项	因子 1	因子 2	因子 3
SP1	0.788	0.135	0.203
SP2	0.827	0.113	0.224
SP3	0.735	0.067	0.280
DP1	0.055	0.749	0.090
DP2	0.024	0.757	0.139
DP3	0.145	0.827	0.159
DP4	0.058	0.777	0.134
DP5	0.091	0.835	0.085
DP6	0.053	0.807	0.112
DP7	0.046	0.817	0.070
DP8	0.133	0.748	0.127
AP1	0.131	0.075	0.663
AP2	0.114	0.161	0.747
AP3	0.180	0.103	0.780
AP4	0.124	0.108	0.787
AP5	0.180	0.103	0.770
AP6	0.183	0.162	0.686
特征值	5.125	3.570	2.047
解释方差比例/%	30.146	20.999	12.040
累积解释方差比例/%	30.146	51.145	63.185

顾客感知价值的探索性因子分析结果如表 6-9 所示。运用最大方差法对顾客感知价值正交旋转后，共提取了 3 个特征值大于 1 的因子，分别对应了顾客感知价值的三个维度，累计解释方差的比例为 76.622%，超过了 50% 的最低要求，说明提取 3 个公因子是合理的。此外，各题项的因子载荷均大于 0.5，因此无须删除。由此可见，顾客感知价值的量表具有较好的结构效度。

表 6-9　顾客感知价值的探索性因子分析

题项	因子 1	因子 2	因子 3
PV1	0.911	−0.029	−0.087
PV2	0.914	0.007	−0.037
PV3	0.922	−0.067	−0.066
PV4	0.908	−0.002	−0.064
HV1	−0.003	0.837	0.200
HV2	−0.044	0.864	0.167
HV3	−0.023	0.830	0.176
CV1	−0.048	0.149	0.821
CV2	−0.038	0.170	0.828
CV3	−0.073	0.170	0.828
CV4	−0.088	0.126	0.845
CV5	−0.044	0.127	0.840
特征值	3.582	3.361	2.252
解释方差比例/%	29.846	28.010	18.766
累积解释方差比例/%	29.846	57.856	76.622

顾客忠诚的探索性因子分析结果如表 6-10 所示。运用最大方差法对顾客忠诚正交旋转后，共提取了 3 个特征值大于 1 的因子，分别对应了顾客忠诚的三个维度，累计解释方差的比例为 68.089%，超过了 50% 的最低要求，说明提取 3 个公因子是合理的。此外，各题项的因子载荷均大于 0.5，因此无须删除。由此可见，顾客忠诚的量表具有较好的结构效度。

表 6-10　顾客忠诚的探索性因子分析

题　项	因子 1	因子 2	因子 3
PL1	0.774	0.009	0.018
PL2	0.838	0.099	−0.074
PL3	0.830	0.065	−0.050
PL4	0.844	0.113	−0.048
PL5	0.824	0.055	−0.068
PL6	0.809	0.087	0.041
PL7	0.826	0.010	0.102
AL1	0.025	0.817	0.001
AL2	−0.091	0.869	0.035
AL3	−0.068	0.856	0.034
BL1	−0.013	−0.010	0.826
BL2	0.082	−0.039	0.836
BL3	0.044	0.030	0.825
BL4	0.104	0.059	0.769
BL5	0.110	0.036	0.753
特征值	4.764	3.250	2.200
解释方差比例/%	31.758	21.664	14.667
累积解释方差比例/%	31.758	53.422	68.089

第五节　正式调查数据分析

一、正式调查的设计与实施

1.数据收集

由于问卷的收集无法实现随机或系统抽样,故本研究采用便利抽样的方式进行数据收集。大样本的调查在 2021 年 7 月 11 日—29 日进行。鉴于本研究的研究主题为电商直播顾客参与行为,因此问卷调查的对象为参与过电商直播的顾客。考虑到新冠疫情的影响,以及线上调查具有快速、成本低、易于共享等优势,因此,选择线上调查的方式,借助问卷星形成电子问卷,将问卷的链接和二维码等分享至微信、QQ、论坛等社交媒体平台。为了提高问卷数据的可靠性,问卷中专门设置了两道题来筛选掉无电商直播参与经历或观看电商直播次数少于 2 次(含 2 次)的问卷,以保证调查对象符合研究的要求。经初步筛选后回收到 949 份问卷,剔除其中有漏答问题的问卷,某一问题答案与其他问题答案有明显矛盾的问卷,答案具有明显规律性(如连续选择同一打分标准的答案超过一半)的问卷,以及未能达到最低完成时间(3 分钟)的问卷之后,最终得到 866 份有效问卷,有效回收率为 91.25%。

2.数据分析

为检验电商直播顾客参与行为(围观式参与、话语式参与和行动式参与)对顾客感知价值(实用价值、娱乐价值和社会价值)以及顾客忠诚(平台忠诚、主播忠诚和品牌忠诚)的影响和预测效果,本研究借助 SPSS 26.0、AMOS 23.0 等软件对概念模型实施了包含六个步骤的数据分析。第一,通过对样本的描述性统计分析来了解样本情况;第二,进行共同方法偏差检验;第三,为确保收集到的数据有分析价值,对数据进行信效度分析;第四,采取结构方程的路径分析来检验各假设路径,并用 Bootstrap 方法检验顾客感知价值的中介效应;第五,通过 SPSS 软件进行产品类型调节效应的验证;第六,分析人口统计特征对顾客忠诚的影响。

二、数据分析结果

1.样本描述性统计分析

表 6-11 显示了正式调查所获得的样本的人口统计情况。从表 6-11 可

以看出，调查对象的年龄主要分布在18～35岁，占比为68.3%；调查对象中男、女的比例分别为42.1%和57.9%；从受教育程度来看，以本科学历为主，占比为33.5%；月收入主要集中在2000～3999元和6000～7999元这两个区间，占比分别为29.6%和20.6%；观看频率大多为每周1～6次。

表 6-11　正式调查的人口统计数据（$n=866$）

基本特征	分类	样本数量	百分比/%
性别	男	365	42.1
	女	501	57.9
年龄	18 岁以下	68	7.9
	18～24 岁	201	23.2
	25～30 岁	211	24.4
	31～35 岁	179	20.7
	36～40 岁	128	14.8
	41～50 岁	43	5.0
	50 岁以上	36	4.2
受教育程度	初中及以下	113	13.0
	高中/中专	209	24.1
	专科	175	20.2
	本科	290	33.5
	研究生及以上	79	9.1
月收入	2000 元以下	56	6.5
	2000～3999 元	256	29.6
	4000～5999 元	157	18.1
	6000～7999 元	178	20.6
	8000～9999 元	142	16.4
	10000 元以上	77	8.9
观看频率	每天都看	248	28.6
	每周 1～6 次	331	38.2
	每月 1～3 次	167	19.3
	每月少于 1 次	120	13.9

在大样本量化分析之前,仍然要对其进行正态性检验,以检查调查数据是否存在分布上的偏差,确保量化分析的可靠性。由表 6-12 可知,44 个题项的均值均介于 4.68～5.52 这一区间内,分布相对集中,标准差介于 1.42～1.87 这一区间内,可见,该样本数据的离散程度不大。各个测量题项的偏度系数的绝对值均在 0.4～1.1 这一区间内,小于 3,峰度系数的绝对值均在 0～1 这一区间内,小于 5,符合 Kline(2018)提出的标准,说明该样本数据符合正态分布,适合采用最大似然法来进行模型参数估计。

表 6-12　各题项正态分布情况

变量	题项	均值	标准差	偏度	峰度
围观式参与	SP1	5.33	1.547	−0.926	0.472
	SP2	5.42	1.526	−0.956	0.415
	SP3	5.52	1.427	−1.088	0.936
话语式参与	DP1	4.90	1.750	−0.792	−0.214
	DP2	4.93	1.796	−0.706	−0.398
	DP3	4.97	1.738	−0.746	−0.255
	DP4	4.89	1.720	−0.805	−0.098
	DP5	4.89	1.700	−0.740	−0.283
	DP6	4.99	1.847	−0.835	−0.268
	DP7	4.82	1.781	−0.668	−0.543
	DP8	4.86	1.626	−0.629	−0.052
行动式参与	AP1	5.30	1.457	−0.722	0.095
	AP2	5.29	1.458	−1.026	0.904
	AP3	5.31	1.519	−0.824	0.237
	AP4	5.22	1.431	−0.789	0.419
	AP5	5.31	1.528	−0.835	0.304
	AP6	5.19	1.547	−0.832	0.299
实用价值	PV1	5.14	1.565	−0.763	0.144
	PV2	5.05	1.614	−0.794	0.035
	PV3	5.09	1.595	−0.806	0.122
	PV4	5.13	1.583	−0.872	0.356

续表

变量	题项	均值	标准差	偏度	峰度
娱乐价值	HV1	5.18	1.557	−0.905	0.412
	HV2	5.13	1.529	−0.835	0.354
	HV3	5.19	1.594	−0.796	0.123
社会价值	CV1	4.96	1.749	−0.759	−0.184
	CV2	5.00	1.722	−0.647	−0.506
	CV3	4.88	1.674	−0.631	−0.355
	CV4	4.97	1.783	−0.722	−0.333
	CV5	4.93	1.780	−0.715	−0.387
平台忠诚	PL1	5.28	1.620	−0.955	0.295
	PL2	5.30	1.526	−0.885	0.318
	PL3	5.33	1.492	−0.895	0.434
	PL4	5.34	1.500	−0.845	0.107
	PL5	5.32	1.571	−0.988	0.414
	PL6	5.19	1.525	−0.780	0.196
	PL7	5.32	1.498	−0.775	0.066
主播忠诚	AL1	4.68	1.820	−0.482	−0.733
	AL2	4.74	1.792	−0.540	−0.651
	AL3	4.71	1.861	−0.513	−0.782
品牌忠诚	BL1	4.99	1.556	−0.698	0.027
	BL2	4.94	1.571	−0.713	0.070
	BL3	4.92	1.563	−0.636	−0.080
	BL4	4.88	1.590	−0.681	0.037
	BL5	5.00	1.517	−0.559	−0.109

2.共同方法偏差检验

为减少共同方法偏差可能对本研究产生的影响,在开展问卷调查时,本研究已经根据 Podsakoff 等(2003)的建议,采取了一系列措施从偏差的来源上进行控制,以减少产生共同方法偏差问题的可能性。具体做法是采用匿名调查,减少调查对象对测量目的的猜度,并合理设置题项的顺序和问卷的长度。从收回的问卷的 IP 地址来看,调查对象来自全国不同的省市。为进一步分析共同方法偏差对本研究的影响,参照 Aulakh 和 Gencturk(2000)的做法,借助 SPSS 26.0 软件、采取 Harman 单因素分析方法来分析数据。分析结果显示,第一个因子只解释了 24.584% 的变异,并不存在单一因子解释力度特别大的情况。因此,可以认为本研究的后续分析受共同方法偏差的影响较小。

此外,用潜在误差变量控制法再次检验共同方法偏差,分别构建验证性因素分析模型 M1 和包含方法偏差潜变量的模型 M2。比较模型 M1 和模型 M2 后发现,加入共同方法偏差潜变量后,并未明显改善该模型:ΔRMSEA$= 0.003$,ΔSRMR$= 0.014$,RMSEA 和 SRMR 变化未超过 0.05;ΔCFI$= 0.014$,ΔTLI$= 0.007$,CFI 和 TLI 变化也未超过 0.1。根据朱永明和黄嘉鑫(2021)提出的标准,这一结果表明不存在严重的共同方法偏差。

3.信度和效度分析

为了确保问卷分析的结果能够真实地反映预期目标,收集的数据有分析价值,笔者对正式调查数据的信度和效度进行了分析。

首先,通过 SPSS 26.0 软件的可靠性分析程序计算正式调查总样本数据的内部一致性系数,组合信度则由效度检验中测量模型的分析结果计算得出。正式调查的信度分析结果如表 6-13 所示,各个测量变量的 Cronbach's α 系数介于 0.76 至 0.94 之间,均大于 0.7,CR 值介于 0.77 至 0.94 之间,均在 0.7 以上,说明测量量表具有较高的信度,符合研究的要求。

表 6-13 正式调查的信度分析结果

变量	测量题项数	Cronbach's α	CR
围观式参与	3	0.769	0.772
话语式参与	8	0.933	0.933
行动式参与	6	0.868	0.869
实用价值	4	0.853	0.853
娱乐价值	3	0.835	0.836

续表

变　量	测量题项数	Cronbach's α	CR
社会价值	5	0.911	0.912
平台忠诚	7	0.918	0.918
主播忠诚	3	0.889	0.891
品牌忠诚	5	0.897	0.897

其次,本研究使用 AMOS 23.0 软件进行验证性因子分析,分析结果如表 6-14 所示。结果表明,各测量题项对应的因子载荷系数均在 0.6 以上,且大部分在 0.7 以上,并在 $P<0.001$ 范围内达到统计显著水平。此外,各潜在变量的效度结果良好,标准因子载荷均介于 0.65 至 0.91 之间,各潜在变量的平均方差抽取量均大于 0.5。这表明本研究的各潜在变量具有充分的收敛效度,能够满足目标要求。

表 6-14　总体测量模型的验证性因子分析结果

变　量	题项	标准化因子载荷	SE	CR	AVE
围观式参与	SP1	0.738***	0.050	22.624	0.531
	SP2	0.777***	0.049	24.073	
	SP3	0.667***	0.048	19.982	
话语式参与	DP1	0.769***	0.051	26.316	0.637
	DP2	0.775***	0.052	26.621	
	DP3	0.838***	0.049	29.962	
	DP4	0.799***	0.049	27.840	
	DP5	0.829***	0.048	29.482	
	DP6	0.817***	0.052	28.835	
	DP7	0.805***	0.051	28.184	
	DP8	0.747***	0.048	25.254	

续表

变量	题项	标准化因子载荷	SE	CR	AVE
行动式参与	AP1	0.655***	0.046	20.597	0.526
	AP2	0.779***	0.044	26.062	
	AP3	0.777***	0.045	25.964	
	AP4	0.712***	0.044	23.001	
	AP5	0.724***	0.047	23.537	
	AP6	0.696***	0.048	22.330	
实用价值	PV1	0.764***	0.048	24.820	0.593
	PV2	0.764***	0.050	24.827	
	PV3	0.798***	0.048	26.318	
	PV4	0.753***	0.049	24.308	
娱乐价值	HV1	0.778***	0.048	25.028	0.630
	HV2	0.830***	0.047	27.160	
	HV3	0.772***	0.050	24.788	
社会价值	CV1	0.808***	0.050	28.003	0.673
	CV2	0.827***	0.049	29.020	
	CV3	0.814***	0.048	28.331	
	CV4	0.824***	0.051	28.880	
	CV5	0.829***	0.051	29.139	
平台忠诚	LP1	0.834***	0.046	29.518	0.616
	LP2	0.778***	0.045	26.581	
	LP3	0.752***	0.044	25.329	
	LP4	0.777***	0.044	26.559	
	LP5	0.813***	0.045	28.364	
	LP6	0.755***	0.045	25.458	
	LP7	0.783***	0.044	26.856	
主播忠诚	LA1	0.808***	0.053	27.634	0.731
	LA2	0.905***	0.050	32.416	
	LA3	0.849***	0.053	29.565	

续表

变量	题项	标准化因子载荷	SE	CR	AVE
品牌忠诚	LB1	0.810***	0.045	27.878	0.635
	LB2	0.806***	0.046	27.649	
	LB3	0.794***	0.046	27.056	
	LB4	0.794***	0.047	27.036	
	LB5	0.780***	0.045	26.340	

注：AVE 即平均方差抽取量，CR 即组合信度；*** 表示在 $p<0.001$ 的统计水平上显著（双尾）。

为了检验各潜在变量的区分效度，本研究比较了各潜在变量的 AVE 平方根和它们之间的相关系数，结果如表 6-15 所示。根据表 6-15 的结果，各潜在变量之间的相关系数均小于位于对角线上的各潜在变量的 AVE 平方根，这说明各潜在变量之间的区分效度良好。

表 6-15　区分效度检验结果

	SP	DP	AP	PV	HV	CV	PL	AL	BL
SP	0.729								
DP	0.373**	0.798							
AP	0.569**	0.406**	0.725						
PV	0.281**	0.255**	0.291**	0.770					
HV	0.264**	0.216**	0.274**	0.242**	0.794				
CV	0.190**	0.546**	0.238**	0.220**	0.406**	0.820			
PL	0.186**	0.375**	0.215**	0.229**	0.226**	0.395**	0.785		
AL	0.007	−0.008	0.010	−0.001	0.008	−0.038	−0.012	0.855	
BL	−0.016	−0.043	0.014	0.002	0.016	0.028	0.050	0.150**	0.797

注：对角线为对应因子的 AVE 平方根，** 表示在 $p<0.01$ 的统计水平上显著（双尾）。

三、直接效应分析

根据研究目的、研究模型及研究假设，笔者对 866 份有效数据进行了结构方程模型分析,以实证检验前期研究所提出的相关研究假设。鉴于正式调查数据通过了前文的共同方法偏差检验和信效度分析,数据质量良好,可直接用于结构方程模型分析。于是,运用 AMOS 23.0 软件,根据理论假设关系绘制出模型图,然后将围观式参与、话语式参与、行动式参与等参与行为变量,实用价值、娱乐价值、社会价值等感知价值变量,以及平台忠诚、主播忠诚、品牌忠诚等顾客忠诚变量的数据导入结构模型图中进行分析,并选择最大似然法,采用标准化估计,检验围观式参与、话语式参与、行动式参与等自变量和实用价值、娱乐价值、社会价值等中介变量,对平台忠诚、主播忠诚、品牌忠诚等因变量的直接作用,所构建的电商直播顾客参与行为对顾客忠诚的结构模型的运行结果如图 6-2 所示。

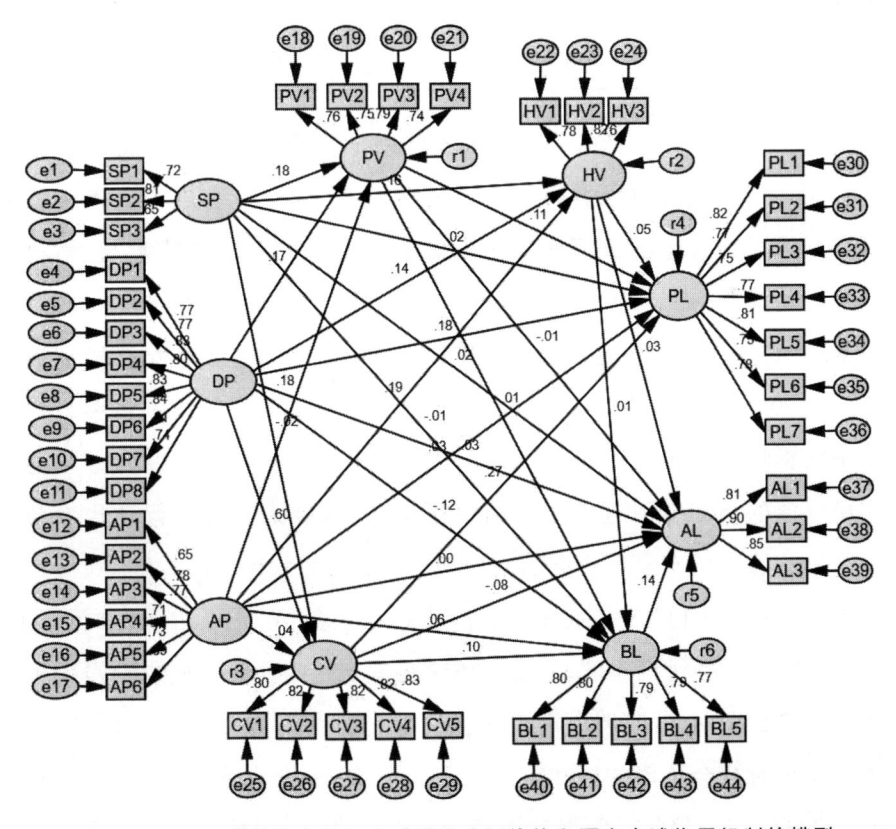

图 6-2 电商直播顾客参与行为对顾客感知价值和顾客忠诚作用机制的模型

在结构方程模型设定中,"SP"代表围观式参与,"DP"代表话语式参与,"AP"代表行动式参与,"PV"代表实用价值,"HV"代表娱乐价值,"CV"代表社会价值,"PL"代表平台忠诚,"AL"代表主播忠诚,"BL"代表品牌忠诚。

通过运用 AMOS 23.0 软件运行结构方程模型,得到研究模型整体的拟合结果,如表 6-16 所示。从结果可以看出,$\chi^2/df=2.183<3$、$GFI=0.910>0.9$、$AGFI=0.925>0.9$、$NFI=0.898>0.8$、$CFI=0.953>0.9$、$RMSEA=0.037<0.08$。由此可见,该模型的拟合效果较好。

表 6-16　电商直播顾客参与行为作用机制模型的拟合指数

拟合指标	χ^2/df	GFI	AGFI	NFI	CFI	RMSEA
评价标准	<3	>0.9	>0.9	>0.8	>0.9	<0.08
模型	2.183	0.910	0.925	0.898	0.953	0.037

本研究的假设检验结果和结构模型结果如表 6-17 和图 6-3 显示。就电商直播顾客参与行为对顾客感知价值的影响来看,顾客在电商直播中的不同参与行为对顾客感知价值所产生的影响是不同的。围观式参与、话语式参与和行动式参与对实用价值的感知均有显著正向影响(标准化路径系数=0.183,$P<0.001$;标准化路径系数=0.174,$P<0.001$;标准化路径系数=0.177,$P<0.001$),H6-1a、6-1b 和 6-1c 得到验证,即电商直播顾客参与行为显著正向影响实用价值的感知,H6-1 成立,这表明电商直播顾客参与行为对实用价值的感知有促进作用。围观式参与、话语式参与和行动式参与对娱乐价值的感知均有显著正向影响(标准化路径系数=0.162,$P<0.001$;标准化路径系数=0.141,$P<0.001$;标准化路径系数=0.190,$P<0.001$),H6-2a、6-2b 和 6-2c 得到验证,即电商直播顾客参与行为显著正向影响娱乐价值的感知,H6-2 成立,这表明电商直播顾客参与行为对娱乐价值有促进作用。话语式参与对社会价值的感知有显著正向影响(标准化路径系数=0.595,$P<0.001$),H6-3b 得到验证,即话语式参与对社会价值的影响较大,这表明电商直播顾客的话语式参与对社会价值的感知有促进作用。

表 6-17　假设检验结果

假设	路径	非标准化路径系数	标准化路径系数	T 值	结论
H10	电商直播顾客参与行为→实用价值	—	—	—	支持
H10a	围观式参与→实用价值	0.230	0.183***	0.052	支持
H10b	话语式参与→实用价值	0.151	0.174***	0.033	支持
H10c	行动式参与→实用价值	0.185	0.177***	0.041	支持
H11	电商直播顾客参与行为→娱乐价值	—	—	—	支持
H11a	围观式参与→娱乐价值	0.207	0.162***	0.053	支持
H11b	话语式参与→娱乐价值	0.124	0.141***	0.033	支持
H11c	行动式参与→娱乐价值	0.203	0.190***	0.042	支持
H12	电商直播顾客参与行为→社会价值	—	—	—	部分支持
H12a	围观式参与→社会价值	−0.040	−0.025	0.053	不支持
H12b	话语式参与→社会价值	0.654	0.595***	0.041	支持
H12c	行动式参与→社会价值	0.054	0.041	0.042	不支持
H13	顾客感知价值→平台忠诚	—	—	—	部分支持
H13a	实用价值→平台忠诚	0.125	0.111**	0.043	支持
H13b	娱乐价值→平台忠诚	0.058	0.053	0.042	不支持
H13c	社会价值→平台忠诚	0.241	0.270***	0.040	支持
H14	顾客感知价值→主播忠诚	—	—	—	不支持
H14a	实用价值→主播忠诚	−0.009	−0.007	0.052	不支持
H14b	娱乐价值→主播忠诚	0.033	0.026	0.051	不支持
H14c	社会价值→主播忠诚	−0.077	−0.077	0.048	不支持
H15	顾客感知价值→品牌忠诚	—	—	—	部分支持
H15a	实用价值→品牌忠诚	0.008	0.008	0.041	不支持
H15b	娱乐价值→品牌忠诚	0.010	0.010	0.041	不支持
H15c	社会价值→品牌忠诚	0.079	0.100*	0.038	支持

续表

假设	路径	非标准化路径系数	标准化路径系数	T 值	结论
H16	电商直播顾客参与行为→平台忠诚	—	—	—	部分支持
H16a	围观式参与→平台忠诚	0.025	0.017	0.054	不支持
H16b	话语式参与→平台忠诚	0.178	0.181***	0.044	支持
H16c	行动式参与→平台忠诚	0.039	0.033	0.043	不支持
H17	电商直播顾客参与行为→主播忠诚	—	—	—	不支持
H17a	围观式参与→主播忠诚	0.030	0.019	0.066	不支持
H17b	话语式参与→主播忠诚	0.032	0.030	0.054	不支持
H17c	行动式参与→主播忠诚	−0.001	−0.001	0.053	不支持
H18	电商直播顾客参与行为→品牌忠诚	—	—	—	支持
H18a	围观式参与→品牌忠诚	−0.017	−0.014	0.053	不支持
H18b	话语式参与→品牌忠诚	−0.101	−0.117*	0.043	支持
H18c	行动式参与→品牌忠诚	0.062	0.060	0.042	不支持
H19	品牌忠诚→主播忠诚	0.182	0.143***	0.049	支持

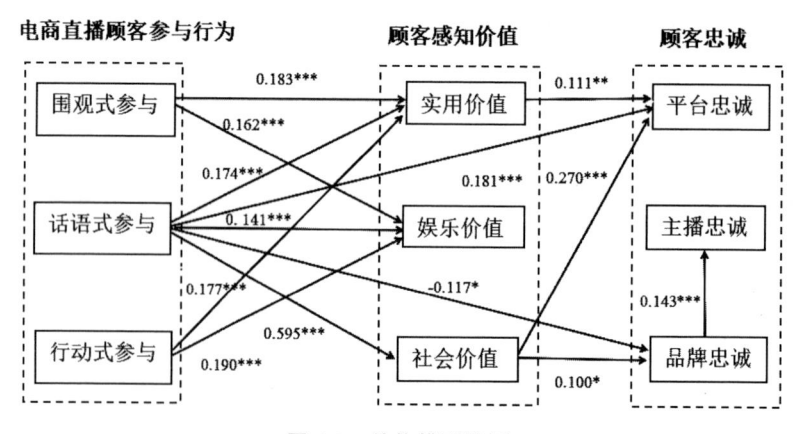

图 6-3 结构模型结果

从顾客感知价值对顾客忠诚的影响来看,实用价值和社会价值均对平台忠诚有显著正向影响(标准化路径系数=0.111,$P<0.01$;标准化路径系数=0.270,$P<0.001$),H6-4a 和 6-4c 得到验证,这表明顾客在参与电商直播活动中感知到的实用价值和社会价值会促进其形成平台忠诚。社会价值对品牌忠诚有显著正向影响(标准化路径系数=0.100,$P<0.05$),H6-6c 得到验证,这表明顾客感知到的社会价值会促进其形成品牌忠诚。

从电商直播顾客参与行为对顾客忠诚的影响来看,话语式参与对平台忠诚有显著正向影响(标准化路径系数=0.180,$P<0.001$),H6-7b 得到验证。话语式参与对品牌忠诚有负向影响(标准化路径系数=-0.117,$P<0.05$),H6-9b 得到验证。以上结果说明,顾客在电商直播中的话语式参与一方面会有力地促进其形成平台忠诚,另一方面又会对其品牌忠诚的形成产生负面影响。

从顾客忠诚间的相互关系来看,品牌忠诚会显著正向影响主播忠诚(标准化路径系数=0.143,$P<0.001$),H6-10 得到验证。这一结果表明,当顾客对品牌的忠诚度越高时,其对该品牌直播活动的主播的忠诚度也会越高。

四、中介效应分析

与第五章的中介效应分析一样,先标准化处理各变量,然后按照 Zhao 等(2010)和 Preacher 等(2008)提出的 Bootstrap 检验程序和相应模型来检验中介效应,在 95% 置信区间下,使用偏差校正非参数百分位法,对模型 4 进行了10000次重复抽样,以取样方法为选择偏差校正的非参数百分位法,检验实用价值、娱乐价值和社会价值在电商直播顾客参与行为和顾客忠诚之间的中介作用。

1. 实用价值的中介效应分析

由于实用价值对顾客的主播忠诚和品牌忠诚的影响均不显著,因此其无法在电商直播参与行为和主播忠诚、电商直播参与行为和品牌忠诚的影响关系中起中介作用,即 H6-14 和 H6-17 自然不成立。根据直接效应的检验结果，可以推测，实用价值可能在电商直播顾客参与行为和平台忠诚之间起中介作用，故本研究将进一步对"围观式参与→实用价值→平台忠诚""话语式参与→实用价值→平台忠诚""行动式参与→实用价值→平台忠诚"这三条潜在中介路径进行检验。

中介效应的检验结果如表 6-18 所示，可见，在 95% 的置信区间下，"围观式参与→实用价值→平台忠诚""话语式参与→实用价值→平台忠诚""行动式参与→实用价值→平台忠诚"等路径中介效应的检验结果中不包括 0，即上述路径的中介效应显著。其中，实用价值在围观式参与、话语式参与和行动式参与对平台忠诚的影响路径中的中介效应分别为 0.054（95% CI [0.031,0.087]）、0.036（95% [0.016,0.054]）、0.057（95% [0.032,0.092]）。在控制了实用价值之后，围观式参与、话语式参与和行动式参与对平台忠诚的影响仍然显著，直接效应为 0.134（95% CI [0.066,0.202]）、0.296（95% CI [0.241,0.351]）、0.176（95% CI [0.104,0.249]），这表明实用价值部分中介了电商直播顾客参与行为对平台忠诚的影响。可见，实用价值积极中介了电商直播顾客参与行为对平台忠诚的影响，H6-11a、H6-11b 和 H6-11c 得到验证，故 H6-11 获得了实证支持。上述结果表明，电商直播中，顾客参与行为能在一定程度上通过提升顾客可感知到的实用价值的增强来促进顾客平台忠诚。

表 6-18 实用价值中介效应检验结果

效应类型	具体路径	效应值	标准误	t 值	p 值	95%置信区间(CI) LLCI	95%置信区间(CI) ULCI
直接效应	围观式参与→平台忠诚	0.134	0.035	3.868	0.000	0.066	0.202
直接效应	话语式参与→平台忠诚	0.296	0.028	10.514	0.000	0.241	0.351
直接效应	行动式参与→平台忠诚	0.176	0.037	4.751	0.000	0.104	0.249
中介效应	围观式参与→实用价值→平台忠诚	0.054	0.014	—	—	0.031	0.087
中介效应	话语式参与→实用价值→平台忠诚	0.036	0.010	—	—	0.016	0.054
中介效应	行动式参与→实用价值→平台忠诚	0.057	0.015	—	—	0.032	0.092

2.娱乐价值的中介效应分析

因为娱乐价值不会对顾客的平台忠诚、主播忠诚和品牌忠诚产生显著影响,所以其无法在电商直播顾客参与行为和平台忠诚、电商直播顾客参与行为和主播忠诚、电商直播顾客参与行为和品牌忠诚的关系中起中介作用,即 H6-12、H6-15 和 H6-18 自然不成立。

3.社会价值的中介效应分析

由于顾客的围观式参与和行动式参与对社会价值的影响均不显著,且社会价值对主播忠诚的影响也不显著,因此社会价值无法在围观式参与和平台忠诚、行动式参与和平台忠诚、围观式参与和主播忠诚、话语式参与和主播忠诚、行动式参与和主播忠诚、围观式参与和品牌忠诚、行动式参与和品牌忠诚的关系中起中介作用,即 H6-13a、H6-13c、H6-16、H6-19a 和 H6-19c 自然不成立。根据直接效应的检验结果,可以推测社会价值可能在话语式参与与平台忠诚、话语式参与与品牌忠诚的关系中起中介作用,故本研究将进一步对"话语式参与→社会价值→平台忠诚""话语式参与→社会价值→品牌忠诚"这两条潜在中介路径进行检验。

社会价值中介效应的检验结果如表 6-19 所示。可以看出,在 95% 的置信区间下,"话语式参与→社会价值→平台忠诚"这条路径中介效应的检验结果中不包括 0,即该路径的中介效应显著。其中,社会价值在话语式参与对平台忠诚的影响路径中的间接效应为 0.129(95%[0.089,0.172])。在控制了社会价值之后,话语式参与对平台忠诚的影响仍然显著,直接效应为 0.199(95%[0.136,0.261]),表明社会价值在话语式参与对平台忠诚的影响中起部分中介作用。可见,社会价值积极中介了顾客的话语式参与对平台忠诚的影响,H6-13b 得到验证,故 H6-13 获得了部分支持。上述结果表明,话语式参与能在一定程度上通过提升顾客可感知到的社会价值来促进顾客的平台忠诚。检验结果同时也表明,"话语式参与→社会价值→品牌忠诚"这条路径中介效应的检验结果中包括了 0,即该路径的中介效应不显著,表明社会价值不会中介话语式参与对品牌忠诚的影响,即 H6-19b 得不到验证,故 H6-19 未能获得实证支持。

表 6-19　社会价值中介效应检验结果

效应类型	具体路径	效应值	标准误	t 值	p 值	95%置信区间(CI) LLCI	95%置信区间(CI) ULCI
直接效应	话语式参与→平台忠诚	0.199	0.032	6.242	0.000	0.136	0.261
直接效应	话语式参与→品牌忠诚	−0.076	0.037	−2.047	0.041	−0.148	−0.003
中介效应	话语式参与→社会价值→平台忠诚	0.129	0.021	—	—	0.089	0.172
中介效应	话语式参与→社会价值→品牌忠诚	0.037	0.021	—	—	−0.003	0.079

上述结果表明,电商直播活动中,顾客话语式参与可以通过提升顾客可感知的社会价值来增强顾客对平台的忠诚,但总体来看,电商直播顾客参与行为无法通过提升顾客可感知的社会价值来增强顾客对品牌的忠诚。

五、人口统计特征对顾客忠诚的影响分析

本研究还考察了人口统计特征,包括性别、年龄、受教育程度、月收入和观看频率对顾客忠诚的影响,并运用方差分析法检验这些变量的不同水平是否对顾客忠诚的各维度产生显著影响。

1.性别对顾客忠诚的影响

性别影响顾客忠诚不同维度的方差分析结果以及均值结果如表 6-20 所示。结果显示,顾客的性别对品牌忠诚有显著影响,但对平台忠诚和主播忠诚没有显著影响。其中,男性顾客对品牌的忠诚度比女性顾客高。

表 6-20　顾客性别对顾客忠诚影响的方差分析及均值结果

潜变量	组别	样本量	均值	F 值	P 值
平台忠诚	男	365	5.297	0.006	0.940
平台忠诚	女	501	5.298	0.006	0.940
主播忠诚	男	365	4.724	0.254	0.614
主播忠诚	女	501	4.702	0.254	0.614

续表

潜变量	组别	样本量	均值	F 值	P 值
品牌忠诚	男	365	5.030	4.402*	0.036
	女	501	4.888		

注:* 表示在 $p<0.05$ 的统计水平上显著。

2.年龄对顾客忠诚的影响

年龄影响顾客忠诚不同维度的方差分析结果以及均值结果如表 6-21 所示。结果显示,顾客的年龄对其平台忠诚、主播忠诚和品牌忠诚有显著影响。就平台忠诚度而言,18 岁以下的顾客最高,50 岁以上的顾客最低;就主播忠诚度而言,18~24 岁的顾客最高,41~50 岁的顾客最低;就品牌忠诚度而言,18 岁以下的顾客最高,36~40 岁的顾客最低。

表 6-21 顾客年龄对顾客忠诚影响的方差分析及均值结果

潜变量	组 别	样本量	均值	F 值	P 值
平台忠诚	18 岁以下	68	5.590	2.714*	0.013
	18~24 岁	201	5.448		
	25~30 岁	211	5.379		
	31~35 岁	179	5.116		
	36~40 岁	128	5.187		
	41~50 岁	43	5.120		
	50 岁以上	36	4.933		
主播忠诚	18 岁以下	68	4.853	2.814*	0.013
	18~24 岁	201	4.944		
	25~30 岁	211	4.610		
	31~35 岁	179	4.844		
	36~40 岁	128	4.339		
	41~50 岁	43	4.271		
	50 岁以上	36	4.935		

续表

潜变量	组别	样本量	均值	F值	P值
品牌忠诚	18岁以下	68	5.221	3.041**	0.006
	18~24岁	201	5.147		
	25~30岁	211	4.907		
	31~35岁	179	4.931		
	36~40岁	128	4.578		
	41~50岁	43	4.930		
	50岁以上	36	4.9722		

注：** 表示在 $p<0.01$ 的统计水平上显著，* 表示在 $p<0.05$ 的统计水平上显著。

3. 受教育程度对顾客忠诚的影响

受教育程度影响顾客忠诚不同维度的方差分析结果以及均值结果如表6-22所示。结果显示，顾客的受教育程度对平台忠诚、主播忠诚和品牌忠诚没有显著影响。换言之，顾客的受教育程度不影响顾客忠诚。

表6-22 顾客受教育程度对顾客忠诚影响的方差分析及均值结果

潜变量	组别	样本量	均值	F值	P值
平台忠诚	初中及以下	113	5.124	1.311	0.264
	高中/中专	209	5.392		
	专科	175	5.346		
	本科	290	5.232		
	硕士研究生及以上	79	5.427		
主播忠诚	初中及以下	113	4.917	1.107	0.352
	高中/中专	209	4.576		
	专科	175	4.691		
	本科	290	4.686		
	硕士研究生及以上	79	4.911		

续表

潜变量	组　别	样本量	均值	F 值	P 值
品牌忠诚	初中及以下	113	4.912	0.742	0.564
	高中/中专	209	4.839		
	专科	175	4.966		
	本科	290	4.985		
	硕士研究生及以上	79	5.109		

4.月收入对顾客忠诚的影响

月收入影响顾客忠诚不同维度的方差分析结果以及均值结果如表 6-23 所示。结果显示,顾客的月收入对主播忠诚和品牌忠诚有显著影响,但对平台忠诚没有显著影响。就主播的忠诚度而言,月收入在 2000～3999 元的顾客最高,月收入在 6000～7999 元的顾客最低;就品牌的忠诚度而言,月收入在 2000～3999 元的顾客最高,月收入在 8000～9999 元间的顾客最低。

表 6-23　顾客月收入对顾客忠诚影响的方差分析及均值结果

潜变量	组　别	样本量	均值	F 值	P 值
平台忠诚	2000 元以下	56	5.066	0.777	0.566
	2000～3999 元	256	5.249		
	4000～5999 元	157	5.373		
	6000～7999 元	178	5.352		
	8000～9999 元	142	5.365		
	10000 元以上	77	5.219		
主播忠诚	2000 元以下	56	4.488	3.393**	0.005
	2000～3999 元	256	5.010		
	4000～5999 元	157	4.561		
	6000～7999 元	178	4.440		
	8000～9999 元	142	4.662		
	10000 元以上	77	4.905		

续表

潜变量	组别	样本量	均值	F值	P值
品牌忠诚	2000元以下	56	5.071	6.228***	0.000
	2000～3999元	256	5.286		
	4000～5999元	157	4.821		
	6000～7999元	178	4.731		
	8000～9999元	142	4.670		
	10000元以上	77	5.005		

注：*** 表示在 $p<0.001$ 的统计水平上显著，** 表示在 $p<0.01$ 的统计水平上显著。

5.观看频率对顾客忠诚的影响

观看频率影响顾客忠诚不同维度的方差分析结果以及均值结果如表6-24所示。结果显示，顾客的观看频率对平台忠诚和品牌忠诚有显著影响，但对主播忠诚没有显著影响。其中：每天都看电商直播的顾客对品牌的忠诚度是最高的，每周看1～6次电商直播的顾客对平台的忠诚度是最高的，每月看电商直播少于1次的顾客对平台和品牌的忠诚度都是最低的。

表6-24 顾客观看频率对顾客忠诚影响的方差分析及均值结果

潜变量	组别	样本量	均值	F值	P值
平台忠诚	每天都看	248	5.381	3.640*	0.013
	每周1～6次	331	5.407		
	每月1～3次	167	5.102		
	每月少于1次	120	5.094		
主播忠诚	每天都看	248	4.823	0.924	0.429
	每周1～6次	331	4.734		
	每月1～3次	167	4.593		
	每月少于1次	120	4.583		
品牌忠诚	每天都看	248	5.244	9.319***	0.000
	每周1～6次	331	4.978		
	每月1～3次	167	4.695		
	每月少于1次	120	4.605		

注：** 表示在 $p<0.01$ 的统计水平上显著，* 表示在 $p<0.05$ 的统计水平上显著。

第六节 产品类型在电商直播顾客参与行为与顾客感知价值间的调节效应检验

前文就顾客个人因素对顾客忠诚的影响进行了分析,但本研究认为顾客的行为是个人和外在因素综合影响的结果,故又选择了产品类型这一外在因素,研究产品类型(搜索品、体验品)在顾客感知价值(实用价值、娱乐价值和社会价值)形成中的调节作用。

一、实验设计与过程

本实验为3(围观式参与 vs 话语式参与 vs 行动式参与)×2(搜索品 vs 体验品)的组间实验设计,采用情景模拟实验的方法来初步探索电商直播顾客参与行为与产品类别对顾客感知价值的交互影响及其机制。

1. 预实验

为了确保实验材料的有效性,在实验前必须事先确定产品类别的实验材料。在充分回顾消费者行为领域的产品类型相关研究的基础上,根据以往学者选择实验刺激物的标准,结合第三章中对经常参与电商直播的38位顾客的访谈情况,并邀请2位市场营销专业的教授和5位市场营销专业的博士研究生进行焦点小组讨论,对产品类型的划分标准和产品类型实证研究中广泛采用的实验材料进行充分交流,共筛选出日用品、服饰鞋帽、数码电子产品、化妆品、手机和食品等6种产品品类作为预实验的实验材料,包括3种搜索品和3种体验品。需要特别说明的是,尽管手机与数码电子产品在技术和功能上有重叠,但在产品设计、主要用途、市场定位以及技术和功能等方面还是有差异的,故本书将数码电子产品和手机视为不同类型的产品。

然后,以6种产品品类为基础,设计出用于预实验的问卷。预实验问卷包括四个部分:第一部分主要是向被试介绍本次实验的目的,并告知此结果仅用于学术研究;第二部分是筛选题,用于剔除没有电商直播参与经历的被试的问卷;第三部分给出上述6种产品品类,让被试选择平时最经常观看的电商直播的产品品类;第四部分为被试的人口统计信息,包括性别、年龄、受教育程度、月收入等。本次预实验共邀请到135名被试参与,剔除不属于被试对象的问卷以及无效问卷之后,最终得到有效问卷120份,有效回收率达88.89%。通过对回收问卷的描述性分析后得知,日用品是搜索品中顾客平时最经常观看的电商直播产品品类,而服饰鞋帽是体验品中顾客平时最经常观看的电商直播产品品类。由此,可以依据预实验结果设计正式实验所用的实验材料。考虑到实验刺激物的广泛实用性,本研究确定洗发水作为搜索品的实验刺激物,衣服作为体验品的实验刺激物。

2. 正式实验

通过问卷星平台,共招募到300个被试参加实验,排除填写不规范的问卷样本后,剩余282个问卷样本。根据预实验的结果,正式实验选择A品牌洗发水为搜索品,选择B品牌外套为体验品。

实验模拟了电商直播的情境,首先要求被试想象自己身处电商直播的场景中;然后,阅读实验材料,如"下面请您设想:最近,您的洗发水快要用完了,想再购买一瓶洗发水,于是到电商直播平台上搜索相关产品信息。此时,正好有一个直播间在做A品牌洗发水的直播,您进入该直播间,该直播间的情境如下:";接着向被试展示源自电商直播中的真实图片,相关引导文字为"现在请您仅以围观式参与的方式来参与该直播的过程,即进入电商直播间之前或刚进入时只发生以下一种或几种行为:①关注主播;②关注直播间;③关注其他顾客发的弹幕的内容"。上述过程是围观式参与×搜索品组的实验过程,下面说明围观式参与×享乐品组的实验过程。围观式参与×享乐品组的实验材料为"下面请您设想:要换季了,您打算购买一件外套,于是到电商直播平台上浏览相关产品信息。此时,正好有一个直播间在做 B 品牌服饰的直播,您进入该直播间,该直播间的情境如下:";接着,请女性朋友看源自电商直播中女装直播间的真实图片 1,请男性朋友看源自电商直播中男装直播间的真实图片 2,相关引导文字为"现在请您仅以围观式参与的方式来参与该直播的过程,即进入电商直播间之前或刚进入时只发生以下一种或几种行为:①关注主播;②关注直播间;③关注其他顾客发的弹幕的内容"。

在被试阅读完实验材料后,请他们填写问卷中的测量题项,所有题目均根据 Likert 7 级量表来设置,请被试分别根据自身情况对各个题项进行打分,分值为 1~7。其中,"1"代表完全不同意,"7"代表完全同意。对于顾客感知价值的测量同前文的做法,实用价值测量主要借鉴 Oh 和 Teo(2010)的量表,娱乐价值测量主要借鉴金立印(2007)以及涂剑波和张明立(2013)的量表,社会价值测量主要借鉴 Sweeney 和 Soutar(2001)、Mathwick 等(2008)以及钟凯和张传庆(2013)的量表,并结合电商直播情境调整得到相应的量表。

3. 实验操纵与测量

经方差分析和独立样本 T 检验,实验材料的有效性得到验证。①方差分析的结果表明,被试对于三种不同的参与方式,在感知参与程度(包括围观式参与、话语式参与和行动式参与)的得分上均存在明显差异($p<0.001$);②经独立样本 T 检验可知,围观式参与组的围观式参与程度显著高于话语式参与组的围观式参与程度($M_{围观组}=6.247>M_{话语组}=4.936, p<0.001$)和行动式参与组的围观式参与程度($M_{围观组}=6.238>M_{行动组}=4.766, p<0.001$);话语式参与组的话语式参与程度显著高于围观式参与组的话语式参与程度($M_{话语组}=5.651>M_{围观组}=4.755, p<0.001$)和行动式参与组的话语式参与程度($M_{话语组}=5.651>M_{行动组}=4.532, p<0.001$);行动式参与组的行动式参与程度显著高于围观式参与组的行动式参与程度($M_{行动组}=5.735>M_{围观组}=4.868, p<0.05$)和话语式参与组的行动式参与程度($M_{行动组}=5.735>M_{话语组}=5.503, p<0.05$)。上述结果充分说明自变量 3 个处理水

平的实验操纵成功。

二、实验结果

鉴于本研究的调节变量产品类型属于分类变量,故采用 SPSS 26.0 软件进行独立样本 T 检验,以检验产品类型在电商直播顾客参与行为对顾客感知价值的影响中的调节作用。

1. 围观式参与的实验结果

由围观式参与独立样本 T 检验结果(如图 6-4 所示)可知,当顾客在电商直播活动中进行围观式参与时,顾客对不同产品类型的实用价值感知 $[M_{搜索品}=5.553, M_{体验品}=4.887, F(1,110)=0.091, P>0.05]$ 和娱乐价值感知 $[M_{搜索品}=5.470, M_{体验品}=5.124, F(1,183)=2.091, P>0.05]$ 不存在显著差异,但对不同产品类型的社会价值感知 $[M_{搜索品}=5.689, M_{体验品}=4.208, F(1,110)=22.622, P<0.001]$ 存在显著差异,且顾客对搜索品的社会价值

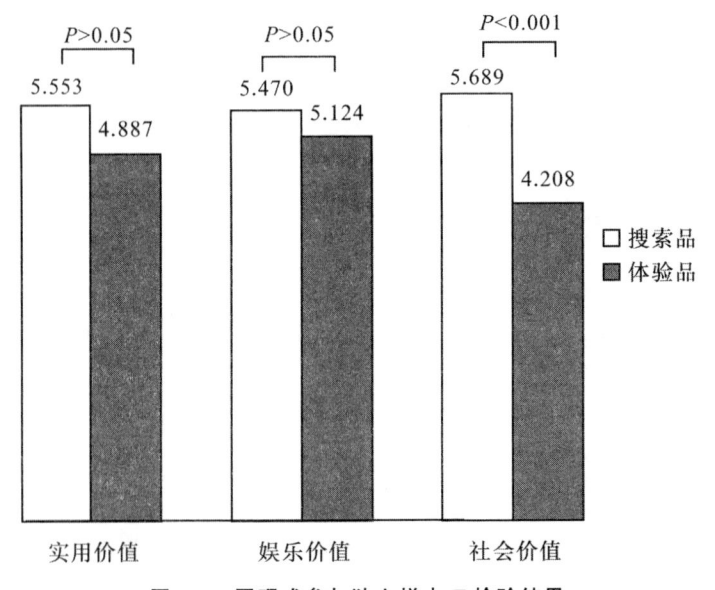

图 6-4 围观式参与独立样本 T 检验结果

感知高于体验品,假设 29a、假设 29b 不成立,假设 29c 成立,即假设 29 部分通过检验。这表明,当顾客围观式参与电商直播活动时,其对搜索品在实用价值和娱乐价值的感知上与体验品无差异,但对搜索品社会价值的感知要高于体验品。

2.话语式参与的实验结果

话语式参与独立样本 T 检验结果如图 6-5 所示,由该结果可知,当顾客在电商直播活动中进行话语式参与时,其对不同产品类型实用价值的感知 $[M_{搜索品}=4.988, M_{体验品}=5.508, F(1,71)=15.238, P<0.001]$、娱乐价值的感知 $[M_{搜索品}=4.933, M_{体验品}=5.394, F(1,71)=7.668, P<0.01]$ 和社会价值的感知 $[M_{搜索品}=5.175, M_{体验品}=5.636, F(1,71)=4.432, P<0.05]$ 存在显著差异,且顾客对体验品的价值感知高于搜索品,假设 30a、假设 30b 和假设 30c 均成立,即假设 30 通过检验。这表明,当顾客话语式参与电商直播活动时,其对体验品在价值方面的感知均高于搜索品。

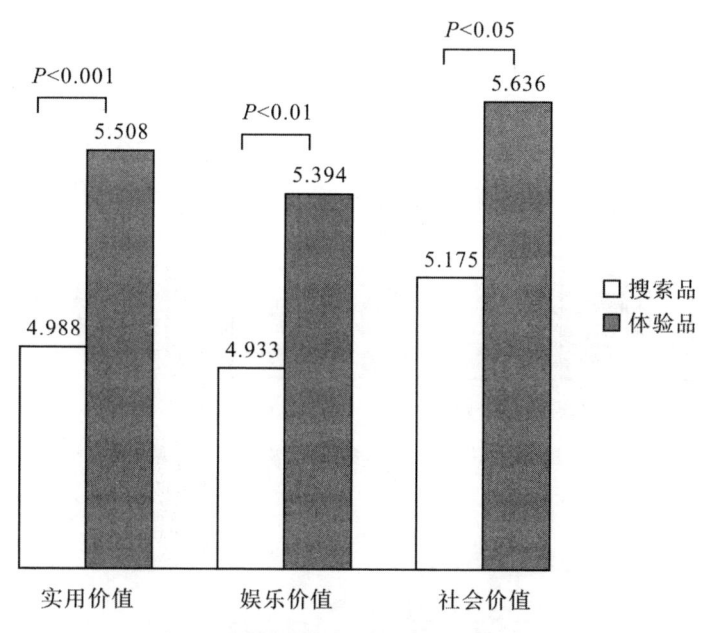

图 6-5 话语式参与独立样本 T 检验结果

3.行动式参与的实验结果

行动式参与独立样本 T 检验结果如图 6-6 所示,由该结果可知,当顾客在电商直播活动中进行行动式参与时,顾客对不同产品类型的实用价值感知 $[M_{搜索品}=5.075, M_{体验品}=4.288, F(1,95)=26.274, P<0.001]$ 存在显著差异——对搜索品的实用价值感知高于体验品,但对于不同类型产品的娱乐价值感知 $[M_{搜索品}=4.766, M_{体验品}=4.950, F(1,95)=0.007, P>0.05]$ 和社会价值感知 $[M_{搜索品}=4.667, M_{体验品}=4.895, F(1,95)=1.109, P>0.05]$ 不存在显著差异,假设 31a 成立,假设 31b 和假设 31c 不成立,即假设 31 部分通过检验。这表明,当顾客行动式参与电商直播活动时,其对搜索品在娱乐价值和社会价值的感知上与体验品无差异,但对搜索品实用价值的感知要高于体验品。

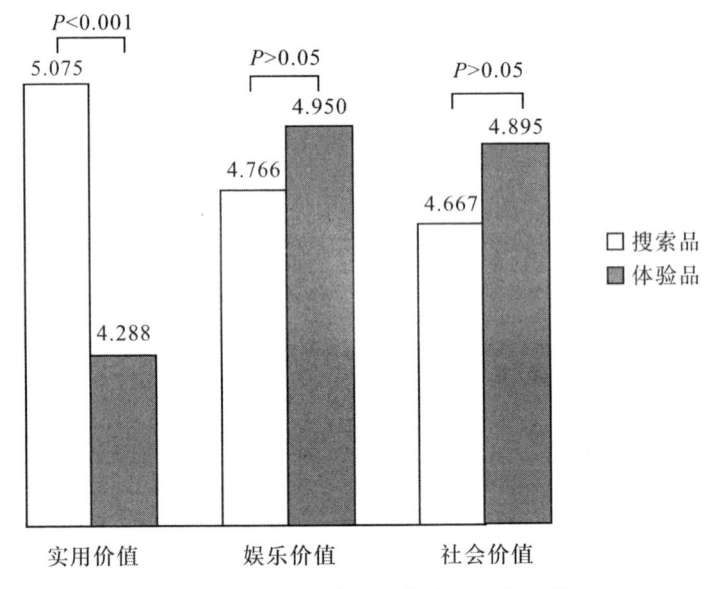

图 6-6 行动式参与独立样本 T 检验结果

第七节 "电商直播顾客参与行为—顾客感知价值—顾客忠诚"机制讨论

上述实证研究表明,电商直播顾客不同的参与行为通过顾客感知价值对顾客忠诚的三个维度产生积极影响。本节将归纳和总结这些具体的影响关系,从而为电商直播相关企业的顾客关系管理提供理论参考。

一、电商直播顾客参与行为与顾客感知价值的关系

本研究通过实证研究证明了电商直播顾客参与行为所生成的直接价值为顾客感知价值(包括实用价值、娱乐价值和社会价值),这一结论与价值共创思想中的顾客体验相呼应,同时也反映了服务主导逻辑中假设十——价值总是由受益人独特地用现象学的方法决定这一基本假设。

1.电商直播顾客参与行为的量表与维度

本章使用包含电商直播顾客参与行为量表在内的问卷来收集数据,相应的检验结果进一步说明了电商直播顾客参与行为量表的稳定性,且电商直播顾客参与行为的三维结构(围观式参与、话语式参与和行动式参与)也得到了验证。

2.电商直播顾客参与行为与实用价值

电商直播顾客参与行为对实用价值所产生的积极影响得到了实证研究的支持。电商直播顾客的围观式参与、话语式参与和行动式参与均会对顾客感知到的实用价值产生显著正向影响。这说明顾客通过参与电商直播,能够获得符合自己需求和偏好的商品信息,筛选出更有个性、更具性价比的商品。同时,顾客与主播、平台员工、品牌商家的沟通,一方面可以将自己的

需求反馈给相关企业的有关人员,使其及时发现问题,减少服务失败的可能性;另一方面,顾客通过与电商直播平台上的其他顾客,以及在电商直播平台外与亲友围绕电商直播相关商品和活动进行的交流沟通,能够形成互动,互通有无,为购买决策提供帮助,使自身在电商直播平台上所花的时间、心血更加有价值和意义,最终完成购买目标。

3. 电商直播顾客参与行为与娱乐价值

研究结果表明,电商直播顾客的围观式参与、话语式参与和行动式参与均会对顾客感知到的娱乐价值产生显著的正向影响,即电商直播顾客参与行为能够为顾客带来相应的娱乐价值。这一结果表明,顾客参与电商直播可以被视为一种能够为顾客带来愉悦感、新鲜感的过程。顾客参与电商直播的过程中,在通过观看直播以及其他顾客的评论等获得审美体验的同时,还能因主播的颜值、才华获得审美体验,而且主播幽默的语言和举动也能使顾客感到愉悦。顾客还可以通过微信、微博等社交媒体将自己的参与体验等分享给亲友,使得参与电商直播成为提升娱乐价值的途径。此外,电商直播活动中的"秒杀"、抽奖等形式多样的互动活动娱乐性较强,能够为顾客放松心情、带来快乐,这也体现了娱乐价值。

4. 电商直播顾客参与行为与社会价值

实证研究发现,在电商直播中,只有顾客的话语式参与能够为顾客带来社会价值,且这种影响比较大。这主要是因为参与电商直播的顾客通过电商直播平台购买到的商品提升了自己的形象,给别人留下好的印象,使其在社交场合更加自信。而且,参与电商直播活动的顾客可以通过分享有价值的信息或与其他顾客、亲友交流等方式,结识新的朋友,拓展社交圈,提升自身的影响力和社会地位,从而满足自身的社交需求。当顾客分享的商品信息或参与体验被他人采纳时,就能够获得社会认可,甚至得到支持。至于围观式参与对社会价值的影响不显著,可能是因为围观式参与主要是顾客关注相关信息的行为,并不存在与其他顾客的互动,也无法使顾客在此过程中感知到社会价值。而行动式参与对社会价值的影响不显著,可能是因为行动式参与主要是顾客积极配合主播参与一些互动活动,顾客感知到的是直播的娱乐价值,而不是社会价值。

二、顾客感知价值与顾客忠诚的关系

检验结果显示,顾客感知到的实用价值和社会价值均显著正向影响平台忠诚,只有社会价值对品牌忠诚有积极影响。这一结果表明,在顾客由于参与行为感知到了较高的实用价值和社会价值的同时,也为电商直播平台带来相应的间接价值,具体表现为顾客偏好该直播平台,并对该平台产生强烈的重复使用意愿。同时,忠诚度的提升也有很大可能表现在直播平台的收益上,因为忠诚度高的顾客往往会提高自己在该平台上的消费金额和消费频次,从而为平台带来更加直观的利益。至于娱乐价值对顾客忠诚的影响不显著的原因,可能有以下几个方面:第一,顾客追求娱乐价值的动力不足可能会抑制顾客忠诚的形成。虽然顾客在参与过程中获取了一定的娱乐价值,但由于它并不是顾客主要的价值诉求或者只是少部分顾客的价值诉求,娱乐价值就成为顾客意外的收获或者是可有可无的需求,因此,娱乐价值对顾客忠诚的影响并不明显。第二,样本的代表性也有可能会影响娱乐价值对顾客忠诚的显著性检验结果。电商直播本身以电商而非娱乐为主题,这样的直播性质导致直播里娱乐的内容较少,在很大程度上抑制了顾客对娱乐价值的动机诉求和体验感知,从而对顾客忠诚的形成产生间接影响。而实用价值和社交价值对主播忠诚的影响不显著的原因,可能是顾客从电商直播中感知到的实用价值和社交价值是基于直播平台和直播产品的,但对主播的忠诚主要是和主播本身的个人特征和素质有关,或者是与主播为其带来的价值有关。此外,实用价值对品牌忠诚的影响不显著的原因可能在于,顾客看重的是品牌精神层面的价值而非物质层面的价值。

三、电商直播顾客参与行为与顾客忠诚的关系

结构方程的结果显示,话语式参与对平台忠诚有显著正向影响,对品牌忠诚有显著负向影响。这一结果表明,顾客在电商直播中的话语式参与一方面有力地促进了其平台忠诚的形成,另一方面又会对其品牌忠诚的形成产生负面影响。顾客的话语式参与所产生的关于品牌的负面信息,会影响顾客自己和其他顾客继续购买该品牌产品或向亲友推荐该品牌。至于顾客的围观式参与对顾客忠诚的影响不显著,可能是因为顾客的围观式参与体现的是网络信息的传播效应和累积效应,顾客在这类参与活动中较为随意,投入成本几乎是0,属于低层次的参与,对顾客忠诚的影响不大。而顾客的话语式参与对主播忠诚的影响不显著,则说明顾客的话语式参与对顾客的主播忠诚并不会产生直接影响,可能是由于顾客的话语式参与主要是围绕直播商品或直播活动的体验、经验来展开,较少涉及主播,即使有时分享时会涉及主播,通常也是分享头部主播的直播预告等,而顾客自身对主播的忠诚度并不会受此行为的影响。此外,顾客的行动式参与对顾客忠诚的影响不显著,可能是因为行动式参与主要是顾客配合主播参与一些互动活动,娱乐性较强,随意性较大,对顾客忠诚的影响较小。

四、顾客感知价值的中介作用

中介检验结果显示,实用价值部分中介电商直播顾客参与行为对平台忠诚的影响,而社会价值部分中介顾客的话语式参与对平台忠诚的影响。可见,电商直播顾客参与行为能在一定程度上通过增强顾客感知到的实用价值来促进顾客的平台忠诚;顾客的话语式参与还能通过增强顾客感知到的社会价值来促进顾客的平台忠诚。

五、品牌忠诚与主播忠诚的关系

尽管顾客参与行为不会对主播忠诚产生显著影响,但品牌忠诚的提升却会促进主播忠诚的提升,这是出乎意料的研究结果之一。究其原因可能在于,在电商直播活动中,有相当一部分品牌有专属的主播,或者会邀请某"网红"主播来直播品牌商品。当顾客忠诚于某个品牌时,就会经常来光顾,观看该品牌的直播,于是也就会继续关注该品牌的专属主播,甚至把该主播推荐给亲友,久而久之,也就逐渐形成了对该主播的忠诚。

六、人口统计特征与顾客忠诚的关系

研究发现,顾客的人口统计特征变量影响顾客忠诚的关系部分成立。其中,顾客的性别显著影响品牌忠诚,男性顾客对品牌的忠诚度比女性顾客高。顾客的年龄对平台忠诚、主播忠诚和品牌忠诚均有显著的影响,18岁以下的顾客对平台和品牌的忠诚度最高,而18～24岁的顾客对主播的忠诚度最高。顾客的月收入对主播忠诚和品牌忠诚有显著的影响,月收入在2000～3999元区间的顾客对于主播和品牌的忠诚度都是最高的。此外,顾客的观看频率对平台忠诚和品牌忠诚也有显著的影响,每天看电商直播的顾客无论是平台的忠诚度还是品牌的忠诚度都是最高的。由此可见,电商直播相关企业和从业者应根据不同顾客的人口统计特征,有针对性地培养顾客忠诚。

七、产品类型的调节作用

实证研究结果表明,不同产品类型在电商直播顾客参与行为与顾客感知价值的关系中有着不同的影响。其中:当顾客围观式参与电商直播活动时,其对搜索品在实用价值和娱乐价值的感知程度上与体验品无显著差异,但其对搜索品在社会价值的感知程度上要比体验品高；当顾客话语式参与电商直播活动时，其对体验品在实用价值、娱乐价值和社会价值的感知程度上均比搜索品高；当顾客行动式参与电商直播活动时，其对搜索品的实用价值感知程度比体验品高，但其对搜索品在娱乐价值和社会价值的感知程度上与体验品无显著差异。上述结果表明，面对不同类型的直播产品，顾客参与电商直播的方式不同，其对价值的感知程度也会有所不同。

综上所述，电商直播顾客参与行为影响顾客忠诚的路径有两条：一是直接影响顾客忠诚；二是通过顾客感知价值的中介效应间接影响顾客忠诚。

第八节　本章小结

本章就电商直播顾客参与行为影响顾客感知价值与顾客忠诚的概念模型进行了实证研究。该模型由围观式参与、话语式参与、行动式参与、实用价值、娱乐价值、社会价值、平台忠诚、主播忠诚、品牌忠诚和产品类型等变量构成。通过该模型的实证结果，本章探讨了电商直播顾客参与行为通过顾客感知价值对顾客忠诚产生的影响。

为了确保实证研究的科学性和严谨性，本章首先界定了研究所涉及的主要概念，并在文献回顾的基础上，利用第四章开发的电商直播顾客参与行为量表，针对顾客感知价值和顾客忠诚的各维度，采用顾客感知价值和顾客忠诚的成熟量表，提炼出相应的测量题项，并通过小规模的专家学者和电商直播从业者的深度访谈，对测量题项进行进一步的确认、补充和调整，形成预调查问卷。其次，通过小样本预调查数据的可靠性分析和探索性因子分析，进一步筛选和确定了问卷的测量题项，最终形成正式调查问卷。再次，进行了大样本的正式调查和数据分析，以检验概念模型和研究假设。其中，介绍了正式调查的设计与实施，并对收回的大样本数据进行描述性统计分析、共同方法偏差检验以及研究变量的信效度分析。复次，使用结构方程模型和 Bootstrap 方法来进行假设检验,结果表明,大多数的研究假设得到了调查数据的支持;进一步使用方差分析法对人口统计特征与顾客忠诚之间的关系进行了分析。从次,笔者采用模拟实验法,通过独立样本 T 检验,检验了产品类型在电商直播顾客参与行为与顾客感知价值间的调节效应。最后,基于上述数据分析结果,对本章的实证研究结果进行总结和讨论。

第七章 研究结论与展望

在前文理论分析和实证分析的基础上,本章首先总结了研究结论;其次,根据研究结果,为电商直播平台和品牌商家的管理者提出营销策略和建议;最后,通过反思研究过程中的局限性,对未来的研究方向进行了展望。

第一节 研究结论与管理建议

一、研究结论

1.基于电商直播的研究情境,通过质性分析梳理出电商直播顾客参与行为的表现形式、操作性资源、行为过程和生成的价值

本研究结合服务主导逻辑和价值共创思想,对电商直播顾客参与行为进行了理论探讨,得出以下几个主要结论:一是通过扎根理论研究法,对电商直播顾客参与行为的表现形式进行了探索,提出电商直播顾客参与行为主要有围观式参与、话语式参与和行动式参与三种不同的表现形式。其中,围观式参与是指仅参与直播的部分阶段,属于低层次的参与;话语式参与在直播的各个阶段均会发生,属于中高层次的参与;行动式参与是仅参与直播的部分阶段且主要是在直播过程中,属于中高层次的参与。二是电商直播顾客参与行为是一种价值共创行为,电商直播的过程中会涉及多方操作性资源的整合,电商直播平台和顾客就是操作性资源的两个主要来源。其中,来自电商直播平台的操作性资源主要包括平台的稳定性、执行能力和服务效率等直播服务质量方面的因素;来自顾客的操作性资源主要包括顾客的知识、沟通能力和创新意识等顾客能力方面的因素。三是顾客参与电商直播的行为过程可以分为搜索与准备、参与与反馈和经验分享三个阶段,分别发生在直播前、直播前和直播中,以及直播后。四是电商直播顾客参与行为所生成的价值,一方面表现为顾客参与电商直播所获得的直接价值,主要指顾客感知价值,具体包括实用价值、娱乐价值以及社会价值的感知等;另一方面表现为作为顾客互动对象的电商直播平台、主播、平台员工、品牌商家和其他顾客获得的间接价值,如平台获得的丰富的顾客数据,主播和平台员工得到的工作上的支持,品牌商家了解到的顾客需求和获得的顾客信息,其他顾客获得的购物建议和参考信息,等等。

2. 将电商直播顾客参与行为划分为围观式参与、话语式参与和行动式参与三个维度,并在中国情境中得到证实

学术界关于顾客参与行为的识别和划分较为丰富,本研究在回顾以往相关文献的基础上,提出了电商直播情境下顾客参与行为的三维度分类体系。通过对电商直播顾客的深度访谈,开发出中国情境下电商直播顾客参与行为的测量量表。然后,又在中国情境中对电商直播顾客参与行为的测量量表进行了实证检验,最终证明了电商直播顾客参与行为的三维结构具有良好的信度和效度。

3. 验证了直播服务质量、顾客能力、社会临场感、自我效能感与电商直播顾客参与行为之间的影响关系

直播服务质量、顾客能力影响电商直播顾客参与行为的概念模型体现了直播服务质量、顾客能力、社会临场感、自我效能感与电商直播顾客参与行为(围观式参与、话语式参与和行动式参与)之间的影响关系。从结构方程模型的检验结果看,直播服务质量显著正向影响社会临场感,而社会临场感又对电商直播顾客参与行为有显著正向影响。同时,顾客能力对电商直播顾客参与行为和顾客的自我效能感有显著正向影响,但自我效能感仅对顾客的话语式参与有显著正向影响。

4.社会临场感、自我效能感在直播服务质量、顾客能力与电商直播顾客参与行为关系中的中介作用部分成立

本研究将社会临场感、自我效能感作为中介变量进行了实证分析。基于 Bootstrap 方法对中介效应的实证检验表明,社会临场感、自我效能感分别在直播服务质量与话语式参与、顾客能力与话语式参与之间发挥中介作用,且社会临场感对顾客的自我效能感有显著正向影响。此外,社会临场感、自我效能感在直播服务质量与电商直播顾客参与行为间的链式中介作用成立,直播服务质量可以通过增强顾客的社会临场感激发顾客的自我效能感,最终影响顾客的话语式参与。

5.验证了电商直播顾客参与行为对顾客忠诚的作用机制

电商直播顾客参与行为影响顾客忠诚的概念模型体现了电商直播顾客参与行为(围观式参与、话语式参与和行动式参与)、顾客感知价值(实用价值、娱乐价值和社会价值)与顾客忠诚(平台忠诚、主播忠诚和品牌忠诚)之间的影响关系。从结构方程模型的检验结果看,电商直播顾客参与行为显著正向影响顾客对实用价值和娱乐价值的感知,但仅有顾客的话语式参与显著正向影响顾客对社会价值的感知,且影响比较大。而顾客感知到的实用价值和社会价值均对平台忠诚有显著正向影响,但仅有社会价值显著正向影响品牌忠诚。此外,话语式参与显著正向影响平台忠诚,同时又显著负向影响品牌忠诚。

6.顾客感知价值在电商直播顾客参与行为与顾客忠诚关系中的中介作用部分成立

本研究实证分析了顾客感知价值的中介作用。基于 Bootstrap 方法对中介效应的实证检验表明,实用价值部分中介电商直播顾客参与行为对平

台忠诚的影响,社会价值部分中介顾客的话语式参与对平台忠诚的影响。此外,顾客的品牌忠诚显著正向影响主播忠诚。

7. 产品类型对电商直播顾客参与行为与顾客感知价值关系的调节作用部分成立

本研究实证分析了产品类型的调节作用。独立样本 T 检验的检验结果表明,不同产品类型在电商直播顾客参与行为对顾客感知价值的影响关系中有着不同影响。其中:当顾客围观式参与电商直播活动时,对搜索品的社会价值感知程度要高于体验品;当顾客话语式参与电商直播活动时,对体验品的实用价值、娱乐价值和社会价值的感知程度均高于搜索品;当顾客行动式参与电商直播活动时,对搜索品的实用价值感知程度要高于体验品。

8. 人口统计特征对电商直播顾客参与行为与顾客忠诚的显著影响部分成立

本研究在检验主效应、中介效应和调节效应的基础上,进一步检验了人口统计变量对电商直播顾客参与行为与顾客忠诚的直接影响关系。顾客的年龄、受教育程度、月收入和观看频率对话语式参与有显著影响。顾客的性别、年龄、月收入和观看频率对顾客忠诚有显著影响。其中,性别对品牌忠诚有显著影响,年龄对平台忠诚、主播忠诚和品牌忠诚有显著影响,月收入对主播忠诚和品牌忠诚有显著影响,观看频率对平台忠诚和品牌忠诚有显著影响。

二、管理建议

本研究得出的结论,在进一步完善顾客参与行为理论的同时,也对电商直播平台、主播以及借助电商直播平台开展营销活动的品牌商家具有重要的营销启示意义。下面围绕相关研究结论,从以下几个方面提出对策建议,以期为电商直播相关企业提供有价值的决策依据。

1. 提升顾客参与行为的层次

当前,顾客从以前被动等待物资分配的客体转变为经济生活的主体,角色发生了根本性的变化。对于电商直播的发展来说,顾客参与是至关重要的。只有顾客充分参与,才能推动电商直播行业的持续健康发展。本研究发现,不同的顾客在电商直播活动中的参与程度是有差异的,具体表现为不同顾客在电商直播中传播和分享信息、参与互动活动、进行人际交往等方面的积极性和主动性不同,具有 36~40 岁的年龄、初中及以下学历、月收入在 8000~9999 元、每天都看电商直播等特征之一的顾客在话语式参与方面最为活跃。此外,电商直播顾客参与行为能为顾客带来较高的实用价值和娱乐价值,而顾客的话语式参与在为顾客带来社会价值的同时,又显著正向影响平台忠诚,且显著负向影响品牌忠诚。此外,人口统计特征对顾客忠诚也有显著影响,18 岁以下的顾客、每天看电商直播的顾客对平台的忠诚度最高;男性顾客、18 岁以下的顾客、月收入在 2000~3999 元区间的顾客、每天看电商直播的顾客对品牌的忠诚度最高;18~24 岁的顾客、月收入在 2000~3999 元区间的顾客对主播的忠诚度最高。因此,相关企业在进行电商直播运营工作的过程中,应当做好以下几方面的工作。

一是平台运营方和品牌商家要充分调动顾客参与的积极性,通过强化顾客的参与行为,有效地提升顾客的感知价值和忠诚度。为此,平台运营方和品牌商家应该对顾客在电商直播活动中的参与程度,以及顾客对平台、品牌的黏性进行识别,进而有效地进行顾客管理工作,尤其是对直播活动中的活跃分子,更应该从顾客关系的角度加强管理和维系,以提升顾客对平台和品牌的忠诚度。在商业实践中,平台运营方和品牌商家还可以将本研究开发的电商直播顾客参与行为测量量表作为诊断工具,检测顾客当前的参与程度,找到在促进顾客参与电商直播方面存在的问题,进行不断改善和优化。

二是积极采取推进顾客参与电商直播的营销策略,有针对性地进行优化。品牌商家应当围绕直播活动制定系统化、全面化的口碑营销策略,并根据顾客的使用习惯和分享心理,对其偏好和敏感点进行挖掘,在直播过程中提高直播内容的审美价值,增加有趣、有用的传播内容来吸引顾客的关注、转发和评论,并采取激励措施引导顾客围绕品牌的产品或服务产出正面的口碑信息,鼓励顾客将直播的内容以及经验和体验分享到自己的社交圈层,使得营销内容能自然地融入口碑传播信息,从而迅速扩大信息的覆盖范围,实现多层级、多渠道的传播,优化传播效果,在减少营销成本的同时,实现超预期的传播效果。

三是在直播过程中,要特别重视对顾客话语式参与的引导,利用顾客喜爱分享的特点进行口碑传播和"病毒式"营销。根据关系营销理论,商家在品牌建设时,应当注重维护顾客与品牌的关系,积极与顾客进行沟通,充分利用评论融入了顾客的态度、意见和判断这一特点,巧用"评论"这种加强与顾客沟通交流的特殊方式,从顾客的评论内容中了解目标顾客群体的消费特点、使用习惯、消费偏好等,从顾客的正面评论中挖掘出更多有利于促进品牌发展的信息,以此与顾客进行持续对话,从而同顾客维系良好、密切的关系。

四是重视口碑管理工作。一方面,平台运营方应加强对口碑内容质量的推送把关。在使用算法推荐机制的基础上,增加人工审核和推送口碑的抽查,以确保推送口碑的质量。另一方面,品牌商家要做好负面口碑的日常监管工作。面对负面评论时,要勇于担当,不逃避责任,进行张弛有度的控制;积极与顾客沟通,了解其诉求,并给予快速的回应,及时做好服务补救,避免品牌形象因品牌舆情危机的出现而受到损害。与此同时,品牌商家要建立起长期品牌管理的战略思维,根据顾客真实的反馈"对症下药",改进产品,提升产品的质量。

2.优化直播服务质量

尽管直播服务质量不会直接影响电商直播顾客的参与行为,但会在一定程度上通过增强顾客感知到的社会临场感来激发顾客的参与行为。由此可见,提升电商直播的服务质量在激发顾客的参与行为方面还是发挥了一定的作用的。根据价值共创思想,电商直播服务质量的提升不仅体现在为顾客提供更好的产品上,也体现在对直播内容和服务方式的优化以及平台创新机制的建立上。因此,要做好以下几个方面的工作。

一是利用数据驱动来提供个性化服务。平台运营方应注重数字技术与顾客参与场景的融合,为顾客提供更加包容、丰富的无缝接入式参与场景,吸引具有不同需求的顾客,更好地发挥数字技术对顾客参与的驱动作用。同时,运用多样化的数字组件,促进顾客与企业、顾客与顾客之间的互动、合作,并采取数据驱动技术手段对目标顾客的感知价值和潜在需求进行剖析,了解顾客群体的分布状况和兴趣点的聚焦情况,然后根据顾客的消费喜好、购物习惯等,精准细分其需求,为顾客提供个性化、柔性化、专业化的定制化服务,从而让顾客感受到足够的尊重和关注,达到为每一位顾客提供个性化服务的精准营销效果。因此,平台方不仅可以运用本研究开发的量表定期评估现有顾客的参与行为,还可以评估其他竞争对手或整个电商直播行业顾客的参与行为,以确保能为顾客提供便于开展参与活动甚至价值共创的场所。

二是要确保信息内容的准确性与时效性。电商直播为顾客提供了一种了解产品的新方式,有助于消除顾客在购买产品时面临的信息壁垒。因此,在直播营销实践中,相关企业需注重主播对专业知识、产品体验等多种类型信息的传递,并在互动过程中及时解答顾客的疑惑,或为其提供个性化的推荐信息,尽可能全面、有效地向顾客传递其所需要的信息。与此同时,品牌商家应当以顾客需求为中心,在商品展示区和评论区及时更新讨论话题和产品的相关信息,为顾客提供购物决策所需要的信息,还可以根据重大节日(如国庆节、中秋节、春节等)或购物狂欢节(如年货节、"6·18"年中大促销、"双十一"、"双十二"、淘宝家装节等)的主题,及时做好宣传工作,将促销活动第一时间告知顾客。此外,要确保直播中对产品的描述最大限度地与实物相符,以便让顾客能快速进入临场的状态。

三是优化平台设计。电商直播平台应从交互设计的思想入手,在平台流程设计时融入体验性因素,设计良好的互动机制和交互界面,对顾客参与电商直播的活动过程进行全面优化,在直播过程中植入更多的交互元素,从而实现平台交互手段的多元化。在直播间界面的设计上应力求简洁、易用,使用顾客常见的图标,增强顾客对系统的控制感,并在进行技术更新、人机交互模式的研发时,更加关注操作和互动的趣味性,注重设计能够给顾客带来愉悦感受的外部线索,营造良好的氛围,进而引发顾客积极的认知情感体验,增强顾客的自我效能感(Gong et al.,2020)。通过引入 AR、VR、大数据、人工智能、云计算、人像识别等高新技术,实现直播的超高流畅度和超清化,并投入一定的资源从技术层面对系统的可达性给予保障,保持甚至提升平台本身较高的响应水平和较快的反馈速度,迅速提高平台及平台上的品牌商家的服务执行力,力争在第一时间满足顾客的需求,以进一步提升顾客在电商直播环境中的感知价值和体验。例如,京东平台上的小米官方自营旗舰店中,手机、手环、笔记本等商品都加入了 3D 展示功能,顾客可以全角度地查看产品的细节,加深对产品的了解,减少决策时面临的问题;京东平台上的智能语音助手"小咚",经过自然语言的处理和 AI 技术的引用,实现了顾客与平台的全面交互,不仅使顾客能方便、快捷地找到自己想要的商品,优化搜寻体验,而且还能为其提供咨询服务。此外,人工智能语音识别技术能够辅助主播进行商品讲解,当主播介绍到某款商品时,后台会自动进行语音识别,将商品详情和链接展示到窗口上,甚至还能帮助主播自动回复直播间顾客的弹幕问题,从而减轻直播间主播信息超载的负担,实现顾客与主播、顾客与顾客间的双向语音及视频互动,提高主播与顾客的沟通效率,为顾客营造良好的互动氛围,使互动交流更加充分。当然,也可以在直播中充分利用 AR 和 VR 技术来进一步提升产品的互动性,以便更好地展示服饰的试穿试戴效果、口红的试色效果等,为顾客带来身临其境的高质量体验,增强其参与意愿。

3.提升顾客能力

当前,顾客作为一种隐性资产,备受企业的关注。本研究的结果表明,顾客能力显著正向影响电商直播顾客的自我效能感和参与行为(围观式参与、话语式参与和行动式参与），且自我效能感又会进一步促进顾客的话语式参与。虽然近年来电商直播不断引入新技术来降低顾客的使用门槛，但是即便是对于有丰富网购经验的人而言，参与直播过程中的信息搜寻、沟通确认等，也依然对其信息搜寻技能和沟通能力有所要求。鉴于不同顾客的能力有较大差异，平台运营方和品牌商家应该恰当地利用顾客能力，引导顾客参与电商直播活动。不仅要投入精力去识别和深入了解具有较强能力的顾客，以便为他们提供更好的消费体验(Bonnemaizon，2011)，还要加强对顾客能力培养的投资、引导和管理，采取有效的措施激励现有顾客和潜在顾客学习参与电商直播的知识以及提升相应的能力，并让其知晓参与电商直播并不是毫无意义的时间和精力上的消耗，而是能够创造价值的。具体来说，电商直播平台应加强宣传，利用网站、公众号、线下活动等多种渠道推介电商直播平台或App，提升平台的曝光度，充分利用平台的各项功能，如搜索引擎、互动沟通、互动活动等，将平台的新服务和新功能等信息传递给更多的顾客，促使顾客去了解电商直播和直播平台，甚至可以通过提供更加新颖、方便、快捷的沟通方式，如引入人工智能技术、搭建多方实时沟通平台等方式，构建便捷的双向沟通渠道，促进参与直播的各方能够进行更加有效的互动沟通，从而使顾客充分掌握参与电商直播的相关技能。

4.改善顾客内在状态

（1）增强顾客的社会临场感

本研究发现，社会临场感能显著正向影响顾客在电商直播中的参与行为和自我效能感。而情境体验正是顾客观看电商直播的乐趣所在，新的情境、互动真实性、沟通便捷性以及良好的心理体验等都是影响顾客观看直播的重要因素。可见，增强顾客的社会临场感是非常必要的，平台运营方和品牌商家应当想方设法提升顾客对社会临场感的感知程度。

一是丰富直播中的社会线索。电商直播作为一种高度社会化的购物方式，人与人之间的关系在促成顾客购物行为中扮演了重要的角色。因此，平台运营方应当深化社会关系，建立宽松活跃的电商直播氛围，注重营造温馨的生活化、场景式购物环境,打造直播平台社群空间,通过社群和直播间相结合的模式进一步强化同顾客的情感纽带关系,增强顾客的情感投入,使顾客能够积极融入,顾客与顾客间进行轻松而充分的沟通,相互交流和分享商品信息、购物经验,获得情感上的共鸣。

二是改进互动机制。目前,大多数电商直播平台的互动功能都比较简单,以"点赞"、"秒杀"等为主,未来如何在直播间添加更多、更加有趣的互动机制功能,让顾客在观看直播的时候能充分参与进来,对于增强顾客的社会化体验,以及促进顾客的持续关注,都非常重要。在数字经济时代,顾客已不仅仅只满足于单纯、被动的单向传播,更期待以自我为主角的互动传播机制,于是对电商直播平台上的互动参与有更多的诉求,也更期待能与主播加强互动。而电商直播的强交互功能不仅体现在其对产品和服务的讲解、提问解答上,还体现在极致场景下的抢答互动、"点赞"评论互动、游戏互动活动中。因此,直播平台和主播应从顾客的多样化需求方面进行考量,根据顾客的需求适时地调整互动策略,强化并丰富弹幕等互动机制,打通与顾客之间的互动交流通道,注重社交功能的布局,加强顾客与主播、顾客与顾客之间的良好沟通,优化顾客的互动体验,并不断丰富在线互动的内容,创新在线互动的方式、方法,促进顾客社会临场感的增强,进而积极引导顾客持续参与。具体来说,一方面,主播可以通过增强自身与顾客的相似性、提高自身的吸引力水平等手段来增强顾客的社会临场感,如使用主要参与群体常用的口头禅和网络用语,表达与顾客相似的态度和价值观,以此来提高与顾客的同质性,还可以通过展示与产品相关的较大的知识储备量和较强的专业性来增强自身的吸引力。另一方面,主播和平台都应该掌握顾客的互动需求,努力激发顾客的社会临场感。主播在直播过程中,应通过线上高频率的互动行为,强化直播过程中的交互功能,注重对顾客行为(进入直播间、"点赞"、关注、评论等)的实时反馈,采用连线、互关、"点赞"、"扣1"[①]等方式丰富主客互动形式,增强"秒杀"、红包等促销功能,并通过顾客关系管理来

---

① 网络用语,意思是在对话框里输入1,用来表示赞同。

激励顾客,利用分享裂变券、会员减免券、新入会试用券、限时折扣、会员体验、打包一口价、折扣券、砍价券、多人拼团券等营销激励活动,使顾客感受到经济或物质等方面的利益互换关系,满足顾客对于个性化的追求,激发顾客的交易倾向,同顾客形成交易型和关系型的心理契约,以此来维持顾客对主播及相应产品的关注。此外,品牌商家还要重视与顾客的实时有效互动,充分利用直播空间的聊天工具与顾客建立即时联系,保持高效的互动节奏,尤其要注重产品相关知识的互动。当然,互动的方式不应局限于弹幕,还可以安排品牌商家的客服人员协助主播在公屏上及时地解答问题,多措并举,加快直播过程中对顾客需求的响应速度。

(2)增强顾客的自我效能感

本研究的结论表明自我效能感会促进顾客的话语式参与,并在顾客能力与话语式参与之间发挥中介作用。这意味着,顾客的自我效能感越强,其对于电商直播话语式参与的积极性也就越高。此外,相关研究也表明,增强顾客自我效能感的主要途径有自身经验、专业技能和自信程度(李如友,2018)。因此,平台运营方和品牌商家应该通过各种方法帮助顾客增强其自我效能感,使顾客对自身能力有积极认知。首先,平台运营方应尽量简化平台操作步骤,同时辅以清晰、容易理解的平台导览和帮助机制,指导顾客有效地使用电商直播平台,充分利用平台中包括搜索、互动、沟通等在内的各项功能,帮助顾客获得成功使用平台的经验。其次,品牌商家可以有效运用电商直播间的粉丝晋升制度、积分奖励措施、粉丝互评激励等,对顾客在电商直播活动中的话语式参与给予肯定,让他们感受到参与行为的价值所在,增强其参与电商直播活动的自信心和控制感,即自我效能感,特别是对于一些电商直播观看或参与经验不足的顾客需要重点关注。

(3)重视顾客价值的开发

本研究从理论和实证角度验证得到平台忠诚对顾客感知到的实用价值和社会价值的显著正向影响,且社会价值还会显著正向影响品牌忠诚。这一研究结论进一步说明,平台和品牌能够通过顾客感知价值这一媒介来实现市场价值的变现,其中,实用价值和社会价值是影响顾客平台忠诚的重要因素,社会价值是影响顾客品牌忠诚的重要因素。参与直播的顾客往往希望能够在参与的过程中获得最大的感知价值,因此,在电商直播模式下,充分了解顾客的价值、提升顾客的感知价值成为平台运营方和品牌商家营销的关键。对于电商直播平台来说,保持竞争优势的核心就是要不断地为顾客创造价值,以维持和提高顾客对平台的忠诚度。对于品牌商家来说,则要注重提高顾客对社会价值的感知。在研究过程中,笔者通过对电商直播顾客的访谈了解到,电商直播是对顾客的一种在线陪伴,是顾客打发零碎时间、消遣解闷的途径,尤其是当顾客处于低戒备状态时,更容易被说服。在这种情况下,通过电商直播来开展关系营销,更能满足顾客的价值需求,有助于培养忠诚的顾客。因此,要做好以下几个方面的工作。

第一,企业要将多元化的顾客价值主张融入商业模式创新,在商业实践中体现多维价值管理理念。管理者可以根据本研究开发的电商直播顾客参与行为量表,科学地进行直播场景设计,评估与优化顾客价值,从而激发顾客的心理能量,充分调动顾客资源,并从顾客的角度出发,深入了解顾客的价值需求,挖掘其参与直播的价值,进行有针对性的宣传。此外,还应当根据顾客价值维度的不同,制定不同的营销策略。平台运营商和品牌商家除了要为顾客提供更加便捷、人性化、高效率的服务之外,还要注重信息质量的提升,多为顾客提供产品要素、品牌形象等功能性信息,把商品最真实的一面展现给顾客(周永生 等,2021),满足顾客对有用信息的需求,多为顾客营造放松心情、愉悦心理的环境氛围。与此同时,主播在介绍产品时,可以普及一些产品相关的知识、使用技巧等,不仅要展现出专业性,更要能够通过通俗易懂的表达来解释较为生僻或复杂的产品知识,以便帮助顾客更好地理解产品的作用、功效,体会产品的价值。尤其是在当前这个数字技术赋能的顾客共创时代,顾客不仅追求基本的实用价值,而且注重内在、超越性或高需求层次的精神价值与社会价值。因此,平台运营方和品牌商家可以通过优质话题的发起、友善及时的信息回应、仪式性活动的组织、集体性象征意义的打造等实践活动,营造自由、平等、和谐的氛围,进而引发顾客的心灵共鸣,使其成为平台和品牌的忠实守护者,为平台和品牌的发展奠定良好的市场基础。

第二,鉴于直播间商品的低价折扣以及相关的"秒杀"、抽奖活动是吸引顾客蹲守直播间的重要因素(陈瑞 等,2020),品牌商家应注重在直播的过程中多多让利,采取适当的打折、返现等价格策略来吸引顾客,让顾客感受到价格上的实惠,以此增加顾客的黏性。

第三,由于顾客在参与电商直播过程中,对不同类型的直播产品在价值感知上有差异,根据本研究的结论,品牌商家对于搜索品,应侧重引导顾客的围观式参与和行动式参与;对于体验品,应侧重引导顾客的话语式参与。通过上述策略,使顾客能在电商直播活动中感知到更高的价值。

第二节 研究局限和未来展望

虽然本研究通过文献综述、质性分析、量表开发、实证检验等过程对电商直播顾客参与行为展开了一系列的研究,并取得了相应的研究结果,具有较强的理论和实践意义,不仅丰富了电商直播情境下顾客行为的研究,也为今后的相关研究提供了借鉴作用,但仍存在一些未涉及而又有探讨空间的方面,可以在未来的研究中做深层次的探讨。

第一,本研究并没有指明具体的电商直播平台,故未能区分不同电商直播平台的差别。然而,不同的直播平台存在着不同的互动机制,进而使得顾客在不同平台上的行为模式是不同的(例如淘宝和抖音)。虽然淘宝、京东、抖音、拼多多等平台都有电商直播,但每个平台的呈现方式、互动机制和购买机制都存在一定的差别。例如,从互动机制上看,淘宝直播页面有很大一部分空间是展示直播和聊天画面的,而拼多多上重点展示的是其他人交易的相关信息;从购物机制上看,在淘宝直播平台上,顾客可以直接跳转到商品页面,而在抖音这些平台则需要另外跳转到其他 App 页面。上述机制的不同可能会影响顾客的行为模式。未来的研究可以收集来自不同电商直播平台的数据,进一步探索顾客行为模型在不同互动机制中的差异。鉴于参与电商直播的顾客不能完全代表所有顾客,故不能将本研究的理论结果扩展到消费行为领域。

第二,本研究采用的是静态横截面数据,并未从动态的视角出发,考虑顾客忠诚的形成机制以及多时点的对比分析。然而,电商直播顾客参与行为是一个动态的连续发展过程,顾客感知价值和顾客忠诚可能会因为顾客参与的深入程度以及顾客参与的不同阶段而发生一定的变化,尤其是顾客忠诚的形成是一个动态的、变化的和长期累积的过程,在不同阶段中顾客对价值的感知和顾客忠诚的形成又会对下一阶段顾客的参与行为造成影响,由此形成一个循环往复的过程。当然,还有一种可能性是顾客先对电商直播平台或品牌建立了一定的忠诚度之后,才会积极参与电商直播活动,进而形成一个循环往复的过程。因此,静态的研究可能难以反映长期、动态的变化。未来可以使用跨时间段的纵向数据对模型进行进一步的验证和比较,对本研究的结论进行深化和补充,进而为管理实践提供更多有价值的启示。

第三,本研究收集数据的具体手段为回忆法和情境模拟法。尽管这两种方法是目前研究消费者行为较常用的方法,很多研究消费者行为的研究都使用过这两种方法,但采用回忆法收集数据,易受调查对象主观感受或认知的影响。另外,尽管研究中尽可能通过控制场景设计等措施来减少模拟场景与真实场景的差异对研究结果带来的影响,但顾客主观感受上存在的不同仍然无法完全避免。因此,未来可以考虑结合自然实验和计算机科学的知识来开展更加深入的研究。从实验的角度来看,可以采用双重差分法,通过设置对照组和实验组,为顾客还原真实的电商直播场景,观察影响顾客参与行为的因素等。另外,也可以从计算机科学的角度,采用自然语言处理技术和深度学习网络技术,如利用 Python 等软件进行数据爬取、词云绘制、情感分析等,捕捉电商直播平台上顾客与主播之间、顾客与顾客之间的实时对话数据、互动数据以及顾客行为数据,甚至还可以通过眼动实验、事件相关电位法等多种测量方法来精准测量变量,以进一步验证电商直播顾客参与行为的内在机理。

参考文献

白琳,陈圻.顾客感知价值驱动因素研究新进展[J].外国经济与管理,2006(7):39-45.

白长虹.西方的顾客价值研究及其实践启示[J].南开管理评论,2001(2):51-55.

卜庆娟,金永生,李朝辉.顾客如何青睐"社区"与"品牌":基于价值共创视角的顾客体验价值对顾客忠诚的影响[J].营销科学学报,2017,13(2):1-17.

卜庆娟,金永生,李朝辉.互动一定创造价值吗?:顾客价值共创互动行为对顾客价值的影响[J].外国经济与管理,2016,38(9):21-37,50.

曾锵.大数据驱动的商业模式创新研究[J].科学学研究,2019,37(6):1142-1152.

查金祥,王立生.网络购物顾客满意度影响因素的实证研究[J].管理科学,2006(1):50-58.

陈爱辉,鲁耀斌.SNS用户活跃行为研究:集成承诺、社会支持、沉没成本和社会影响理论的观点[J].南开管理评论,2014,17(3):30-39.

陈虹.基于顾客忠诚的电商平台直播导购营销策略研究[J].商业经济,2018(11):90-91.

陈明亮.客户忠诚决定因素实证研究[J].管理科学学报,2003(5):72-78.

陈瑞,张晏宁,吴胜涛.直播营销模式的深层逻辑:社交场和营销场及其协同作用[J].清华管理评论,2020(12):44-52.

陈雪阳,刘建新.顾客忠诚的形成机理与培育策略[J].经济问题探索,2006

(7):97-102.

陈迎欣,郜旭彤,文艳艳.网络直播购物模式中的买卖双方互信研究[J].中国管理科学,2021,29(2):228-236.

成也,王锐.网络直播平台的治理机制:基于双边平台视角的案例研究[J].管理案例研究与评论,2017,10(4):355-363.

代宝,刘业政.基于期望确认模型、社会临场感和心流体验的微信用户持续使用意愿研究[J].现代情报,2015,35(3):19-23.

代宝,续杨晓雪,邓艾雯.社交网站品牌(粉丝)主页用户参与行为的影响因素分析[J].信息资源管理学报,2018,8(3):113-121.

戴维·迈尔斯.社会心理学[M].侯玉波,乐国安,张智勇,等,译.北京:人民邮电出版社,2016:262-301.

董大海,权小妍,曲晓飞.顾客价值及其构成[J].大连理工大学学报(社会科学版),1999(4):18-20.

董大海.基于顾客价值构建竞争优势的理论与方法研究[D].大连:大连理工大学,2003.

范秀成,杜琰琰.顾客参与是一把"双刃剑":顾客参与影响价值创造的研究述评[J].管理评论,2012,24(12):64-71.

范秀成,罗海成.基于顾客感知价值的服务企业竞争力探析[J].南开管理评论,2003(6):41-45.

范秀成,张彤宇.顾客参与对服务企业绩效的影响[J].当代财经,2004(8):69-73.

范秀成,郑秋莹,姚唐,等.顾客满意带来什么忠诚?[J].管理世界,2009(2):83-91.

费鸿萍,周成臣.主播类型与品牌态度及购买意愿:基于网络直播购物场景的实验研究[J].河南师范大学学报(哲学社会科学版),2021,48(3):80-89.

冯俊,路梅.移动互联时代直播营销冲动性购买意愿实证研究[J].软科学,2020,34(12):128-133,144.

傅晓杉.传播与社会学视角下的移动视频直播研究[J].山东社会科学,2017

(4):187-192.

葛元骎.感知价值对电子书阅读App持续使用意向的影响研究:情绪响应的中介效应[J].情报科学,2020,38(7):117-122.

龚潇潇,叶作亮,吴玉萍,等.直播场景氛围线索对消费者冲动消费意愿的影响机制研究[J].管理学报,2019,16(6):875-882.

郭朝阳,许杭军,郭惠玲.服务主导逻辑演进轨迹追踪与研究述评[J].外国经济与管理,2012,34(7):17-24.

郭全中.中国直播电商的发展动因、现状与趋势[J].新闻与写作,2020(8):84-91.

郭彤华,汤春辉.顾客参与对购买意愿影响的经验研究:以电子优惠券为例[J].技术经济与管理研究,2011(9):49-53.

韩箫亦.电商主播属性对消费者在线行为意向的作用机理研究[D].长春:吉林大学,2020.

韩小芸,余策政.顾客契合:个人心理影响因素及对顾客忠诚感的影响[J].营销科学学报,2013,9(2):99-110.

韩旭.社会化媒体时代如何实现顾客欣喜:感知价值、欣喜效应与顾客忠诚的作用机理[J].青年记者,2014(20):94-96.

何国正,陈荣秋.消费品行业领先用户识别方法研究[J].统计与决策,2009(4):15-17.

何勇.B2B情境下供应商权利、顾客参与、顾客价值的关系研究[D].武汉:华中科技大学,2014.

贺爱忠,李雪.在线品牌社区成员持续参与行为形成的动机演变机制研究[J].管理学报,2015,12(5):733-743.

洪家祐,孙春在.游戏情境中之自我效能与自我调节对心流经验的影响[D].新竹:台湾交通大学,2007.

侯杰泰,温忠麟,成子娟.结构方程模型及其应用[M].北京:教育科学出版社,2006:235-252.

黄芳铭.结构方程模式:理论与应用[M].北京:中国税务出版社,2005:67-75.

黄敏学,廖俊云,周南.社区体验能提升消费者的品牌忠诚吗:不同体验成分的作用与影响机制研究[J].南开管理评论,2015,18(3):151-160.

黄敏学,叶钰芊,王薇.不同类型产品下直播主播类型对消费者购买意愿和行为的影响[J/OL].南开管理评论:1-21[2022-02-04].http://kns.cnki.net/kcms/detail/12.1288.F.20210915.0954.002.html.

黄思皓,邓富民,肖金岑.网络直播平台观众的冲动购买决策研究:基于双路径影响视角[J].财经科学,2021(5):119-132.

霍春辉,张银丹,王晓睿.虚拟品牌社区品牌共创类型对顾客价值的影响[J].企业经济,2019,38(11):93-99.

霍春辉,张银丹,张晓旭.第三方虚拟品牌社区用户参与对其品牌忠诚度的影响研究[J].消费经济,2016,32(6):65-70.

贾鹤,王永贵,黄永春.服务企业应该培训顾客吗?:顾客知识对创造型顾客参与行为和顾客满意的影响的探索性研究[J].科学决策,2009(12):54-62.

贾薇,张明立,王宝.服务业中顾客参与对顾客价值创造影响的实证研究[J].管理评论,2011,23(05):61-69,88.

凯西·卡麦兹.建构扎根理论:质性研究实践指南[M].边国英,译.重庆:重庆大学出版社,2009:60.

克里斯廷·格罗鲁斯,姚亚男,韦福祥.服务逻辑的修正:基于价值创造的观点[J].天津商业大学学报,2009,29(2):24-29.

李东进,杨凯,周荣海.消费者重复购买意向及其影响因素的实证研究[J].管理学报,2007,4(5):654-659.

李慢,马钦海,赵晓煜.网络服务场景对在线体验及行为意向的作用研究[J].管理科学,2014,27(4):86-96.

李琪,柳杨,梁妮,等.B2C平台回报计划对顾客忠诚的影响分析:以淘宝网为例[J].经济问题探索,2014(1):85-91.

李琪,薛君.基于顾客忠诚的网上顾客行为研究[J].经济管理,2004(1):75-81.

李如友.游客参与旅游体验价值共创机理研究[D].杭州:浙江工商大

学,2018.

李小鹿.网络团购消费者网站忠诚度研究[D].沈阳:辽宁大学,2015.

李英禹,王伟娇.网购家具顾客感知价值对网络口碑传播的影响研究:以心流体验为中介变量[J].商业经济,2021(1):66-70.

李正良,王君予.人格特质如何影响媒体信任和网络公共事件参与[J].新闻界,2016(19):36-42.

刘凤军,孟陆,陈斯允,等."网红"直播对消费者购买意愿的影响及其机制研究[J].管理学报,2020,17(1):94-104.

刘佳,邹韵婕,刘泽溪.基于SEM模型的电商直播中消费者购买意愿影响因素分析[J].统计与决策,2021,37(7):94-97.

刘琦,杜荣.基于参与动机的网络社区知识共享质量、创新及满意度关系研究[J].情报理论与实践,2013,36(3):56-61.

刘新燕,刘雁妮,杨智,等.构建新型顾客满意度指数模型[J].南开管理评论,2003,6(6):52-56.

刘洋,李琪,殷猛.网络购物节氛围对消费者冲动购物行为的刺激作用[J].商业研究,2018(7):18-23.

吕洪兵.B2C网店社会临场感与黏性倾向的关系研究[D].大连:大连理工大学,2012.

孟陆,刘凤军,陈斯允,等.我可以唤起你吗:不同类型直播"网红"信息源特性对消费者购买意愿的影响机制研究[J].南开管理评论,2020,23(1):131-143.

莫莉莉.电子商务服务质量与网络消费者行为的关系研究[D].北京:北京邮电大学,2012.

潘煜,高丽,张星,等.中国文化背景下的消费者价值观研究:量表开发与比较[J].管理世界,2014(4):90-106.

庞玉婷.电商直播对消费者重复购买意愿的影响研究[D].南京:南京大学,2020.

彭晓东,申光龙.虚拟社区感对顾客参与价值共创的影响研究:基于虚拟品牌社区的实证研究[J].管理评论,2016,28(11):106-115.

彭艳君,管婷婷.家装行业顾客能力对顾客参与价值共创的影响研究[J].北京工业大学学报(社会科学版),2016,16(1):27-37.

尚鹏飞.耐用消费品品牌忠诚形成机理及实证研究[D].北京:北京科技大学,2021.

邵鹏,胡平.电子商务平台商业模式创新与演变的案例研究[J].科研管理,2016,37(7):81-88.

沈蕾,何佳婧.平台品牌价值共创:概念框架与研究展望[J].经济管理,2018,40(7):193-208.

施国洪,施钟贤.B2C电子商务服务质量评价研究[J].技术经济与管理研究,2013(12):52-56.

宋快,范翠英,牛更枫,等.基本需要满足对游戏满意度的影响:沉醉感和积极情绪的序列中介作用[J].心理与行为研究,2017,15(3):405-410.

宋林霖,黄雅卓."变"与"常":电商直播监管的问题检视与对策探寻[J].河南社会科学,2020,28(12):106-114.

宋之杰,石晓林.团购网站顾客忠诚度研究:基于心流体验和信息系统持续使用理论[J].科技与管理,2013,15(5):30-34.

孙瑾.基于风险厌恶和面子需求视角的顾客忠诚驱动机制分析:以中国和新加坡保险服务业为例[J].管理评论,2014,26(7):115-12.

谭娟琦.虚拟品牌社群成员的感知价值对产品品牌忠诚的影响研究[D].重庆:重庆工商大学,2012.

唐方成,蒋沂桐.虚拟品牌社区中顾客价值共创行为研究[J].管理评论,2018,30(12):131-141.

唐跃军,袁斌.顾客能力及顾客能力导向的竞争[J].经济科学,2003(4):109-118.

陶鹏德,王国才,赵彦辉.零售商自有品牌感知价值对购买意愿影响的实证研究[J].南京社会科学,2009(9):40-45.

涂剑波,张明立.虚拟社区中的互动对共创价值影响的实证研究[J].湖南大学学报(自然科学版),2013,(11):114-119.

汪纯孝,温碧燕,申文果,等.顾客忠诚感:电子商务的秘密武器[J].科技进步与对策,2001(2):152-153.

汪涛,望海军.顾客参与一定会导致顾客满意吗:顾客自律倾向及参与方式的一致性对满意度的影响[J].南开管理评论,2008(3):4-11,19.

王凤艳,艾时钟,厉敏.非交易类虚拟社区用户忠诚度影响因素实证研究[J].管理学报,2011,8(9):1339-1344.

王建明,王俊豪.公众低碳消费模式的影响因素模型与政府管制政策:基于扎根理论的一个探索性研究[J].管理世界,2011(4):11.

王晶,程丽娟,宋庆美.基于顾客参与的定制满意度研究[J].管理学报,2008(3):391-395.

王新新,薛海波.品牌社群社会资本、价值感知与品牌忠诚[J].管理科学,2010,23(6):53-63.

魏华,高劲松,段菲菲.电商直播模式下信息交互对用户参与行为的影响[J].情报科学,2021,39(4):148-156.

吴慧.服务个人价值视角的旅游新业态下顾客参与对顾客忠诚的影响[D].长沙:湖南大学,2017.

吴明隆.SPSS统计应用实务[M].北京:中国铁道出版社,2000:28-35.

吴明隆.结构方程模型:AMOS的操作与应用[M].重庆:重庆大学出版社,2010:312-314.

吴娜,宁昌会,龚潇潇.直播营销中沟通风格相似性对购买意愿的作用机制研究[J].外国经济与管理,2020,42(8):81-95.

吴先超,陈修平.人格特质在网络政治参与中的作用研究:基于武汉市大学生的问卷调查分析[J].华中科技大学学报(社会科学版),2019,33(5):133-140.

武瑞娟,王承璐.网店专业性对消费者情感和行为影响效应研究:一项基于大学生群体的实证研究[J].管理评论,2014,26(1):109-119.

武文珍,陈启杰.基于共创价值视角的顾客参与行为对其满意和行为意向的影响[J].管理评论,2017,29(9):167-180.

谢鸿飞,赵晓飞.服务业顾客维持策略影响顾客忠诚的作用机制研究:一个基于信任、价值与满意的分析模型[J].管理评论,2010,22(11):63-73.

谢莹,崔芳,高鹏.网络直播情境下共在临场感与社会临场感对从众消费的影响[J].商业经济与管理,2021(2):68-79.

谢莹,李纯青,高鹏,等.直播营销中社会临场感对线上从众消费的影响及作用机理研究:行为与神经生理视角[J].心理科学进展,2019,27(6):990-1004.

熊雪,朱成霞,朱海波.农产品电商直播中消费者信任的形成机制:中介能力视角[J].南京农业大学学报(社会科学版),2021,21(4):142-154.

徐焱军,王渊,李子浩,等.主播活跃度、用户感知与经营收益:基于电商直播大数据的实证分析[J].商业经济,2022(2):74-77,96.

薛杨,许正良.微信营销环境下用户信息行为影响因素分析与模型构建:基于沉浸理论的视角[J].情报理论与实践,2016,39(6):104-109.

杨琨,杨伟."网络直播+"移动互联网影响下的品牌营销新模式[J].出版广角,2017(10):65-67.

杨楠."网红"直播带货对消费者品牌态度影响机制研究[J].中央财经大学学报,2021(2):118-128.

杨正联.网络公共危机事件中的网民参与行为分析与公共管理应对[J].人文杂志,2012(5):162-168.

姚曦,张梅贞.电商直播服务场景社会线索与消费者场景依恋研究:认同感和商业友谊的中介作用[J].湖北大学学报(哲学社会科学版),2021,48(2):154-163.

雍巧云.电商直播情境下社会临场感、消费者信任和持续购买意愿的关系研究[D].北京:中央民族大学,2021.

俞晔,王方华,伍青生.网络社区对企业网络直销电子商务平台品牌忠诚影响因素及传导机理实证研究[J].科技管理研究,2011,31(16):192-198,202.

喻昕,许正良.网络直播平台中弹幕用户信息参与行为研究:基于沉浸理论的视角[J].情报科学,2017,35(10):147-151.

占小军.关系营销范式的顾客忠诚形成机理研究[J].江西社会科学,2012(5):6.

张德鹏,林萌菲,陈晓雁,等.顾客参与创新对口碑推荐意愿的影响研究:心理所有权的中介作用[J].管理评论,2015,27(12):131-140.

张婧,何勇.服务主导逻辑导向与资源互动对价值共创的影响研究[J].科研管理,2014,35(1):115-122.

张璐妮,唐守廉,刘宇泓.语言虚拟仿真实验教学的探索、实践与评述:以"大学英语虚拟仿真实验"公共选修课为例[J].现代教育技术,2018,28(5):75-81.

张明立,贾薇,王宝.基于独特性需要调节作用的顾客参与研究[J].管理工程学报,2011,25(2):53-61.

张文敏.顾客参与的前因变量与结果效应[D].广州:华南理工大学,2012.

赵文军,易明,王学东.社交问答平台用户持续参与意愿的实证研究:感知价值的视角[J].情报科学,2017,35(2):69-74,91.

赵文军,周新民.感知价值视角的移动SNS用户持续使用意向研究[J].科研管理,2017,38(8):153-160.

周浩,龙立荣.组织员工的工作疏离感:人格特质与工作特征的交互效应[J].心理与行为研究,2017,15(3):385-391.

周丽,范建华.形塑信任:网络电商直播的场景框架与情感逻辑[J].西南民族大学学报(人文社会科学版),2021,42(2):142-147.

周文辉,曹裕,周依芳.共识、共生与共赢:价值共创的过程模型[J].科研管理,2015,36(8):129-135.

周永生,唐世华,肖静.电商直播平台消费者购买意愿研究:基于社会临场感视角[J].当代经济管理,2021,43(1):40-47.

朱东红,常亚平.不务正业还是令人钦佩?县长直播带货对购买意愿的影响[J/OL].南开管理评论:1-25[2022-01-26].http://kns.cnki.net/kcms/detail/12.1288.f.20210910.1028.006.html.

朱永明,黄嘉鑫.道德、娱乐还是利益目标?:游戏式共创对用户持续参与意愿的影响研究[J].财经论丛,2021(6):101-112.

AAKER D A,1992. Managing brand equity: capitalizing on the value of a brand name[J]. Journal of marketing,56(2):214-215.

ADDO P C,FANG J M,KULBO N B,et al.,2020. COVID-19:fear appeal favoring purchase behavior towards personal protective equipment[J]. The service industries journal,40(7-8):417-490.

AKIR O,OTHMAN M N,2010. Consumers repurchase behavior on selected consumer goods: an investigation on the moderating effects of prior product knowledge[C].2010 IEEE Symposium on Industrial Electronics and Applications (ISIEA). IEEE:248-254.

AL-DEBEI M M,AL-LOZI E,2014. Explaining and predicting the adoption intention of mobile data services: a value-based approach[J]. Computers in human behavior,35:326-338.

ALGESHEIMER R,DHOLAKIA U M,HERRMANN A,2005. The social influence of brand community: evidence from european car clubs[J]. Journal of marketing,69(3):19-34.

ALGHARABAT R S,2018. The role of telepresence and user engagement in co-creation value and purchase intention: online retail context[J]. Journal of internet commerce,17(1):1-25.

ALGHARABAT R,RANA N P,ALALWAN A A,et al.,2020. Investigating the antecedents of customer brand engagement and consumer-based brand equity in social media[J]. Journal of retailing and consumer services,53:101767.

ALHULAIL H,DICK M,ABARESHI A,2018. The influence of word of mouth on customer loyalty to social commerce websites: trust as a mediator[C].International Conference of Reliable Information and Communication Technology. Springer:1025-1033.

ALISON E L, 2003.The role of culture on customer participation in services [D]. Hong Kong:the Hong Kong Polytechnic University.

ANDERSON, ROLPH E, SRINI S, et al., 2003. E-satisfaction and e-loyalty: a contingency framework[J]. Psychology & marketing, 20(2): 123-138.

ANDREU L, SÁNCHEZ I, MELE C, 2010. Value co-creation among retailers and consumers: new insights into the furniture market[J]. Journal of retailing and consumer services, 17(4): 241-250.

ANG T, WEI S, ANAZA N A, 2018. Livestreaming vs pre-recorded: how social viewing strategies impact consumers' viewing experiences and behavioral intentions [J]. European journal of marketing, 52 (9-10): 2075-2104.

ASHLEY C, NOBLE S M, DONTHU N, et al., 2011. Why customers won't relate: obstacles to relationship marketing engagement[J]. Journal of business research, 64:749-756.

ASSAEL H, 1984. Consumer behavior and marketing action[M]. Boston: Kent Publishing Company: 389-392.

AULAKH P S, GENCTURK E F, 2000. International principal-agent relationships: control, governance and performance[J]. Industrial marketing management, 29(6):521-538.

BABIN B J, DARDEN W R, GRIFFIN M, 1994. Work and/or fun: measuring hedonic and utilitarian shopping value[J]. Journal of consumer research, 20(4):644.

BAE S, LEE T, 2011.Gender differences in consumers' perception of online consumer reviews[J]. Electronic commerce research, 11(2): 201-214.

BAGOZZI R P, 1986.Principles of marketing management[M]. Chicago: Science Research Associates:125-148.

BAGOZZI R P, DHOLAKIA U M.Antecedents and purchase consequences of customer participation in small group brand communities[J]. International journal of research in marketing, 2006, 23(1): 45-61.

BAI B, LAW R, WEN I, 2008. The impact of website quality on customer satisfaction and purchase intentions: evidence from chinese online visitors [J]. International journal of hospitality management, 27(3):391-402.

BAKER J, PARASURAMAN A, GREWAL D, et al., 2002. The influence of multiple store environment cues on perceived merchandise value and patronage intentions[J]. Journal of marketing, 66(2): 120-141.

BALL D, COELHO P S, MACHÁS A, 2004. The role of communication and trust in explaining customer loyalty: an extension to the ECSI model [J]. European journal of marketing, 38(9/10):1272-1293.

BANDURA A, 1977. Self-efficacy: toward a unifying theory of behavioral change[J]. Psychological review, 84(2): 191-215.

BANDURA A, 1986. Social foundations of thought and action: a social cognitive theory[J]. Journal of applied psychology, 12(1):169.

BANDURA A, 1988. Self-efficacy conception of anxiety[J]. Anxiety research, 1(2): 77-98.

BARARI M, ROSS M, SURACHARTKUMTONKUN J, 2020. Negative and positive customer shopping experience in an online context [J]. Journal of retailing and consumer services, 53:101985.

BARARI M, ROSS M, THAICHON S, et al., 2021. A meta-analysis of customer engagement behaviour[J]. International journal of consumer studies, 45(4): 457-477.

BARRETO A M, RAMALHO D, 2019. The impact of involvement on engagement with brand posts[J]. Journal of research in interactive marketing, 13(3): 277-301.

BELK R W, 1975. Situational variables and consumer behavior[J]. Journal of consumer research, 2(3): 157-164.

BENLIAN A, TITAH R, HESS T, 2012. Differential effects of provider recommendations and consumer reviews in e-commerce transactions: an experimental study[J]. Journal of management information systems, 29 (1): 237-272.

BERGEL M, BROCK C, 2019. Visitors' loyalty and price perceptions: the role of customer engagement[J]. The service industries journal, 39(7-8): 575-589.

BIOCCA F, KIM J, CHOI Y, 2001. Visual touch in virtual environments: an exploratory study of presence, multimodal interfaces, and cross-modal sensory illusions[J]. Presence: teleoperators & virtual environments, 10 (3): 247-265.

BLASCO-ARCAS L, HERNANDEZ-ORTEGA B, JIMENEZ-MARTINEZ J, 2014. The online purchase as a context for co-creating experiences. Drivers of and consequences for customer behavior[J]. Internet research, 24(3):393-412.

BONNEMAIZON A, BATAT W, 2011. How competent are consumers? The case of the energy sector in France[J]. International journal of consumer studies, 35(3): 348-358.

BOUJENA O, ULRICH I, MANTHIOU A, et al., 2021. Customer engagement and performance in social media: a managerial perspective [J]. Electronic markets, 31(4): 965-987.

BOWDEN J L H. The process of customer engagement: a conceptual framework[J]. Journal of marketing theory and practice, 2009, 17(1): 63-74.

BOZKURT S, GLIGOR D M, BABIN B J, 2020. The role of perceived firm social media interactivity in facilitating customer engagement behaviors [J]. European journal of marketing, 55(4): 995-1022.

BRIGHT L F, KLEISER S B, GRAU S L, 2015. Too much Facebook? An exploratory examination of social media fatigue[J]. Computers in human behavior, 44: 148-155.

BRODIE R J, HOLLEBEEK L D, JURIC B, et al., 2011. Customer engagement: conceptual domain, fundamental propositions, and implications for research[J].Journal of service research, 14(3): 252-271.

BRODIE R J, ILIC A, JURIC B, et al., 2013. Consumer engagement in a virtual brand community: an exploratory analysis[J]. Journal of business research, 66(1): 105-114.

BRUGMANN J, PRAHALAD C K, 2007. Cocreating business's new social compact[J].Harvard business review, 85(2): 80.

BRÜNDL S, MATT C, HESS T, 2017. Consumer use of social live streaming services: the influence of co-experience and effectance on enjoyment [C]. Proceedings of the 25th European Conference on Information Systems: 1775-1791.

CAI J, WOHN D Y, MITTAL A, et al., 2018. Utilitarian and hedonic motivations for live streaming shopping[C].Proceedings of the 2018 ACM international conference on interactive experiences for TV and online video: 81-88.

CAI J, WOHN D Y,2019. Live streaming commerce: uses and gratifications approach to understanding consumers' motivations[C].Proceedings of the 52nd Hawaii International Conference on System Sciences:2548-2557.

CARLSON J, O'CASS A, 2010. Exploring the relationships between e-service quality, satisfaction, attitudes and behaviours in content-driven e-service web sites[J]. Journal of services marketing, 24(2-3):112-127.

CARUANA A, EWING M T, 2010. How corporate reputation, quality, and value influence online loyalty[J]. Journal of business research, 63(9-10): 1103-1110.

CASALÓ L V, FLAVIÁN C, GUINALÍU M, 2010. Antecedents and consequences of consumer participation in on-line communities: the case of the travel sector[J]. International journal of electronic commerce, 15(2): 137-167.

CASALÓ L V, FLAVIÁN C. GUINALIU M, 2008. The role of perceived usability, reputation, satisfaction and consumer familiarity on the website loyalty formation process[J]. Computers in human behavior, 24(2): 325-345.

CERMAK D S P, FILE K M, PRINCE R A, 1994. Customer participation in service specification and delivery[J]. Journal of applied business research, 10(2): 90-97.

CHAN K W, LI S Y, 2010. Understanding consumer-to-consumer interactions in virtual communities: the salience of reciprocity[J]. Journal of business research, 63(9-10): 1033-1040.

CHAN K W, YIM C K, LAM S S K, 2010. Is customer participation in value creation a double-edged sword? Evidence from professional financial services across cultures[J]. Journal of marketing, 74(3): 48-64.

CHAN T K H, CHEUNG C M K, LEE Z W Y, 2017. The state of online impulse-buying research: a literature analysis[J]. Information & management, 54(2): 204-217.

CHANDLER I D, LUSCH R F, 2015. Service systems: a broadened framework and research agenda on value propositions, engagement, and service experience[J]. Journal of service research, 18(1): 6-22.

CHANG C M, HSU M H, HSU C S, et al., 2014. Examining the role of perceived value in virtual communities continuance: its antecedents and the influence of experience[J]. Behaviour & information technology, 33 (5): 502-521.

CHANG E C, TSENG Y F. Research note: e-store image, perceived value and perceived risk[J]. Journal of business research, 2013, 66 (7): 864-870.

CHANG H H, CHEN S W, 2008. The impact of customer interface quality, satisfaction and switching costs on e-loyalty: internet experience as a moderator[J]. Computers in human behavior, 24(6): 2927-2944.

CHARMAZ K, BELGRAVE L, 2012. Qualitative interviewing and grounded theory analysis[J]. The SAGE handbook of interview research: the complexity of the craft, 2: 347-365.

CHEN C C, LIN Y C, 2018. What drives live-stream usage intention? The perspectives of flow, entertainment, social interaction, and endorsement [J]. Telematics and informatics, 35(1): 293-303.

CHEN J, XU W, 2019. A study on the impact of customer engagement on continued purchase intention for online video websites VIP service[C].International conference on management science and engineering management. Springer: 668-682.

CHEN J, XU W, 2019. A study on the impact of customer engagement on continued purchase intention for online video websites VIP service[C].International conference on management science and engineering management. Springer: 668-682.

CHEN J, ZHANG C, XU Y, 2009. The role of mutual trust in building members' loyalty to a C2C platform provider[J]. International journal of electronic commerce, 14(1): 147-171.

CHEN P T, HU H H, 2010. The effect of relational benefits on perceived value in relation to customer loyalty: an empirical study in the Australian coffee outlets industry[J]. International journal of hospitality management, 29(3):405-412.

CHEN Z, BENBASAT I, CENFETELLI R, 2017. "Grassroots Internet Celebrity Live Streaming" Activating IT-Mediated Lifestyle Marketing Services at e-Commerce Websites[C].International Conference On Information.

CHEN Z, DUBINSKY A J, 2003. A conceptual model of perceived customer value in e-commerce: a preliminary investigation[J]. Psychology & marketing, 20(4): 323-347.

CHEUNG C M K, ZHENG X, LEE M K O, 2014. Customer loyalty to C2C online shopping platforms: an exploration of the role of customer engagement[C]. 47th Hawaii International Conference on System Sciences. IEEE: 3065-3072.

CHIANG H S, 2013. Continuous usage of social networking sites: the effect of innovation and gratification attributes[J]. Online information review, 37(6): 851-871.

CHIU C M, WANG E T G, FANG Y H, et al., 2014. Understanding customers' repeat purchase intentions in B2C e-commerce: the roles of utilitarian value, hedonic value and perceived risk[J]. Information systems journal, 24(1): 85-114.

CHURCHILL G A, 1979. A paradigm for developing better measures of marketing constructs[J]. Journal of marketing research, 16(1):64-73.

CLAYCOMB C, LENGNICK-HALL C, INKS L, 2001. The customer as a productive resource: a pilot study and strategic implications[J]. Journal of business strategies, 18(1):47-70.

CLEMENT A P, FANG J, ASARE A O, et al., 2021. Customer engagement and purchase intention in live-streaming digital marketing platforms [J].The service industries journal, 41(11-12): 767-786.

COCOSILA M, IGONOR A, 2015. How important is the "social" in social networking? A perceived value empirical investigation[J]. Information technology & people, 28(2):366-382.

COSSÍO-SILVA F J, REVILLA-CAMACHO M Á, VEGA-VÁZQUEZ M, et al., 2016. Value co-creation and customer loyalty[J]. Journal of business research, 69(5): 1621-1625.

CUMMINS S, PELTIER J W, SCHIBROWSKY J A, et al., 2014. Consumer behavior in the online context[J]. Journal of research in interactive marketing, 8(3): 169-202.

CURRAS-PEREZ R, RUIZ-MAFE C, SANZ-BLAS S, 2014. Determinants of user behaviour and recommendation in social networks: an integrative approach from the uses and gratifications perspective[J]. Industrial management & data systems, 114(9): 1477.

CYR D, HEAD M, LARIOS H, et al., 2009. Exploring human images in website design: a multi-method approach[J]. MIS quarterly, 33(3): 539-566.

CYR D, HASSANEIN K, HEAD M, et al., 2007. The role of social presence in establishing loyalty in e-service environments[J]. Interacting with computers, 19(1): 43-56.

DABHOLKAR P A, 2015. How to improve perceived service quality by increasing customer participation[C]. Proceedings of the 1990 academy of marketing science (AMS) annual conference. Springer: 483-487.

DASH S, SAJI K B, 2007. The role of consumer self-efficacy and website social-presence in customers' adoption of B2C online shopping[J]. Journal of international consumer marketing, 20(2):33-48.

DAUGHERTY T, EASTIN M S, BRIGHT L, 2008. Exploring consumer motivations for creating user-generated content[J]. Journal of interactive advertising, 8(2): 16-25.

DEQUECH D, 2000. Fundamental uncertainty and ambiguity[J]. Eastern economic journal, 26(1): 41-60.

DESSART L, 2017. Social media engagement: a model of antecedents and relational outcomes[J]. Journal of marketing management, 33(5-6): 375-399.

DESSART L, VELOUTSOU C, MORGAN-THOMAS A, 2015. Consumer

engagement in online brand communities: a social media perspective [J]. Journal of product & brand management, 24(1): 28-42.

DIJKMANS C H S, KERKHOF P, BEUKEBOOM C J, 2015. A stage to engage: social media use and corporate reputation[J]. Tourism management, 47(4): 58-67.

DOLAN R, CONDUIT J, FRETHEY-BENTHAM C, et al., 2019. Social media engagement behavior: a framework for engaging customers through social media content [J]. European journal of marketing, 53 (10): 2213-2243.

DWIVEDI A, 2015. A higher-order model of consumer brand engagement and its impact on loyalty intentions[J]. Journal of retailing and consumer services, 24: 100-109.

EID R, EL-GOHARY H, 2015. Muslim tourist perceived value in the hospitality and tourism industry [J]. Journal of travel research, 54 (6): 774-787.

ELGETI L, DANATZIS I, KLEINALTENKAMP M, 2020. Customer capabilities for solution offerings in business markets[J]. Industrial marketing management, 90: 44-59.

ENNEW C T, BINKS M R, 1999. Impact of participative service relationships on quality, satisfaction and retention: an exploratory study[J]. Journal of business research, 46(2): 121-132.

EROGLU S A, MACHLEIT K A, DAVIS L M, 2001. Atmospheric qualities of online retailing: a conceptual model and implications[J]. Journal of business research, 54(2): 177-184.

ETGAR M, 2008. A descriptive model of the consumer co-production process [J]. Journal of the academy of marketing science, 36 (1): 97-108.

FANG J, WEN C, GEORGE B, et al., 2016. Consumer heterogeneity, perceived value, and repurchase decision-making in online shopping: the role of gender, age, and shopping motives[J]. Journal of electronic commerce research, 17(2): 116.

FANG Y H, 2012. Does online interactivity matter? Exploring the role of interactivity strategies in consumer decision making[J].Computers in human behavior, 28(5):1790-1804.

FAQIH K, 2016. An empirical analysis of factors predicting the behavioral intention to adopt Internet shopping technology among non-shoppers in a developing country context: does gender matter? [J]. Journal of retailing and consumer services, 30(5):140-164.

FEHRER J A, WORATSCHEK H, GERMELMANN C C, et al., 2018 Dynamics and drivers of customer engagement: within the dyad and beyond[J].Journal of service management, 29(3):443-467.

FLAVIÁN C, GUINALIU M, GURREA R, 2006. The role played by perceived usability, satisfaction and consumer trust on website loyalty[J]. Information & management, 43(1): 1-14.

FRANCE C, MERRILEES B, MILLER D, 2015.Customer brand co-creation: a conceptual model[J]. Marketing intelligence & planning, 33(6): 848-864.

FRANCE C, MERRILEES B, MILLER D, 2016. An integrated model of customer-brand engagement: drivers and consequences[J]. Journal of brand management, 23(2): 119-136.

FRANKE G R, HUHMANN B A, MOTHERSBAUGH D L, 2004. Information content and consumer readership of print ads: a comparison of search and experience products[J]. Journal of the academy of marketing science, 32(1): 20-31.

FUENTES-BLASCO M, SAURA I G, BERENGUER-CONTRI G, et al., 2010. Measuring the antecedents of e-loyalty and the effect of switching costs on website[J]. The service industries journal, 30(11): 1837-1852.

FUNK D C, PASTORE D L, 2000. Equating attitudes to allegiance: the usefulness of selected attitudinal information in segmenting loyalty to professional sports teams[J]. Sport marketing quarterly, 9(4): 175-184.

GARHER JR L L, HYATT E M, BPYA Ü Ö, 2009. The collaborative roles of the designer, the marketer, and the consumer in determining what is good design[J]. Advertising & society review, 10(1):1-13.

GARNEFELD I, HELM S, EGGERT A, 2011. Walk your talk: an experimental investigation of the relationship between word of mouth and communicators' loyalty[J]. Journal of service research, 14(1): 93-107.

GEFEN D, 2002. Customer loyalty in e-commerce[J]. Journal of the association for information systems, 3(1): 2.

GEORGEN C, 2015. Well played & well watched: Dota 2, spectatorship, and e-sports[J]. Well played a journal on video games, values, and meaning, 4(1): 179-191.

GIL R B, ANDRES E F, SALINAS E M, 2007. Family as a source of consumer-based brand equity [J].Journal of product & brand management, 16(3), 188-199.

GIRARD T, DION P, 2010. Validating the search, experience, and credence product classification framework[J]. Journal of business research, 63(9-10): 1079-1087.

GIST M E, MITCHELL T R. Self-efficacy: a theoretical analysis of its determinants and malleability[J]. Academy of management review, 1992, 17(2):183-211.

GLIGOR D, BOZKURT S, RUSSO I, 2019. Achieving customer engagement with social media: a qualitative comparative analysis approach[J]. Journal of business research, 101: 59-69.

GONG X, YE Z, LIU K, et al., 2020. The effects of live platform exterior design on sustainable impulse buying: exploring the mechanisms of self-efficacy and psychological ownership[J]. Sustainability, 12(6): 2406.

GRISSEMANN U S, STOKBURGER-SAUER N E. Customer co-creation of travel services: the role of company support and customer satisfaction with the co-creation performance[J]. Tourism management, 2012, 33(6): 1483-1492.

GRÖNROOS C, 1982. An applied service marketing theory[J]. European journal of marketing, 16(7): 30-41.

GRÖNROOS C, 2000. Creating a relationship dialogue: communication, interaction and value[J]. The marketing review, 1(1): 5-14.

GRÖNROOS C, 2011. Value co-creation in service logic: a critical analysis[J]. Marketing theory, 11(3): 279-301.

GRÖNROOS C, VOIMA P, 2013. Critical service logic: making sense of value creation and co-creation[J]. Journal of the academy of marketing science, 41(2): 133-150.

GRUEN T W, OSMONBEKOV T, CZAPLEWSKI A J, 2006. eWOM: the impact of customer-to-customer online know-how exchange on customer value and loyalty[J]. Journal of business research, 59(4): 449-456.

GUMMERUS J, LILJANDER V, PURA M, et al., 2004. Customer loyalty to content-based web sites: the case of an online health-care service[J]. Journal of services marketing, 18(3): 175-186.

GUMMERUS J, LILJANDER V, WEMAN E, et al., 2012. Customer engagement in a Facebook brand community[J]. Management research review, 35(9): 857-877.

GUMMESSON E, 2007. Exit services marketing-enter service marketing[J]. Journal of customer behaviour, 6(2): 113-141.

GURSOY D, SPANGENBERG E R, RUTHERFORD D G, 2006. The hedonic and utilitarian dimensions of attendees' attitudes toward festivals

[J]. Journal of hospitality & tourism research, 30(3): 279-294.

GUTMAN J. Means-end chains as goal hierarchies[J]. Psychology & marketing, 1997, 14(6): 545-560.

HA S, STOEL L, 2009.Consumer e-shopping acceptance: antecedents in a technology acceptance model[J]. Journal of business research, 62(5): 565-571.

HAIR J F, BLACK B, BABIN B J, et al., 2012. Multivariate data analysis [M]. Berlin:Springer Science & Business Media: 226-254.

HAMILTON W A, GARRETSON O, KERNE A, 2014. Streaming on twitch: fostering participatory communities of play within live mixed media[C].Proceedings of the SIGCHI conference on human factors in computing systems: 1315-1324.

HAMMEDI W, KANDAMPULLY J, ZHANG T T C, et al., 2015. Online customer engagement: creating social environments through brand community constellations [J]. Journal of service management, 26(5): 777-806.

HAMMEDI W, KANDAMPULLY JAY, ZHANG T T, et al., 2015. Online customer engagement creating social environments through brand community constellations[J]. Journal of service management, 26(5): 777-806.

HAN H J, 2012. The relationship among corporate culture, strategic orientation, and financial performance[J]. Cornell hospitality quarterly, 53(3): 207-219.

HAPSARI R, CLEMES M D, DEAN D, 2017. The impact of service quality, customer engagement and selected marketing constructs on airline passenger loyalty[J]. International journal of quality and service sciences, 9(1):21-40.

HARMELING C M, MOFFETT J W, ARNOLD M J, et al., 2017.

Toward a theory of customer engagement marketing[J]. Journal of the academy of marketing science, 45(3): 312-335.

HARRIGAN P, EVERS U, MILES M, et al., 2017. Customer engagement with tourism social media brands[J]. Tourism management, 59:597-609.

HARRIS L C, GOODE M, 2004. The four levels of loyalty and the pivotal role of trust: a study of online service dynamics[J]. Journal of retailing, 80(2):139-158.

HASSANEIN K, HEAD M, 2007. Manipulating perceived social presence through the web interface and its impact on attitude towards online shopping[J]. International journal of human-computer studies, 65(8): 689-708.

HAUMANN T, GÜNTÜRKÜN P, SCHONS L M, et al., 2015. Engaging customers in coproduction processes: how value-enhancing and intensity-reducing communication strategies mitigate the negative effects of coproduction intensity[J]. Journal of marketing, 79(6): 17-33.

HAYES A F. Introduction to mediation, moderation, and conditional process analysis: a regression-based approach[M]. New York: Guilford publications, 2017: 335-337.

HEILMAN C M, BOWMAN D, WRIGHT G P, 2000. The evolution of brand preferences and choice behaviors of consumers new to a market [J]. Journal of marketing research, 37(2): 139-155.

HENNIG-THURAU T, GWINNER K P, GREMLER D D, 2002. Understanding relationship marketing outcomes: an integration of relational benefits and relationship quality[J]. Journal of service research, 4(3): 230-247.

HENNIG-THURAU T, LANGER M F, HANSEN U, 2001.Modeling and managing student loyalty: an approach based on the concept of relationship quality[J]. Journal of service research, 3(4): 331-344.

HILVERT-BRUCE Z, NEILL J T, SJÖBLOM M, et al., 2018. Social motivations of live-streaming viewer engagement on Twitch[J]. Computers in human behavior, 84: 58-67.

HINSON R, BOATENG H, RENNER A, et al., 2019. Antecedents and consequences of customer engagement on Facebook: an attachment theory perspective[J]. Journal of research in interactive marketing, 13(2): 204-226.

HO R C, RAJADURAI K G, 2020.Live streaming meets online shopping in the connected world: interactive social video in online marketplace[M]. Hershey:IGI Global:130-142.

HOLBROOK M B, 1994. The nature of customer value: an axiology of services in the consumption experience[J]. Service quality: new directions in theory and practice, 21(1): 21-71.

HOLLEBEEK L D, BRODIE R J, 2013. Wine service marketing, value cocreation and involvement: research issues[J]. International journal of wine business research, 21(4):339-353.

HOLLEBEEK L D, 2011. Demystifying customer brand engagement: exploring the loyalty nexus[J]. Journal of marketing management, 27(7-8): 785-807.

HOLLEBEEK L D, GLYNN M S, BRODIE R J, 2014. Consumer brand engagement in social media: conceptualization, scale development and validation[J]. Journal of interactive marketing, 28(2): 149-165.

HOLLEBEEK L D, SRIVASTAVA R K, CHEN T, 2019. SD logic-informed customer engagement: integrative framework, revised fundamental propositions, and application to CRM[J]. Journal of the academy of marketing science, 47(1): 161-185.

HOLLEBEEK L, 2011. Exploring customer brand engagement: definition and themes[J]. Journal of strategic marketing, 19(7): 555-573.

HSIEH S H, CHANG A, 2016. The psychological mechanism of brand co-creation engagement[J]. Journal of interactive marketing, 33: 13-26.

HSIEH Y C, CHIU H C, CHIANG M Y, 2005. Maintaining a committed online customer: a study across search-experience-credence products[J]. Journal of retailing, 81(1):75-82.

HSU C L, LIN J C C, 2016. Effect of perceived value and social influences on mobile App stickiness and in-App purchase intention[J]. Technological forecasting and social change, 108: 42-53.

HSU M K, WANG S W, CHIU K K, 2009. Computer attitude, statistics anxiety and self-efficacy on statistical software adoption behavior: an empirical study of online MBA learners[J]. Computers in human behavior, 25(2): 412-420.

HU M, CHAUDHRY S S, 2020. Enhancing consumer engagement in e-commerce live streaming via relational bonds[J]. Internet research: electronic networking applications and policy, 30(3): 1019-1041.

HU M, ZHANG M, WANG Y, 2017. Why do audiences choose to keep watching on live video streaming platforms? An explanation of dual identification framework[J]. Computers in human behavior, 75: 594-606.

HUANG P, LURIE N H, MITRA S, 2009.Searching for experience on the web: an empirical examination of consumer behavior for search and experience goods[J]. Journal of marketing, 73(2): 55-69.

HUDSON S, HUANG L, ROTH M S, et al. The influence of social media interactions on consumer-brand relationships: a three-country study of brand perceptions and marketing behaviors[J]. International journal of research in marketing, 2016, 33(1):27-41.

HUI W C, MARIMUTHU M, RAMAYAH T, 2014. The effect of perceived value on the loyalty of Generation Y mobile internet subscribers: a proposed conceptual framework[J]. Procedia-social and behavioral sciences, 130:532-541.

HUSNAIN M, TOOR A, 2017. The impact of social network marketing on consumer purchase intention in Pakistan: consumer engagement as a mediator[J]. Asian journal of business and accounting, 10(1): 167-199.

HYUN S S, PERDUE R R, 2017. Understanding the dimensions of customer relationships in the hotel and restaurant industries[J]. International journal of hospitality management, 64: 73-84.

IM J, QU H, 2017. Drivers and resources of customer co-creation: a scenario-based case in the restaurant industry[J]. International journal of hospitality management, 64: 31-40.

ISLAM J U, RAHMAN Z, 2017. The impact of online brand community characteristics on customer engagement: an application of stimulus-organism-response paradigm [J]. Telematics and informatics, 34 (4): 96-109.

ISLAM J U, RAHMAN Z, HOLLEBEEK L D, 2018. Consumer engagement in online brand communities: a solicitation of congruity theory [J]. Internet research, 28(1):23-45.

ITANI O S, KASSAR A N, LOUREIRO S M C, 2019. Value get, value give: the relationships among perceived value, relationship quality, customer engagement, and value consciousness[J]. International journal of hospitality management, 80: 78-90.

IYENGAR R, VAN DEN BULTE C, LEE J Y, 2015. Social contagion in new product trial and repeat[J]. Marketing science, 34(3): 408-429.

JAAKKOLA E, ALEXANDER M, 2014. The role of customer engagement behavior in value co-creation: a service system perspective[J]. Journal of service research, 17(3): 247-261.

JACOBIDES M G, CENNAMO C, GAWER A, 2018. Towards a theory of ecosystems[J]. Strategic management journal, 39(8): 2255-2276.

JAHN B, KUNZ W, 2012. How to transform consumers into fans of your brand[J]. Journal of service management, 23(3): 344-361.

JIANG Z, BENBASAT I, 2004. Virtual product experience: effects of visual and functional control of products on perceived diagnosticity and flow in electronic shopping[J]. Journal of management information systems, 21(3): 111-147.

JIANG Z, CHAN J, TAN B C Y, et al., 2010. Effects of interactivity on website involvement and purchase intention[J]. Journal of the association for information systems, 11(1):1.

JOHN J D, 2003. The effects of employee service quality provision and customer personality traits on customer participation, satisfaction, and repurchase intentions[M].Baton rouge: Louisiana State University and Agricultural & Mechanical College.

JOHNSON M D, HERRMANN A, HUBER F, 2006. The evolution of loyalty intentions[J]. Journal of marketing, 70(2): 122-132.

JONES T O, SASSER W E, 1995. Why satisfied customers defect[J]. Harvard business review, 73(6): 88-99.

JUN S, YI J, 2020. What makes followers loyal? The role of influencer interactivity in building influencer brand equity[J]. Journal of product and brand management, 29(6): 803-814.

KAMBOJ S, SARMAH B, GUPTA S, et al., 2018. Examining branding co-creation in brand communities on social media: applying the paradigm of stimulus-organism-response[J]. International journal of information management, 39: 169-185.

KANTAMNENI S P, COULSON K R, 1996. Measuring perceived value: findings from preliminary research[J]. Journal of marketing management, 6(2): 72-86.

KATO Y, KATO S, AKAHORI K, 2007. Effects of emotional cues transmitted in e-mail communication on the emotions experienced by senders and receivers[J].Computers in human behavior, 23(4): 1894-1905.

KEHRWALD B, 2008. Understanding social presence in text-based online learning environments[J]. Distance education, 29(1): 89-106.

KELLOGG D L, YOUNGDAHL W E, BOWEN D E, 1997.On the relationship between customer participation and satisfaction: two frameworks[J]. International journal of service industry management, 8(3):206-219.

KIM J B, 2015. The mediating role of presence on consumer intention to participate in a social commerce site[J]. Journal of internet commerce, 14(4): 425-454.

KIM J, AHN S J G, KWON E S, et al., 2017. TV advertising engagement as a state of immersion and presence[J]. Journal of business research, 76: 67-76.

KIM Y H, KIM D J, WACHTER K, 2013. A study of mobile user engagement (MoEN): engagement motivations, perceived value, satisfaction, and continued engagement intention[J]. Decision support systems, 56: 361-370.

KIM Y, WANG Y, OH J, 2016. Digital media use and social engagement: how social media and smartphone use influence social activities of college students[J].Cyberpsychology, behavior, and social networking, 19(4): 264-269.

KIZGIN H, JAMAL A, DEY B L, et al., 2018. The impact of social media on consumers' acculturation and purchase intentions[J].Information systems frontiers, 20(3): 503-514.

KLINE R B, 2018.Principles and practice of structural equation modeling [J].Canadian studies in population, 45(3-4): 188-195.

KOLLER M, FLOH A, ZAUNER A, 2011. Further insights into perceived value and consumer loyalty: a"green"perspective[J]. Psychology & marketing, 28(12): 1154-1176.

KOO H, 2018. Factors affecting streamers' loyalty to live streaming platforms[C].22nd ITS Biennial Conference.

KOSIBA J P B, BOATENG H, OKOE AMARTEY A F, et al., 2018. Examining customer engagement and brand loyalty in retail banking: the trustworthiness influence[J]. International journal of retail & distribution management, 46(8): 764-779.

KRUIKEMEIER S, VAN NOORT G, VLIEGENTHART R, et al., 2016. The relationship between online campaigning and political involvement[J]. Online information review, 40(5): 673-694.

KUMAR A, LIM H, 2008. Age differences in mobile service perceptions: comparison of Generation Y and baby boomers[J]. Journal of services marketing, 22(7): 568-577.

KUMAR V, 2015.Evolution of marketing as a discipline: what has happened and what to look out for[J]. Journal of marketing, 79(1):1-9.

KUMAR V, 2018. A theory of customer valuation: concepts, metrics, strategy, and implementation[J]. Journal of marketing, 82(1): 1-19.

KUMAR V, AKSOY L, DONKERS B, et al., 2010. Undervalued or overvalued customers: capturing total customer engagement value[J]. Journal of service research, 13(3): 297-310.

KUMAR V, AKSOY L, DONKERS B, et al., 2010. Undervalued or overvalued customers: capturing total customer engagement value[J]. Journal of service research, 13(3):297-310.

KUMAR V, PANSARI A, 2016. Competitive advantage through engagement[J].Journal of marketing research, 53(4): 497-514.

KUMAR V, PANSARI A, 2016. Competitive advantage through engagement[J].Journal of marketing research, 53(4): 497-514.

KUMAR V, RAJAN B, GUPTA S, et al., 2019. Customer engagement in service[J].Journal of the academy of marketing science, 47(1): 138-160.

KUSHNIR T, 1981. The status of arousal in recent social facilitation literature: a review and evaluation of assumptions implied by the current research model [J]. Social behavior and personality: an international journal, 9(2): 185-191.

LAROCHE M, HABIBI M R, RICHARD M O, 2013.To be or not to be in social media: how brand loyalty is affected by social media? [J]. International journal of information management, 33(1): 76-82.

LEBLANC G, NGUYEN N, 1999. Listening to the customer's voice: examining perceived service value among business college students[J]. The international journal of educational management, 13(4): 187-198.

LECKIE C, NYADZAYO M W, JOHNSON L W, 2016. Antecedents of consumer brand engagement and brand loyalty[J]. Journal of marketing management, 32(5-6): 558-578.

LEE E J,PARK J, 2014.Enhancing virtual presence in e-tail: dynamics of cue multiplicity[J]. International journal of electronic commerce, 18(4): 117-146.

LEERAPHONG A, SUKRAT S, 2018. How Facebook live urge SNS users to buy impulsively on C2C social commerce? [C]. Proceedings of the 2nd International Conference on E-Society, E-Education and E-Technology: 68-72.

LEMON K N, VERHOEF P C, 2016. Understanding customer experience throughout the customer journey[J]. Journal of marketing, 80(6): 69-96.

Lengnick-Hall C A, Claycomb V C,et al., 2000. From recipient to contributor: examining customer roles and experienced outcomes[J].European journal of marketing, 34(3/4): 359-383.

LEROI-WERELDS S, STREUKENS S, BRADY M K, et al., 2014. Assessing the value of commonly used methods for measuring customer value: a multi-setting empirical study[J]. Journal of the academy of marketing science, 42(4): 430-451.

LI B, HOU F, GUAN Z, et al., 2018.What drives people to purchase virtual gifts in live streaming? The mediating role of flow[C].22nd Pacific Asia Conference on Information Systems:108-115.

LI H, DAUGHERTY T, BIOCCA F, 2002. Impact of 3D advertising on product knowledge, brand attitude, and purchase intention: the mediating role of presence[J]. Journal of advertising, 31(3): 43-57.

LI H, HONG J, 2013.Factors influencing consumers' online repurchasing behavior: a review and research agenda[J]. iBusiness, 5(4): 161.

LI M, MIN Q, HU L, et al., 2020. Understanding live streaming shopping intentions: a vicarious learning perspective[C]. The Twenty-Third Pacific Asia Conference On Information Systems.

LIM J S, AL-AALI A, HEINRICHS J H, 2015. Impact of satisfaction with e-retailers' touch points on purchase behavior: the moderating effect of search and experience product type[J]. Marketing letters, 26(2): 225-235.

LIN H C, BRUNING P F, SWARNA H, 2018. Using online opinion leaders to promote the hedonic and utilitarian value of products and services [J]. Business horizons, 61(3): 431-442.

LIN H, FAN W, CHAU P Y K, 2014. Determinants of users' continuance of social net-working sites: a self-regulation perspective[J]. Information & management, 51(5):595-603.

LIN J, LI L, YAN Y, et al., 2018. Understanding Chinese consumer engagement in social commerce: the roles of social support and swift guanxi [J]. Internet research, 28(1):2-22.

LIN K Y, LU H P, 2015. Predicting mobile social network acceptance based on mobile value and social influence[J]. Internet research, 25(1): 107-130.

LINGS I N, GREENLEY G E, 2005. Measuring internal market orientation [J]. Journal of service research, 7(3): 290-305.

LITTLE B, LITTLE P, 2006. Employee engagement: conceptual issues [J]. Journal of organizational culture, communications and conflict, 10 (1): 111-120.

LIU X, SHIN H, BURNS A C, 2021. Examining the impact of luxury brand's social media marketing on customer engagement: using big data analytics and natural language processing [J]. Journal of business research, 125: 815-826.

LIU Y, RONG Y, 2009. Competing loyalty programs: impact of market saturation, market share, and category expandability[J]. Journal of marketing, 73(1):93-108.

LLACH J, MARIMON F, DEL MAR ALONSO-ALMEIDA M, et al., 2013. Determinants of online booking loyalties for the purchasing of airline tickets[J]. Tourism management, 35:23-31.

LOIACONO E T, WATSON R T, GOODHUE D L, 2002. WebQual: a measure of website quality[J]. Marketing theory and applications, 13 (3): 432-438.

LU B, FAN W, ZHOU M, 2016. Social presence, trust, and social commerce purchase in-tention: an empirical research [J]. Computers in human behavior, 56: 225-237.

LU L C, CHANG W P, CHANG H H, 2014. Consumer attitudes toward blogger's sponsored recommendations and purchase intention: the effect of sponsorship type, product type, and brand awareness[J]. Computers in human behavior, 34: 258-266.

LU Z, XIA H, HEO S, et al., 2018. You watch, you give, and you engage: a study of live streaming practices in China[C].Proceedings of the 2018 Chi Conference on Human Factors in Computing Systems: 1-13.

LUO X, ZHANG J J, GU B, et al., 2013. Expert blogs and consumer perceptions of competing brands[J]. MIS quarterly, 41(2): 371-395.

LUSCH R F, VARGO S L, 2006.Service-dominant logic: reactions, reflections and refinements[J]. Marketing theory, 6(3): 281-288.

MA Z, YANG Z, MOURALI M, 2013. Consumer adoption of new products: independent versus interdependent self-perspectives[J]. Social science electronic publishing, 78(2):101-117.

MARBACH J, LAGES C R, NUNAN D, 2016. Who are you and what do you value? Investigating the role of personality traits and customer-perceived value in online customer engagement[J]. Journal of marketing management, 32(5-6): 502-525.

MAREE T, VAN HEERDEN G, 2020. Beyond the "like": customer engagement of brand fans on Facebook[J]. European business review, 33(2): 255-271.

MARTIN H S, HERRERO A, 2012.Influence of the user's psychological factors on the online purchase intention in rural tourism: integrating innovativeness to the UTAUT framework[J]. Tourism management, 33(2):341-350.

MATHWICK C, WIERTZ C, DE RUYTER K, 2008. Social capital production in a virtual P3 community[J]. Journal of consumer research, 34(6): 832-849.

MCALEXANDER J H, KOENIG H F, SCHOUTEN J W, 2005. Building a university brand community: the long-term impact of shared experiences [J]. Journal of marketing for higher education, 14(2): 61-79.

MCALEXANDER J H, SCHOUTEN J W, KOENIG H F, 2002. Building brand community [J]. Journal of marketing, 66(1):38-54.

MCCOLLOUGH M A, BERRY L L, YADAV M S, 2000. An empirical investigation of customer satisfaction after service failure and recovery [J]. Journal of service research, 3(2): 121-137.

MEHRABIAN A, RUSSELL J A, 1974. The basic emotional impact of environments[J]. Perceptual and motor skills, 38(1): 283-301.

MIDGLEY D F, DOWLING G R, 1978. Innovativeness: the concept and its measurement[J]. Journal of consumer research, 4(4): 229-242.

MITRA K, REISS M C, CAPELLA L M, 1999. An examination of perceived risk, information search and behavioral intentions in search, experience and credence services[J]. Journal of services marketing, 13(3): 208-228.

MKUMBO P J, UKPABI D C, KARJALUOTO, 2020. Adapting and validating scale of customer engagement in online travel communities[J]. European journal of tourism research, 25:1-33.

MOLINER M Á, MONFERRER-TIRADO D, ESTRADA-GUILLÉN M, 2018. Consequences of customer engagement and customer self-brand connection[J]. Journal of services marketing, 32(4): 387-399.

MOLLEN A, WILSON H, 2010. Engagement, telepresence and interactivity in online consumer experience: reconciling scholastic and managerial perspectives-science Direct[J]. Journal of business research, 63(9-10): 919-925.

MOON J, CHADEE D, TIKOO S, 2008. Culture, product type, and price influences on consumer purchase intention to buy personalized products online[J]. Journal of business research, 61(1): 31-39.

MORGAN R M, HUNT S D, 1994. The commitment-trust theory of relationship marketing[J]. Journal of marketing, 58(3):20-38.

MORTAZAVI M, ESFIDANI M R, BARZOKI A S, 2014. Influencing VSN users' purchase intentions[J]. Journal of research in interactive marketing, 8(2): 102-123.

NADEEM W, ANDREINI D, SALO J, et al., 2015. Engaging consumers online through websites and social media: a gender study of Italian Generation Y clothing consumers[J]. International journal of information management, 35(4): 432-442.

NADIRI H, KANDAMPULLY J, HUSSAIN K, 2009. Zone of tolerance for banks: a diagnostic-model of service quality[J]. The service industries journal, 29(11): 1547-1564.

NAMBISAN S, BARON R A, 2010. Different roles, different strokes: organizing virtual customer environments to promote two types of customer contributions[J]. Organization science, 21(2): 554-572.

NEAL W D, 1999. Satisfaction is nice, but value drives loyalty[J]. Marketing research, 11(1): 20.

NELSON P, 1970. Information and consumer behavior[J]. Journal of political economy, 78(2): 311-329.

NELSON P, 1974. Advertising as information[J]. Journal of political economy, 82(4): 729-754.

NI G, XU Y, XU J, et al., 2015.Optimal decisions for fixed-price group-buying business originated in China: a game theoretic perspective[J]. International journal of production research, 53(10): 2995-3005.

NOYAN F, ŞIMŞEK G G, 2014. The antecedents of customer loyalty [J]. Procedia-social and behavioral sciences, 109: 1220-1224.

NUNNALLY J C, 1978. Psychometric theory[J]. American educational research journal, 5(3):83.

OGHUMA A P, LIBAQUE-SAENZ C F, WONG S F, et al., 2016. An expectation-confirmation model of continuance intention to use mobile instant messaging[J]. Telematics and informatics, 33(1): 34-47.

OGONOWSKI A, MONTANDON A, BOTHA E, et al., 2014. Should

new online stores invest in social presence elements? The effect of social presence on initial trust formation[J]. Journal of retailing and consumer services, 21(4): 482-491.

OH L B, TEO H H, 2010. Consumer value co-creation in a hybrid commerce service-delivery system[J]. International journal of electronic commerce, 14(3): 35-62.

OH S, SYN S Y, 2015. Motivations for sharing information and social support in social media: a comparative analysis of Facebook, Twitter, Delicious, YouTube, and Flickr[J]. Journal of the association for information science and technology, 66(10):2045-2060.

OLIVER R L, 1999. Whence consumer loyalty? [J]. Journal of marketing, 63(4): 33-44.

OLIVER R L, 2002. Value as excellence in the consumption experience [M]. London: Routledge: 59-78.

OVIEDO-GARCÍA M Á, MUÑOZ-EXPÓSITO M, CASTELLANOS-VERDUGO M, et al., 2014. Metric proposal for customer engagement in Facebook[J]. Journal of research in interactive marketing, 8(4): 327.

PALMATIER R W, DANT R P, GREWAL D, 2007. A comparative longitudinal analysis of theoretical perspectives of interorganizational relationship performance[J]. Journal of marketing, 71(4):172-194.

PALMATIER R W, DANT R P, GREWAL D, et al., 2006. Factors influencing the effectiveness of relationship marketing: a meta-analysis [J]. Journal of marketing, 70(4): 136-153.

PALMATIER R W, STEINHOFF L, 2019. Relationship marketing in the digital age[M]. London: Routledge:183-212.

PALMER A, BEJOU D, 2015. The effects of service failure on buyer-seller relationship deterioration[C].Proceedings of the 1996 academy of marketing science (ams) annual conference: 124-125.

PANSARI A, KUMAR V, 2017. Customer engagement: the construct, antecedents, and consequences[J]. Journal of the academy of marketing science, 45(3): 294-311.

PARASURAMAN A, GREWAL D, 2000. The impact of technology on the quality-value-loyalty chain: a research agenda[J]. Journal of the academy of marketing science, 28(1): 168-174.

PARASURAMAN A, ZEITHAML V A, MALHOTRA A, 2005. E-S-QUAL: a multiple-item scale for assessing electronic service quality [J]. Journal of service research, 7(3): 213-233.

PARK C, LEE T M, 2009. Information direction, website reputation and eWOM effect: a moderating role of product type[J]. Journal of business research, 62(1): 61-67.

Park H J, Lin L M, 2020. The effects of match-ups on the consumer attitudes toward internet celebrities and their live streaming contents in the context of product endorsement[J]. Journal of retailing and consumer services, 52: 101934.

PARKER E B, SHORT J, WILLIAMS E, et al., 1976.The social psychology of telecommunications[J]. Contemporary sociology, 7(1):32.

PAYNE A F, STORBACKA K, FROW P, 2008. Managing the co-creation of value[J]. Journal of the academy of marketing science, 36(1): 83-96.

PAYNE E M, PELTIER J W, BARGER V A, 2017. Omnichannel marketing, integrated marketing communications and consumer engagement: a research agenda[J].Journal of research in interactive marketing, 11(2): 185-197.

PIRES K, SIMON G, 2015. YouTube live and Twitch: a tour of user-generated live streaming systems[C].Proceedings of the 6th Acm Multimedia Systems Conference: 225-230.

PLETIKOSA CVIJIKJ I, MICHAHELLES F, 2011. A case study of the effects of moderator posts within a Facebook brand page[C].International conference on social informatics: 161-170.

PODSAKOFF P M, MACKENZIE S B, LEE J Y, et al., 2003. Common method biases in behavioral research: a critical review of the literature and recommended remedies[J]. Journal of applied psychology, 88(5): 879.

PONNAVOLU A K. Customer loyalty in e-commerce:an exploration of its antecedents and consequences[J]. Journal of retailing, 2002, 78:41-50.

PRAHALAD C K, RAMASWAMY V, 2000.Co-opting customer competence[J].Harvard business review, 78(1): 79-90.

PRAHALAD C K, RAMASWAMY V, 2004. Co-creating unique value with customers[J]. Strategy & leadership, 32(3): 4-9.

PREACHER K J, HAYES A F, 2008. Asymptotic and resampling strategies for assessing and comparing indirect effects in multiple mediator models[J]. Behavior research methods, 40(3): 879-891.

PREBENSEN N K, ROSENGREN S, 2016. Experience value as a function of hedonic and utilitarian dominant services[J].International journal of contemporary hospitality management, 28(1): 113-135.

PRENTICE C, HAN X Y, HUA L L, et al., 2019. The influence of identity-driven customer-engagement on purchase intention[J]. Journal of retailing and consumer services, 47: 339-347.

QI J Y, ZHOU Y P, CHEN W J, et al., 2012. Are customer satisfaction and customer loyalty drivers of customer life time value in mobile data services: a comparative cross-country study [J]. Information technology & management, 13(4):281-296.

QIU M, HU B, XU Z, et al., 2015. Employees' psychological ownership and self-efficacy as mediators between performance appraisal purpose and proactive behavior[J]. Social behavior and personality: an international journal, 43(7): 1101-1109.

RAMANI G, KUMAR V, 2008. Interaction orientation and firm performance[J]. Journal of marketing, 72(1): 27-45.

RAMASWAMY V, GOUILLART F, 2010. Building the co-creative enterprise[J]. Harvard business review, 88(10): 100-109.

RAUYRUEN P, MILLER K E, 2007. Relationship quality as a predictor of B2B customer loyalty[J]. Journal of business research, 60(1): 21-31.

REICHENBERGER I, 2017. C2C value co-creation through social interactions in tourism[J]. International journal of tourism research, 19(6): 629-638.

REICHHELD F F, SCHEFTER P, 2000. E-loyalty: your secret weapon on the web[J]. Harvard business review, 78(4): 105-113.

ROWLEY J, 2006. An analysis of the e-service literature: towards a research agenda[J]. Internet research, 16(3):339-359.

RYU K, HAN H, KIM T H, 2008. The relationships among overall quick-casual restaurant image, perceived value, customer satisfaction, and behavioral intentions[J]. International journal of hospitality management, 27(3): 459-469.

SAMALA N, SINGH S, NUKHU R, et al., 2019. Investigating the role of participation and customer-engagement with tourism brands (CETB) on social media[J]. Academy of marketing studies journal, 23(1): 1-16.

SAN-MARTÍN S, JIMENEZ N, CAMARERO C, et al., 2020. The path between personality, self-efficacy, and shopping regarding games Apps [J]. Journal of theoretical and applied electronic commerce research, 15 (2): 59-75.

SANTOS J, 2003. E-service quality: a model of virtual service quality dimensions[J]. Journal of service theory and practice, 13(3):233-246.

SANTOSO A S, ERDAKA A, 2015. Customer loyalty in collaborative consumption model: empirical study of CRM for product-service system-based e-commerce in Indonesia[J]. Procedia computer science, 72: 543-551.

SASHI C M, 2012. Customer engagement, buyer-seller relationships, and social media[J]. Management decision, 50(2): 253-272.

SCHAU H J, MUÑIZ JR A M, ARNOULD E J, 2009. How brand community practices create value[J]. Journal of marketing, 73(5): 30-51.

SCHIVINSKI B, CHRISTODOULIDES G, DABROWSKI D, 2016. Measuring consumers' engagement with brand-related social-media content: development and validation of a scale that identifies levels of social-media engagement with brands[J]. Journal of advertising research, 56(1): 64-80.

SCHIVINSKI B, DABROWSKI D, 2015. The impact of brand communication on brand equity through Facebook[J]. Journal of research in interactive marketing, 9(1): 31-53.

SCHLOSSER A E, WHITE T B, LLOYD S M, 2006. Converting web site visitors into buyer show web site investment increases consumer trusting beliefs and online purchase intentions[J]. Journal of marketing, 70(2): 133-148.

SCHREIER M, PRÜGL R, 2008. Extending lead-user theory: antecedents and consequences of consumers' lead userness[J]. Journal of product innovation management, 25(4): 331-346.

SENECAL S, NANTEL J, 2004. The influence of online product recommendations on consumers' online choices[J]. Journal of retailing, 80(2): 159-169.

SHANG R A, CHEN Y C, LIAO H J, 2006. The value of participation in virtual consumer communities on brand loyalty[J]. Internet research, 16(4): 398-418.

SHEA P, BIDJERANO T, 2010. Learning presence: towards a theory of self-efficacy, self-regulation, and the development of a communities of inquiry in online and blended learning environments[J]. Computers & education, 55(4): 1721-1731.

SHEN J, 2012. Social comparison, social presence, and enjoyment in the acceptance of social shopping websites[J]. Journal of electronic commerce research, 13(3): 198.

SHETH J N, NEWMAN B I, GROSS B L, 1991. Why we buy what we buy: a theory of consumption values[J]. Journal of business research, 22(2): 159-170.

SHIN D H, SHIN Y J, 2011. Consumers' trust in virtual mall shopping: the role of social presence and perceived security[J]. International journal of human-computer interaction, 27(5): 450-475.

SHIN D H, SHIN Y J, 2011. Why do people play social network games?[J]. Computers in human behavior, 27(2): 852-861.

SHNEOR R, MUNIM Z H, 2019. Reward crowdfunding contribution as planned behaviour: an extended framework[J]. Journal of business research, 103: 56-70.

SIGALA M, 2006. Mass customisation implementation models and customer value in mobile phones services: preliminary findings from Greece[J]. Managing service quality, 16(4): 395-420.

SIM M, PLEWA C, 2017. Customer engagement with a service provider and context: an empirical examination[J]. Journal of service theory and practice, 27(4): 854-876.

SIMON F, TOSSAN V, 2018. Does brand-consumer social sharing matter? A relational framework of customer engagement to brand-hosted social media[J]. Journal of business research, 85: 175-184.

SIMON S J, 2000.The impact of culture and gender on web sites: an empirical study[J]. Acm sigmis database, 32(1):18-37.

SINGH S, SINGH N, KALINI Z, et al, 2021. Assessing determinants influencing continued use of live streaming services: an extended perceived value theory of streaming addiction[J]. Expert systems with applications, 168: 114241.

SIRDESHMUKH D, SINGH J, SABOL B, 2002. Consumer trust, value, and loyalty in relational exchanges[J]. Journal of marketing, 66(1): 15-37.

SO K K F, KING C, SPARKS B A, et al., 2016. Enhancing customer relationships with retail service brands: the role of customer engagement [J]. Journal of service management, 27 (2):170-193.

SO K K F, KING C, SPARKS B A, et al., 2016. The role of customer engagement in building consumer loyalty to tourism brands[J]. Journal of travel research, 55(1): 64-78.

SO K K F, KING C, SPARKS B, 2014. Customer engagement with tourism brands: scale development and validation[J]. Journal of hospitality & tourism research, 38(3): 304-329.

SOMMER R, WYNES M, BRINKLEY G, 1992. Social facilitation effects in shopping behavior[J]. Environment and Behavior, 24(3): 285-297.

SOUITARIS V, BALABANIS G, 2007. Tailoring online retail strategies to increase customer satisfaction and loyalty[J]. Long range planning, 40 (2): 244-261.

SPROTT D, CZELLAR S, SPANGENBERG E, 2009. The importance of a general measure of brand engagement on market behavior: development and validation of a scale[J]. Journal of marketing research, 46 (1): 92-104.

SRINIVASAN S S, ANDERSON R, PONNAVOLU K, 2002. Customer loyalty in e-commerce: an exploration of its antecedents and consequences [J].Journal of retailing, 78(1):41-50.

STEIGER J H, 1990. Structural model evaluation and modification: an interval estimation approach[J]. Multivariate behavioral research, 25(2): 173-180.

SU Q, ZHOU F, WU Y J, 2019.Using virtual gifts on live streaming platforms as a sustainable strategy to stimulate consumers' green purchase intention [J]. Journal of the academy of marketing science, 47(3): 369-393.

SU Q, ZHOU F, WU Y J, 2020. Using virtual gifts on live streaming platforms as a sustainable strategy to stimulate consumers' green purchase intention[J]. Sustainability, 12(9): 3783.

SU X, 2019. An empirical study on the influencing factors of e-commerce live streaming[C].2019 International Conference on Economic Management and Model Engineering: 492-496.

SUN T, YOUN S, WU G, et al., 2006. Online word-of-mouth (or mouse): an exploration of its antecedents and consequences [J]. Journal of computer-mediated communication, 11(4): 1104-1127.

SUN Y, SHAO X, LI X, et al., 2019. How live streaming influences purchase intentions in social commerce: an IT affordance perspective[J]. Electronic commerce research and applications, 37: 100886.

SWEENEY J C, SOUTAR G N, 2001. Consumer perceived value: the development of a multiple item scale[J]. Journal of retailing, 77(2): 203-220.

TAHERI B, JAFARI A, O'GORMAN K, 2014. Keeping your audience: presenting a visitor engagement scale[J]. Tourism management, 42: 321-329.

TAM J L M, 2004. Customer satisfaction, service quality and perceived value: an integrative model[J]. Journal of marketing management, 20(7-8): 897-917.

TONG J H. A study on the effect of web live broadcast on consumers' willingness to purchase[J]. Open journal of business and management, 2017, 5(2):280-289.

TSARENKO Y, STRIZHAKOVA Y, 2013. Coping with service failures: the role of emotional intelligence, self-efficacy and intention to complain [J]. European journal of marketing, 47(1-2):71-92.

VAN DOORN J, LEMON K N, MITTAL V, et al., 2010. Customer engagement behavior: theoretical foundations and research directions [J]. Journal of service research, 13(3): 253-266.

VARGO S L, LUSCH R F, 2004. Consumers' evaluative reference scales and social judgment theory[M]. Houston: Emerald Group Publishing Limited:79-82.

VARGO S L, LUSCH R F, 2004. Evolving to a new dominant logic for marketing[J]. Journal of marketing, 68(1): 1-17.

VARGO S L, LUSCH R F, 2008.Service-dominant logic: continuing the evolution[J]. Journal of the academy of marketing science, 36(1): 1-10.

VARGO S L, LUSCH R F, 2016.Institutions and axioms:an extension and update of service-dominant logic[J]. Journal of the academy of marketing science, 44(1):5-23.

VERHOEF P C, REINARTZ W J, KRAFFT M, 2010.Customer engagement as a new perspective in customer management[J]. Journal of service research, 13(3): 247-252.

VERLEYE K, GEMMEL P, 2013. The impact of customer engagement behaviors on job engagement among service employees: cross-level moderation by customer orientation[C].13th International Research Symposium on Service Excellence in Management: 75-86.

VIEIRA A B, DA SILVA A P C, HENRIQUE F, et al., 2013. Sopcast P2P live streaming: live session traces and analysis[C].Proceedings of the

4th ACM multimedia systems conference: 125-130.

VILLAREJO-RAMOS A F, SANCHEZ-FRANCO M J, 2005. The impact of marketing communication and price promotion on brand equity[J]. Journal of brand management, 12(6): 431-444.

VIVEK S D, BEATTY S E, DALELA V, et al., 2014. A generalized multidimensional scale for measuring customer engagement[J]. Journal of marketing theory and practice, 22(4): 401-420.

VIVEK S D, BEATTY S E, MORGAN R M, 2012. Customer engagement: exploring customer relationships beyond purchase[J]. Journal of marketing theory and practice, 20(2): 122-146.

VOHRA A, BHARDWAJ N, 2019. Customer engagement in an e-commerce brand community: an empirical comparison of alternate models[J]. Journal of research in interactive marketing, 13(1): 2-25.

VOSS K E, SPANGENBERG E R, GROHMANN B, 2003. Measuring the hedonic and utilitarian dimensions of consumer attitude[J]. Journal of marketing research, 40(3): 310-320.

VROMAN H W, 1996. The loyalty effect: the hidden force behind growth, profits, and lasting value[J]. The academy of management perspectives, 10(1): 88.

WANG T, LEE F Y, 2020. Examining customer engagement and brand intimacy in social media context[J]. Journal of retailing and consumer services, 54: 102035.

WANG X, WU D, 2019. Understanding user engagement mechanisms on a live streaming platform[C]. International Conference on Human-Computer Interaction: 266-275.

WANGENHEIM F V, BAYÓN T, 2007. The chain from customer satisfaction via word-of-mouth referrals to new customer acquisition[J]. Journal of the academy of marketing science, 35(2): 233.

WEATHERS D, SHARMA S, WOOD S L, 2007. Effects of online communication practices on consumer perceptions of performance uncertainty for search and experience goods[J]. Journal of retailing, 83(4): 393-401.

WIRTZ J, DEN AMBTMAN A, BLOEMER J, et al., 2013. Managing brands and customer engagement in online brand communities[J]. Journal of service management, 24(3): 223-244.

WONGKITRUNGRUENG A, ASSARUT N, 2020. The role of live streaming in building consumer trust and engagement with social commerce sellers [J]. Journal of business research, 117: 543-556.

WONGSANSUKCHAROEN J, 2022. Effect of community relationship management, relationship marketing orientation, customer engagement, and brand trust on brand loyalty:the case of a commercial bank in Thailand[J].Journal of retailing and consumer services, 64:102826.

WONGSUPHASAWAT T, BUATAMA U, 2019. Effect of community relationship management, customer engagement, and brand trust on food supplement brand loyalty[J]. Kasetsart journal of social sciences, 40(1): 67-73.

WU B, ZHOU Y N, 2017.Research on influencing factors of users' continuance intention toward Taobao live streaming[J]. E-commerce letters, 6: 44-53.

WU C, HSING S, 2006. Less is more: how scarcity influences consumers' value perceptions and purchase intents through mediating variables[J]. Journal of American academy of business, 9(2): 125-132.

WU L Y, CHEN K Y, CHEN P Y, et al., 2014. Perceived value, transaction cost, and repurchase-intention in online shopping: a relational exchange perspective[J]. Journal of business research, 67(1): 2768-2776.

XIE C, BAGOZZI R P, TROYE S V, 2008. Trying to prosume: toward a theory of consumers as co-creators of value[J]. Journal of the academy of marketing science, 36(1): 109-122.

YANG Z, PETERSON R T, 2004. Customer perceived value, satisfaction, and loyalty: the role of switching costs[J]. Psychology & marketing, 21(10): 799-822.

YI Y, GONG T, 2013. Customer value co-creation behavior: scale development and validation[J]. Journal of business research, 66(9): 1279-1284.

YIM C K, CHAN K W, LAM S S K, 2012. Do customers and employees enjoy service participation? Synergistic effects of self-and other-efficacy[J]. Journal of marketing, 76(6): 121-140.

YIM M Y C, CHU S C, SAUER P L, 2017. Is augmented reality technology an effective tool for e-commerce? An interactivity and vividness perspective[J]. Journal of interactive marketing, 39: 89-103.

YNGFALK F, 2013.'It's not us, it's them!'—Rethinking value co-creation among multiple actors[J]. Journal of marketing management, 29(9-10): 1163-1181.

YOON V Y, HOSTLER R E, GUO Z, et al., 2013. Assessing the moderating effect of consumer product knowledge and online shopping experience on using recommendation agents for customer loyalty[J]. Decision support systems, 55(4): 883-893.

YU E, JUNG C, KIM H, et al., 2018.Impact of viewer engagement on gift-giving in live video streaming[J]. Telematics and informatics, 35(5): 1450-1460.

YU J, ZO H, CHOI M K, et al., 2013. User acceptance of location-based social networking services: an extended perspective of perceived value[J]. Online information review, 37 (5):711-730.

YÜKSEL A, YÜKSEL F, 2007. Shopping risk perceptions: effects on tourists' emotions, satisfaction and expressed loyalty intentions [J]. Tourism management, 28(3): 703-713.

ZAITHAML V A, 1988. Customer perceptions of price quality and value [J]. Journal of marketing, 52: 52.

ZEITHAML V A, PARASURAMAN A, MALHOTRA A, 2000. A conceptual framework for understanding e-service quality: implications for future research and managerial practice[M]. Cambridge, MA: Marketing Science Institute: 72-85.

ZHAN C, DUBINSKY A J, 2010. A conceptual model of perceived customer value in e-commerce: a preliminary investigation[J]. Psychology & marketing, 20(4):323-347.

ZHANG C B, LI Y N, WU B, et al., 2017. How WeChat can retain users: roles of net-work externalities, social interaction ties, and perceived values in building continuance intention[J]. Computers in human behavior, 69: 284-293.

ZHANG H, LU Y, GUPTA S, et al., 2014. What motivates customers to participate in social commerce? The impact of technological environments and virtual customer experiences[J]. Information & management, 51(8): 1017-1030.

ZHANG H, LU Y, WANG B, et al., 2015. The impacts of technological environments and co-creation experiences on customer participation [J]. Information & management, 52(4): 468-482.

ZHANG M, QIN F, WANG G A, et al., 2020. The impact of live video streaming on online purchase intention[J]. The service industries journal, 40(9-10): 656-681.

ZHANG M, SUN L, QIN F, et al, 2020. E-service quality on live streaming platforms: swift guanxi perspective[J]. Journal of services marketing, (9):1-13.

ZHANG M, SUN L, QIN F, et al., 2020. E-service quality on live streaming platforms: swift guanxi perspective[J]. Journal of services marketing, 35

(3):312-324.

ZHANG R, TRAN T, 2011. An information gain-based approach for recommending useful product reviews[J]. Knowledge and information systems, 26(3): 419-434.

ZHANG T C, KANDAMPULLY J, BILGIHAN A, 2015. Motivations for customer engagement in online co-innovation communities (OCCs): a conceptual framework[J]. Journal of hospitality and tourism technology, 6(3):311-328.

ZHAO H, SU C, HUA Z, 2016. Investigating continuance intention to follow a brand micro-blog: perceived value and social identification[J]. Information development, 32(5): 1428-1441.

ZHAO X, HUO B, SELEN W, et al., 2011. The impact of internal integration and relationship commitment on external integration[J]. Journal of operations management, 29(1-2): 17-32.

ZHAO X, LYNCH JR J G, CHEN Q, 2010. Reconsidering Baron and Kenny: myths and truths about mediation analysis[J]. Journal of consumer research, 37(2): 197-206.

ZHAO Y, CHEN Y, ZHOU R, et al., 2019. Factors influencing customers' willingness to participate in virtual brand community's value co-creation [J]. Online information review, 43(3):440-461.

附录1　电商直播顾客参与行为量表开发正式调查问卷

尊敬的女士/先生：

您好！感谢您参与本次调查。本问卷采取匿名形式，调查结果仅用于学术研究，我们将对调查结果严格保密。请您按照顺序依次仔细阅读题干，并在各题项选定的选项相应的数字上打"√"。问卷中涉及的问题并无标准答案，您只需根据自己的亲身经历与感受，真实客观地回答即可！感谢您的支持，祝您生活愉快！

江西财经大学工商管理学院

Q1.您观看过电商直播（含淘宝直播、抖音直播、快手小店、拼多多直播、京东直播等）吗？

□有　　　　　　　□没有

Q2.截至目前，您观看电商直播的总次数：

□2次及以下　　　□3次及以上

请根据您自己最近一次参与电商直播时的实际行为，对以下表述的同意情况进行选择。

附录 1 电商直播顾客参与行为量表开发正式调查问卷

题号	题 项	完全同意	同意	基本同意	说不清	基本不同意	不同意	完全不同意
1	我会关注一些主播	7	6	5	4	3	2	1
2	我会关注一些直播间	7	6	5	4	3	2	1
3	我会关注其他顾客发的弹幕的内容	7	6	5	4	3	2	1
4	我会要求主播展示商品	7	6	5	4	3	2	1
5	我会向主播咨询一些关于商品方面的问题	7	6	5	4	3	2	1
6	我会积极反馈直播或主播存在的不足,帮助他们改进	7	6	5	4	3	2	1
7	我会在直播间对直播的商品进行评价	7	6	5	4	3	2	1
8	我会在直播间里围绕直播的产品与其他顾客进行交流	7	6	5	4	3	2	1
9	我若了解其他顾客在直播间里用弹幕问的问题,会去回答	7	6	5	4	3	2	1
10	我会在微信朋友圈、微博上发一些关于电商直播的帖子	7	6	5	4	3	2	1
11	我平时在与朋友、同学聊天时会聊到直播或者直播的商品	7	6	5	4	3	2	1
12	我会参与"秒杀"活动	7	6	5	4	3	2	1
13	如果对直播间的某样商品感兴趣,我会收藏该商品	7	6	5	4	3	2	1
14	我会努力获取直播间里发放的优惠券或红包	7	6	5	4	3	2	1
15	我会在直播间"点赞"	7	6	5	4	3	2	1
16	我会参与直播间里的抽奖活动	7	6	5	4	3	2	1
17	我会约朋友一起看感兴趣的直播	7	6	5	4	3	2	1

最后是关于您个人的一些基本信息,请选择:

1.您的性别:

☐男　　　　　☐女

2.您的年龄：

□18 岁及以下　　□19～24 岁　　□25～30 岁　　□31～35 岁

□36～40 岁　　□41～50 岁　　□50 岁以上

3.您的受教育程度：

□初中及以下　　□高中(或中专)　　□专科　　□本科

□硕士研究生及以上

4.您的月收入(若是学生填写,可填写每月可支配的资金)：

□2000 元以下　　□2000～3999 元　　□4000～5999 元

□6000～7999 元　　□8000～9999 元　　□10000 元以上

5.您近半年来观看电商直播的情况：

□每天都看　　□每周看 1～6 次　　□每月看 1～3 次　　□每月少于 1 次

再次感谢您对本研究的支持！谢谢！

附录 2　电商直播顾客参与行为的影响因素研究正式调查问卷

尊敬的女士/先生：

　　您好！感谢您参与本次调查。本问卷采取匿名形式，调查结果仅用于学术研究，我们将对调查结果严格保密。请您按照顺序依次仔细阅读题干，并在各题项选定的选项相应的数字上打"√"。问卷中涉及的问题并无标准答案，您只需根据自己的亲身经历与感受，真实客观地回答即可！感谢您的支持，祝您生活愉快！

江西财经大学工商管理学院

　　Q1.您观看过电商直播（含淘宝直播、抖音直播、快手小店、拼多多直播、京东直播等）吗？

　　□有　　　　　　　□没有

　　Q2.截至目前，您观看电商直播的总次数：

　　□2次及以下　　　□3次及以上

第一部分：请根据您最经常观看的那个电商直播平台的服务，对以下表述的同意情况进行选择。

题号	题 项	完全同意	同意	基本同意	说不清	基本不同意	不同意	完全不同意
1	该电商直播平台运行稳定	7	6	5	4	3	2	1
2	该电商直播平台提供的相关信息准确可靠	7	6	5	4	3	2	1
3	一般而言,在该电商直播平台上订购的产品能在承诺时间内送达	7	6	5	4	3	2	1
4	该电商直播平台系统反应迅速	7	6	5	4	3	2	1
5	当我遇到问题时,该电商直播平台可以给我提供及时的帮助	7	6	5	4	3	2	1
6	该电商直播平台退货方便	7	6	5	4	3	2	1
7	该电商直播平台处理退货很快	7	6	5	4	3	2	1

第二部分:请基于您最经常观看的那个电商直播平台,结合自身实际,对以下表述的同意情况进行选择。

题号	题 项	完全同意	同意	基本同意	说不清	基本不同意	不同意	完全不同意
1	我对于该电商直播平台的使用比较了解	7	6	5	4	3	2	1
2	我可以对该电商直播平台的好坏做出评判	7	6	5	4	3	2	1
3	和一般人比起来,我对该电商直播平台的使用是比较熟悉的	7	6	5	4	3	2	1
4	我可以准确表达我的需求	7	6	5	4	3	2	1
5	我可以自由选择喜欢的渠道与该电商直播平台进行沟通	7	6	5	4	3	2	1
6	遇到问题,我能够及时向该电商直播平台进行反馈或投诉	7	6	5	4	3	2	1
7	我有能力与主播或该平台的员工就产品的具体问题进行沟通	7	6	5	4	3	2	1

续表

题号	题项	完全同意	同意	基本同意	说不清	基本不同意	不同意	完全不同意
8	当我听说一个新的信息技术时,我会想办法去尝试	7	6	5	4	3	2	1
9	在我的同伴中,我通常较早尝试新的信息技术	7	6	5	4	3	2	1
10	一般来说,在尝试新的信息技术时我不会犹豫	7	6	5	4	3	2	1
11	我喜欢体验新的信息技术	7	6	5	4	3	2	1

第三部分:请根据您自己最近一次观看电商直播时的感受,对以下表述的同意情况进行选择。

题号	题项	完全同意	同意	基本同意	说不清	基本不同意	不同意	完全不同意
1	观看电商直播有种与人接触的感觉	7	6	5	4	3	2	1
2	观看电商直播让我产生一种社交的感觉	7	6	5	4	3	2	1
3	在观看电商直播过程中,我能与其他相关各方进行信息交流	7	6	5	4	3	2	1
4	在观看电商直播过程中,我能体会到一种人类的热情	7	6	5	4	3	2	1

第四部分:请根据您对最经常观看的那个电商直播平台的感受,对以下表述的同意情况进行选择。

题号	题项	完全同意	同意	基本同意	说不清	基本不同意	不同意	完全不同意
1	我认为该电商直播平台对我来说很重要	7	6	5	4	3	2	1
2	我会投入时间去了解该电商直播平台	7	6	5	4	3	2	1

续表

题号	题项	完全同意	同意	基本同意	说不清	基本不同意	不同意	完全不同意
3	当我提到该电商直播平台时,我觉得兴致勃勃	7	6	5	4	3	2	1
4	我觉得该电商直播平台是有趣的	7	6	5	4	3	2	1
5	该电商直播平台对我来说是有吸引力的	7	6	5	4	3	2	1

第五部分:请根据您对自己的认识,对以下表述的同意情况进行选择。

题号	题项	完全同意	同意	基本同意	说不清	基本不同意	不同意	完全不同意
1	我认为我非常有能力参与电商直播	7	6	5	4	3	2	1
2	我认为我很有能力在参与电商直播中与其他参与者进行互动	7	6	5	4	3	2	1
3	总的来说,我对自己参与电商直播的能力很有信心	7	6	5	4	3	2	1

第六部分:请根据您最近一次参与电商直播时的实际表现,对以下表述的同意情况进行选择。

题号	题项	完全同意	同意	基本同意	说不清	基本不同意	不同意	完全不同意
1	我会关注一些主播	7	6	5	4	3	2	1
2	我会关注一些直播间	7	6	5	4	3	2	1
3	我会关注其他顾客发的弹幕的内容	7	6	5	4	3	2	1
4	我会要求主播展示商品	7	6	5	4	3	2	1
5	我会向主播咨询一些关于商品方面的问题	7	6	5	4	3	2	1

续表

题号	题项	完全同意	同意	基本同意	说不清	基本不同意	不同意	完全不同意
6	我会积极反馈直播或主播存在的不足,帮助他们改进	7	6	5	4	3	2	1
7	我会在直播间对直播的商品进行评价	7	6	5	4	3	2	1
8	我会在直播间里围绕直播的产品与其他顾客进行交流	7	6	5	4	3	2	1
9	我若了解其他顾客在直播间里用弹幕问的问题,会去回答	7	6	5	4	3	2	1
10	我会在微信朋友圈、微博上发一些关于电商直播的帖子	7	6	5	4	3	2	1
11	我平时在与朋友、同学聊天时会聊到直播或者直播的商品	7	6	5	4	3	2	1
12	我会参与"秒杀"活动	7	6	5	4	3	2	1
13	我会在直播间"点赞"	7	6	5	4	3	2	1
14	我会参与直播间里的抽奖活动	7	6	5	4	3	2	1
15	如果对直播间的某样商品感兴趣,我会收藏该商品	7	6	5	4	3	2	1
16	我会努力获取直播间里发放的优惠券或红包	7	6	5	4	3	2	1
17	我会约朋友一起看感兴趣的直播	7	6	5	4	3	2	1

最后是关于您个人的一些基本信息,请选择:

1.您的性别:

□男　　　　　　□女

2.您的年龄:

□18 岁及以下　　□19~24 岁　　□25~30 岁　　□31~35 岁

□36~40 岁　　　□41~50 岁　　□50 岁以上

3.您的受教育程度:

□初中及以下　　□高中(或中专)　　□专科　　□本科

☐硕士研究生及以上

4.您的月收入（若是学生填写，可填写每月可支配的资金）：

☐2000 元以下　　　　☐2000～3999 元　　　　☐4000～5999 元

☐6000～7999 元　　　☐8000～9999 元　　　　☐10000 元以上

5.您近半年来观看电商直播的情况：

☐每天都看　☐每周看 1～6 次　☐每月看 1～3 次　☐每月少于 1 次

再次感谢您对本研究的支持！谢谢！

附录3　电商直播顾客参与行为对顾客忠诚的作用机制研究正式调查问卷

尊敬的女士/先生：

您好！感谢您参与本次调查。本问卷采取匿名形式，调查结果仅用于学术研究，我们将对调查结果严格保密。请您按照顺序依次仔细阅读题干，并在各题项选定的选项相应的数字上打"√"。问卷中涉及的问题并无标准答案，您只需根据自己的亲身经历与感受，真实客观地回答即可！感谢您的支持，祝您生活愉快！

江西财经大学工商管理学院

Q1.您观看过电商直播（含淘宝直播、抖音直播、快手小店、拼多多直播、京东直播等）吗？

□有　　　　　□没有

Q2.截至目前，您观看电商直播的总次数：

□2次及以下　　□3次及以上

第一部分：请根据您最近一次参与电商直播时的实际表现，对以下表述的同意情况进行选择。

题号	题项	完全同意	同意	基本同意	说不清	基本不同意	不同意	完全不同意
1	我会关注一些主播	7	6	5	4	3	2	1
2	我会关注一些直播间	7	6	5	4	3	2	1
3	我会关注其他顾客发的弹幕的内容	7	6	5	4	3	2	1
4	我会要求主播展示商品	7	6	5	4	3	2	1
5	我会向主播咨询一些关于商品方面的问题	7	6	5	4	3	2	1
6	我会积极反馈直播或主播存在的不足,帮助他们改进	7	6	5	4	3	2	1
7	我会在直播间对直播的商品进行评价	7	6	5	4	3	2	1
8	我会在直播间里围绕直播的产品与其他顾客进行交流	7	6	5	4	3	2	1
9	我若了解其他顾客在直播间里用弹幕问的问题,会去回答	7	6	5	4	3	2	1
10	我会在微信朋友圈、微博上发一些关于电商直播的帖子	7	6	5	4	3	2	1
11	我平时在与朋友、同学聊天时会聊到直播或者直播的商品	7	6	5	4	3	2	1
12	我会参与"秒杀"活动	7	6	5	4	3	2	1
13	我会在直播间"点赞"	7	6	5	4	3	2	1
14	我会参与直播间里的抽奖活动	7	6	5	4	3	2	1
15	如果对直播间的某样商品感兴趣,我会收藏该商品	7	6	5	4	3	2	1
16	我会努力获取直播间里发放的优惠券或红包	7	6	5	4	3	2	1
17	我会约朋友一起看感兴趣的直播	7	6	5	4	3	2	1

第二部分：请根据您最近一次参与电商直播的感受，对以下表述的同意情况进行选择。

题号	题项	完全同意	同意	基本同意	说不清	基本不同意	不同意	完全不同意
1	参与电商直播所花的时间对我来说是值得的	7	6	5	4	3	2	1
2	参与电商直播所花的心血对我来说是值得的	7	6	5	4	3	2	1
3	参与电商直播对我来说是有价值的	7	6	5	4	3	2	1
4	参与电商直播实现了我的目标和目的	7	6	5	4	3	2	1
5	参与电商直播总能给我带来快乐	7	6	5	4	3	2	1
6	参与电商直播帮助我打发了很多无聊时光	7	6	5	4	3	2	1
7	参与电商直播使我放松了心情	7	6	5	4	3	2	1
8	参与电商直播让我感觉被别人接受	7	6	5	4	3	2	1
9	参与电商直播帮助我给别人留下好的印象	7	6	5	4	3	2	1
10	参与电商直播有助于我获得社会的认可	7	6	5	4	3	2	1
11	参与电商直播使我在社交场合中更自信	7	6	5	4	3	2	1
12	我依赖于从电商直播中的主播或其他顾客那里得到支持	7	6	5	4	3	2	1

第三部分：请根据您对自己最经常观看的那个电商直播平台的感受，对以下表述的同意情况进行选择。

题号	题项	完全同意	同意	基本同意	说不清	基本不同意	不同意	完全不同意
1	我很少考虑更换目前使用的电商直播平台	7	6	5	4	3	2	1
2	只要目前的服务继续，我就不会更换该电商直播平台	7	6	5	4	3	2	1
3	每当我想看电商直播时，我都会尝试使用该电商直播平台	7	6	5	4	3	2	1

续表

题号	题项	完全同意	同意	基本同意	说不清	基本不同意	不同意	完全不同意
4	每当我想看电商直播时,该电商直播平台是我的首选	7	6	5	4	3	2	1
5	我喜欢使用该电商直播平台	7	6	5	4	3	2	1
6	对我来说,该电商直播平台是最好的电商直播平台	7	6	5	4	3	2	1
7	我想这是我最喜欢的电商直播平台	7	6	5	4	3	2	1

第四部分:请根据您对自己最关注(或最熟悉)的一个电商直播主播的看法,对以下表述的同意情况进行选择。

题号	题项	完全同意	同意	基本同意	说不清	基本不同意	不同意	完全不同意
1	我会继续关注该主播的直播间	7	6	5	4	3	2	1
2	我将继续关注该主播的直播间,只要该主播给我提供满意的商品	7	6	5	4	3	2	1
3	我很乐意把这个主播推荐给我的朋友	7	6	5	4	3	2	1

第五部分:请根据您对自己在电商直播中最经常购买的产品品牌的看法,对以下表述的同意情况进行选择。

题号	题项	完全同意	同意	基本同意	说不清	基本不同意	不同意	完全不同意
1	相比较其他品牌,我愿意为该品牌支付更高的价格	7	6	5	4	3	2	1

续表

题号	题项	完全同意	同意	基本同意	说不清	基本不同意	不同意	完全不同意
2	我会继续购买该品牌	7	6	5	4	3	2	1
3	我会向周围的朋友推荐该品牌	7	6	5	4	3	2	1
4	在购买同类产品时,我会首选该品牌	7	6	5	4	3	2	1
5	我认为自己对该品牌是忠诚的	7	6	5	4	3	2	1

最后是关于您个人的一些基本信息,请选择:

1.您的性别:

□男　　　　　　　□女

2.您的年龄:

□18 岁及以下　　□19～24 岁　　□25～30 岁　　□31～35 岁

□36～40 岁　　　□41～50 岁　　□50 岁以上

3.您的受教育程度:

□初中及以下　　□高中(或中专)　　□专科　　　　□本科

□硕士研究生及以上

4.您的月收入(若是学生填写,可填写每月可支配的资金):

□2000 元以下　　　□2000～3999 元　　　□4000～5999 元

□6000～7999 元　　□8000～9999 元　　　□10000 元以上

5.您近半年来观看电商直播的情况:

□每天都看　□每周看 1～6 次　□每月看 1～3 次　□每月少于 1 次

再次感谢您对本研究的支持! 谢谢!

附录 4　实验情境设计

实验情境一：围观式参与 × 搜索品组

下面请您设想：最近，您的洗发水快要用完了，打算购买一瓶洗发水，于是到电商直播平台上搜索相关产品信息。此时，正好有一个直播间在做 A 品牌洗发水的直播，您进入该直播间，该直播间的情境如附图 4-1 所示。

附图 4-1　直播间情境

现在请您仅以围观式参与的方式参与该直播,即进入电商直播间之前或刚进入时只做出以下一种或几种行为:

①关注主播;

②关注直播间;

③关注其他顾客发的弹幕的内容。

实验情境二:围观式参与×享乐品组

下面请您设想:要换季了,您打算购买一件外套,于是到电商直播平台上浏览相关产品信息。此时,正好有一个直播间在做 B 品牌服饰的直播,您进入该直播间,该直播间的情境如下所示。女士请看女装直播图(附图 4-2),男士请看男装直播图(附图 4-3)。

附图 4-2　女装直播图　　　　附图 4-3　男装直播图

现在请您仅以围观式参与的方式参与该直播，即进入电商直播间之前或刚进入时只做出以下一种或几种行为：

①关注主播；

②关注直播间；

③关注其他顾客发的弹幕的内容。

实验情境三：话语式参与×搜索品组

下面请您设想：最近，您的洗发水快要用完了，打算购买一瓶洗发水，于是到电商直播平台上搜索相关产品信息。此时，正好有一个直播间在做 A 品牌洗发水的直播，您进入该直播间，该直播间的情境如附图 4-4 所示。

附图 4-4　直播间情境

现在请您仅以话语式参与的方式参与该直播,即在观看电商直播时或观看电商直播之后只做出以下一种或几种行为:

①要求主播展示商品;

②向主播咨询一些关于商品方面的问题;

③积极反馈直播或主播存在的不足以帮助他们改进;

④在直播间里评价直播的商品;

⑤围绕直播的产品与其他顾客进行交流;

⑥在直播间里回答其他顾客用弹幕问的问题;

⑦在微信朋友圈或微博上发一些关于电商直播的帖子;

⑧平时与朋友同学聊到直播或者直播的商品。

实验情境四:话语式参与×享乐品组

下面请您设想:要换季了,您打算购买一件外套,于是到电商直播平台上浏览相关产品信息。此时,正好有一个直播间在做 B 品牌服饰的直播,您进入该直播间,该直播间的情境如下所示。女士请看女装直播图(附图 4-5),男士请看男装直播图(附图 4-6)。

现在请您仅以话语式参与的方式参与该直播,即在观看电商直播时或观看电商直播之后只做出以下一种或几种行为:

①要求主播展示商品;

②向主播咨询一些关于商品方面的问题;

③积极反馈直播或主播存在的不足以帮助他们改进;

④在直播间里评价直播的商品;

⑤围绕直播的产品与其他顾客进行交流;

⑥在直播间里回答其他顾客用弹幕问的问题;

⑦在微信朋友圈或微博上发一些关于电商直播的帖子;

⑧平时与朋友同学聊到直播或者直播的商品。

附图 4-5　女装直播图　　　　附图 4-6　男装直播图

实验情境五：行动式参与×搜索品组

下面请您设想：最近，您的洗发水快要用完了，打算购买一瓶洗发水，于是到电商直播平台上搜索相关产品信息。此时，正好有一个直播间在做 A 品牌洗发水的直播，您进入该直播间，该直播间的情境如附图 4-7 所示。

现在请您仅以行动式参与的方式参与该直播，即在观看电商直播时或观看电商直播之前只做出以下一种或几种行为：

①参与"秒杀"活动；

②在直播间"点赞"；

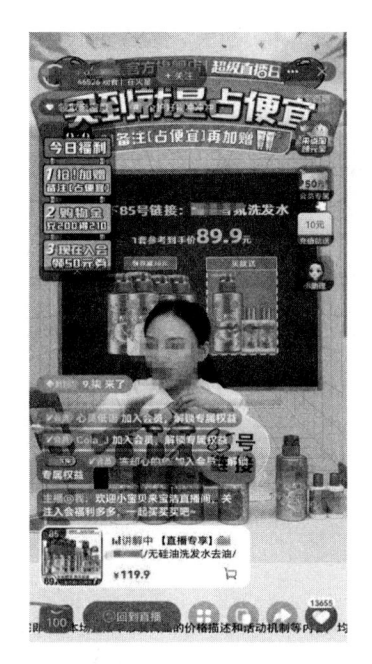

附图 4-7　直播间情境

③参与直播间里的抽奖活动；
④收藏直播中感兴趣的商品；
⑤努力获取直播间里发放的优惠券或红包；
⑥约朋友一起看感兴趣的直播。

实验情境六：行动式参与×享乐品组

下面请您设想：要换季了，您打算购买一件外套，于是到电商直播平台上浏览相关产品信息。此时，正好有一个直播间在做 B 品牌服饰的直播，您进入该直播间，该直播间的情境如下所示。女士请看女装直播图（附图 4-8），男士请看男装直播图（附图 4-9）。

附图 4-8　女装直播图　　　　附图 4-9　男装直播图

现在请您仅以行动式参与的方式参与该直播，即在观看电商直播时或观看电商直播之前只做出以下一种或几种行为：

①参与"秒杀"活动；

②在直播间"点赞"；

③参与直播间里的抽奖活动；

④收藏直播中感兴趣的商品；

⑤努力获取直播间里发放的优惠券或红包；

⑥约朋友一起看感兴趣的直播。